불교사회사상의 이해

프라즈냐 총서
33

불교사회사상의 이해

| 한국의 상황을 중심으로 |

이병욱 著

운주사

머리말

사람의 생각은 변하는 법인가 보다. 필자는 고전적인 불교사상을 공부하고 연구하는 데 친숙하였고, 불교사상의 응용 부분이라고 할 수 있는 불교의 사회사상, 곧 불교사상이 오늘날 한국사회에 사회사상으로서 어떤 의미를 가질 수 있는지에 대해서는 그다지 관심이 없었다. 그것은 이 주제가 중요하지 않아서가 아니라 필자가 감당할 능력이 없어서였다.

더 정확히 말하자면, 불교사상이 한국사회에 어떤 의미가 있는지 관심을 가졌다고 해도 그것을 글로 풀어낼 만한 능력이 없었고, 또 글로 풀어낸다고 해도 신문이나 잡지에 간단히 실리는 글 정도면 모를까 논문으로 풀어낼 자신이 없었다. 그래서 이러한 주제의 글쓰기는 나에게는 창문 너머에 있는 다른 영역이었다. 하지만 손에 잡히지 않는 것이 더 귀하게 여겨지는 것처럼, 나에게는 언젠가는 발을 들여놓고 싶은 영역이기도 하였다.

그러던 차에 우연한 기회에 이 방면의 주제로 청탁을 받아서 논문을 한 편 한 편 써나가면서 그전에는 나에게 허락되지 않았던 금단의 땅이 조금씩 열리는 희열을 맛보았다. 그런 것도 또한 사는 보람이기도 하였다. 이제 어느 정도 분량이 되면서 한 편의 책으로 출간하기에 이르렀다. 내용의 완성도는 별도로 하고, 이 책의 출간은 필자에게 또 다른 느낌을 전해준다.

필자는 고전적인 불교사상의 연구에서 공부를 시작했지만, 이제 불교사상의 연구에서 중요한 부분이 무엇이냐고 묻는다면, 그것은 오늘날의 문제의식과 관련해서 불교사상을 연구하는 것이라고 말하고자 한다. 이 책의 주제인 불교의 사회사상도 이런 시각 속에 포함되어 있는 것이다. 물론 불교사상은 심오한 것이므로 과거의 관점으로 불교사상을 연구하는 것 자체에도 큰 의미를 부여할 수 있다.

그렇지만 이왕이면 다홍치마라고 하듯이, 과거의 관점이 아니라 오늘날의 관점에서 불교사상을 바라볼 때 불교사상을 연구하는 의미가 더욱 빛날 것이라고 생각한다. 현대적인 관점 또는 오늘날의 문제의식에서 불교사상을 바라보는 것이 불교사상 연구에서 매우 필요하고 중요한 것이다. 이 책은 이런 문제의식 위에서 불교의 사회사상에 초점을 맞추어서 저술된 것이라고 할 수 있을 것이고, 이런 문제의식 속에서 더 많은 연구성과가 한국불교학계에서 나와야 한다고 생각한다.

그런데 누군가 나에게 이 책의 특색이 무엇이냐고 묻는다면, 나는 불교의 사회사상을 한국적 상황에서 고민한 것에 있다고 말하고 싶다. 이미 학계에서 불교의 사회사상에 관한 좋은 책이 여러 권 번역되었고, 또 관련 주제로 적지 않게 국내의 연구가 진행되고 있다. 이 책의 내용은 그러한 터전 위에 불교의 사회사상이 한국이라는 토양 위에 어떻게 뿌리내릴 수 있는지 검토한 것이라고 생각한다.

끝으로 이 책의 출판을 흔쾌히 허락해 주고 여러 가지 유익한 제언을 해준 운주사 김시열 사장과 직원들에게 감사의 인사를 전한다. 이

책의 내용이 이 방면에 관심 있는 사람들에게 다소라도 도움이 되기를
소망한다.

2016년 4월
이병욱

서론

이 책에서는 불교의 사회사상에 관해서 검토하고자 한다. 불교경전에 사회사상이라는 표현을 쓰고 있지는 않지만, 오늘날의 관점에서 사회사상이라고 판단되는 대목은 있다. 이 부분에 대해 오늘날의 관점에서 검토하고자 한다. 사회사상은 좁은 의미로 보면 사회제도의 바람직한 모습에 대해 체계적으로 파악하는 것이라고 할 수 있고, 넓은 의미로 보면 사회에 대해 가지는 생각이나 태도라고 할 수 있는데, 여기서는 주로 넓은 의미의 사회사상을 채택하고자 한다.

일본학자 츠카모토 게이쇼(塚本啓祥)가 말했듯이, 불교사상사를 '독자성'의 영역과 '적응성'의 영역으로 구분해서 살펴볼 수 있다. 불교사상의 '독자성'은 불교사상의 보편적인 부분으로, 이는 시대와 장소를 초월해서 모든 불교인에게 지침이 되는 것이라고 할 수 있다. 불교사상의 '적응성'은 특수한 것으로 그 '시대'와 '장소'에 맞게 적응한 것이다.

이러한 관점은 '현대한국'에도 적용할 수 있다. 불교사상이 한국이라는 특정 '장소'와 현대라는 '시대'에 어떻게 적응할 것인지 고민하고 사색할 필요가 있다. 이러한 적응이 제대로 잘 이루어지면, '현대한국'이라는 토양 속에 '불교'라는 나무는 뿌리를 내려서 울창하게 자랄 것이다. 그렇지 않고 이러한 적응이 실패한다면, '불교'라는 나무는 점차로 시들 것이고 그리하여 이 땅에서 아주 사라질 가능성도 배제할 수 없다.

한편, 철학과 사상의 관점에서 보면, 20세기에 들어서서 서양의 이론이 한반도에서 중심적 위치를 차지하고 있는데, 이 책의 일부 내용은 이러한 서양의 이론이 어떻게 한국적 현실과 만날 수 있는지 검토하는 하나의 계기가 될 것이라고 기대한다. 서양에서 제기한 이론의 관점에서 불교사상을 바라보면, 불교사상 속에도 어느 정도 서양적 사회사상의 요소가 갖추어져 있고, 나아가 한국사회의 현실 속에 기여할 수 있는 대목이 있다고 생각한다. 이러한 분석과 작업이 지속적으로 진행될 때, 동양과 서양의 의미 있는 창조적 융합이 이루어질 것이라고 기대한다.

그래서 이 책에서는 이러한 문제의식에 기초해서 불교사상 속에서 사회사상에 해당하는 내용을 서양의 이론이나 현대의 관점에서 다시 조명하고자 한다. 이 책에서 주로 검토하고자 하는 내용은 좁은 의미의 불교사회사상, 한국의 불교사회참여사상, 평화관, 폭력관, 자연관, 자본주의 문화 비판, 불교를 통한 통일의 모색 등이다. 자세한 내용을 검토하기에 앞서, 여기서는 그 내용을 예비적으로 간단히 소개하고자 한다.

1장에서는 좁은 의미의 '불교의 사회사상'에 대해 알아보고자 하는데, 이는 자유와 평등을 추구하는 것이라고 말할 수 있다. 초기불교에서는 민주주의를 추구하였다. 이러한 점은 불교경전을 통해서도 확인할 수 있고, 승가의 운영원리에서도 찾아볼 수 있다. 승가의 중요한 문제에 대한 의사결정은 구성원 전원이 합의해야 한다. 그것도 3차례에 걸쳐서 의사결정을 묻고 3차례 모두 전원이 합의를 해야 하는 것이다. 이러한 점은 민주주의 정신을 가장 잘 보여주는 예라고 하겠다.

또한 초기불교에서는 4성계급의 평등을 추구하였다. 4성계급은 인도의 특수한 계급제도인데, 이는 브라만, 왕족, 평민, 노예로 구분하는 것이다. 초기불교에서는 이러한 4성계급을 옹호하는 신화적 이념을 비판하고, 승가에서는 4성계급의 차별 없이 모든 사람이 승려가 될 수 있었다. 또한 초기불교에서는 행위에 의해 브라만도 되고 천한 사람도 되는 것이지 태어나면서 결정되는 것이 아니라고 주장하였다. 이러한 평등의 이념은 근대와 현대에 이르러 여러 나라의 불교문화 속에서 다양하게 나타난다. 한국의 경우, 만해 한용운이 불교사회주의에 대해 진지하게 고민하였고, 다른 곳에서도 지역의 특수성에 따라 불교와 마르크스 사상의 접점이 제시되었다.

이처럼 자유와 평등을 추구하는 것이 불교의 사회사상에서 추구하는 주요 내용이지만, 여기에 추가해야 할 것이 있다. 그것은 공空과 중도中道의 관점이다. 공空사상은 단순하게 말하자면 어떤 이데올로기에도 집착하지 않는다는 것이고(중도는 공空의 또 다른 표현이다), 여기에는 불교 이데올로기도 포함된다. 불교의 이데올로기는 언어로 표현된 불교의 이념이라고 할 수 있다. 불교인이라면 불교의 이념은 절대적이라고 할 수 있을 터인데, 이조차 넘어서야 비로소 진정한 의미의 불교인이 된다고 하는 것이다. 이런 공空의 관점을 이데올로기 비판에 적용하면, 모든 이데올로기의 집착에서 벗어날 것이 요구된다. 이 지점에서 불교는 세간을 벗어나는 것이라고 할 수 있다.

그렇지만 여기서 끝이 아니다. 다시 세간에 내려올 필요가 있다. 그때는 '방편의 정신'이 강조된다. 모든 이데올로기에서 벗어날 필요가 있겠지만, 그 속에서 옥석을 가릴 필요는 있다. 그래서 민중을 위한 이데올로기라면 궁극에는 이것도 벗어나야 할 대상이겠지만, 방편의 정신에 근거해서 제한적으로 활용한다는 것이다.

그러면 불교의 사회사상은 다음과 같이 말할 수 있을 것이다. 불교에서는 자유와 평등을 추구하지만, 동시에 그 실현에서는 '방편의 정신'을 활용한다는 것이다. 그래서 자신이 살고 있는 시대와 현장에서 필요한 것이 무엇인지 잘 판단해서 제한적인 측면에서 활용한다는 것이다. 필자는 한국의 정치에서 현실을 제대로 읽고 거기에 맞는 처방책을 제시하는 '방편의 정신'이 부족하다고 본다.

2장에서는 한국 근현대 불교의 사회참여사상의 변화과정에 대해 알아본다. 일반적으로 불교의 이미지는 사회참여에 소극적이라는 것이지만, 한국불교의 역사를 살펴볼 경우, 사회참여를 시도한 사례가 없는 것이 아니다. 신라시대에 의상(義湘, 625~702)은 문무왕이 무리하게 장성을 쌓으려고 하는 것에 반대하는 글을 올렸다. 고려시대에는 대각국사 의천(義天, 1055~1101)이 동전을 만들 것을 왕실에 건의하였고 그래서 실제로 동전이 만들어졌다. 의천이 동전을 만들자고 한

의도는 당시의 부정부패를 바로잡기 위한 것이었다. 조선시대에는 임진왜란 때 서산대사로 알려진 청허 휴정(清盧休靜, 1520~1604)과 사명대사 유정(惟政, 1544~1610)이 의승군을 일으켰고, 병자호란 때에도 의승군이 활동하였다. 그렇지만 이러한 활동은 당시의 상황 속에서 이루어진 것이고, 불교의 사회참여를 정당화하는 이론을 제시한 것은 아니라고 할 수 있다.

근대(1895~1945)에 들어서서 불교의 참여사상은 만해 한용운(1879~1944)에 의해서 제시된다. 만해 한용운은 불교는 평등의 가르침이며 모든 중생을 널리 사랑하는 가르침이라고 주장한다. 그리고 만해 한용운은 독립운동·농민운동·여성운동에 참여하면서 자신의 견해를 밝히고 있는데, 그 이면에는 자신의 불교관, 곧 불교는 평등의 가르침이라는 것과 불교는 모든 중생을 널리 사랑하는 가르침이라는 주장이 작동하고 있었을 것이라고 해석된다. 이처럼 만해 한용운이 불교의 사회참여를 주장하고 있지만, 불교의 종교성을 무시한 것은 아니다. 만해 한용운은 당시에 일어났던 반反종교운동에 대해서는 적극적으로 반대를 한다.

1945년 해방공간에서 만해 한용운의 사상에 영향을 받은 불교의 사회참여사상은 소멸하고 만다. 그래서 불교계에서는 한동안 제대로 된 사회참여사상이 없었다. 그러다가 1980년대에 들어서서 민중불교운동이 일어났다. 그러나 이 민중불교운동은 불교의 사회참여 전통이 사라진 가운데 갑자기 등장한 것이었기에 불교사상의 이해에 문제점을 드러내고 있다. 이와 같은 민중불교운동의 문제점을 극복하고 1990년대에 새로운 사회참여의 흐름이 등장하는데 그 대표적인 사례는 도법道

法의 '선우도량'과 법륜法輪의 '정토회'라고 할 수 있다. 도법의 '선우도 량'은 주로 한국불교의 문제점을 극복하기 위한 활동을 하였고, 법륜의 '정토회'는 한국사회(또는 국제사회)의 문제점을 해결하는 데에 주안점 을 두었다고 할 수 있다.

3장에서는 불교의 평화관에 대해 알아본다. 이를 위해 여기서는 현대 평화학의 창시자라고 불리는 요한 갈퉁Johan Galtung의 평화개념 을 빌려오고자 한다. 요한 갈퉁은 '소극적 평화'와 '적극적 평화'를 주장한다. '소극적 평화'는 '군사적 폭력'이 존재하지 않는 것이다. '적극적 평화'는 '구조적 폭력'과 '문화적 폭력'이 존재하지 않는 것이다. '구조적 폭력'은 사회구조의 결함으로 인해 생기는 것으로 착취 등을 예로 들 수 있다. '문화적 폭력'은 문화의 요소 곧 종교, 이데올로기 등을 통해서 '군사적 폭력'과 '구조적 폭력'을 정당화하는 것이다.

불교에서는 폭력과 전쟁을 반대한다. 『법구경』에서는 "미움은 미움 으로 정복되지 않고 미움은 오직 사랑으로써만 정복된다. 이것이 영원 한 진리이다"고 말하고 있다. 이것이 불교의 기본입장이라고 할 수 있다. 그렇지만 예외도 있다. 적국이 침범해왔거나 자국 안에서 반란이 일어났을 경우에는 제한적으로 전쟁을 인정하고 있다.

또한 불교에서는 '구조적 폭력'에 대해서도 반대한다. 초기불교에서 4성계급의 평등을 주장한 것이라든지, 또 초기불교의 경전에서 '구조적 폭력'의 문제를 시사해 주는 내용이 포함되어 있다.

나아가 불교에서는 '문화적 폭력'에 대해서도 반대한다. 앞에서 말했 듯이, '문화적 폭력'은 '군사적 폭력(적극적 폭력)'과 '구조적 폭력'을 종교와 이데올로기 등을 통해서 정당화하는 것이다. 불교의 공空사상은 이러한 이데올로기를 차단하는 역할을 할 수 있는 것이다. 앞에서도 설명하였듯이, 불교의 공사상은 단순하게 말하자면, 어떤 것에도 집착하지 말라는 것이고, 이는 불교의 가르침에도 적용된다. 그래서 불교의 가르침, 다시 말해서 불교 이데올로기에도 집착하지 말라고 하며, 오히려 불교를 포함한 모든 이데올로기의 그물에서 벗어날 때 진리의 눈을 얻을 수 있다고 주장한다. 이 점에서 불교의 공空사상은 문화적 폭력을 제거하는 데 주요한 역할을 할 수 있을 것이라고 기대된다.

이처럼 불교에서는 '군사적 폭력', '구조적 폭력', '문화적 폭력'을 모두 반대하지만, 그 가운데 불교가 현대사회에서 가장 기여할 부분이 있다면, 문화적 폭력을 제거하는 점에 있다고 생각한다.

4장에서는 불교의 폭력관에 대해 알아본다. 앞에서 불교의 평화관을 살펴볼 때에는 요한 갈퉁의 평화관에 근거했는데, 여기서는 일반적인 폭력의 관념에 근거해서 논의하고자 한다. 다시 말해서, 폭력은 육체적 손상을 가져오고 정신적인 압박을 주는 물리적 강제력이라는 것이다.

앞의 불교의 평화관에서도 살펴보았듯이, 불교에서는 물리적 강제력에 대해 반대하고 있다. 그래서 『법구경』에는 "죄 없는 생명을 함부로 죽이거나 죽이게 하지 말"고 한다. 그리고 이처럼 폭력에 대해 반대하는 것이 매우 단호하다.

그렇지만 한편으로 불교에서는 폭력을 예외적으로 인정하고 있다. 자세히 말하자면, 불교에서는 내면의 세계가 청정한 사람, 곧 불교수행의 높은 경지에 있는 사람은 사람을 바르게 인도하기 위해서 예외적으로

폭력을 사용할 수 있다고 인정하고 있다. 또한 불교를 보호하기 위해서
예외적으로 폭력을 사용하는 상황도 인정하고 있으며, 그리고 앞의
불교의 평화관에서 말했듯이, 제한적인 방어전도 인정하고 있다.

이러한 불교의 폭력관이 현대사회에 시사해 주는 점은 '유연한 사고
방식'이다. 불교의 전반적 분위기는 폭력에 대해 단호히 반대하는
것이지만, 그 속에서도 폭력이 제한적으로 사용될 수 있는 영역을
설정하고 있다.

5장에서는 불교의 자연관에 대해 검토한다. 불교의 자연관은 불교사
상에서 자신과 산하대지가 하나라고 말하는 것에서 잘 나타난다. 이렇
게 볼 때 산하대지를 보호하고 보존하는 행위로 나갈 수 있다. 그리고
이러한 불교의 자연관이 잘 나타나는 것으로 조선시대에 활동한 허응당
보우(普雨, ?~1565)의 「일정론一正論」을 제시할 수 있다.

또한 불교사찰은 자연친화적이다. 우선, 산속에 있는 사찰은 일종의
'비오톱', 곧 생태중심지의 역할을 한다. '비오톱'은 특정 동식물을
위한 서식지를 제공하는 곳이고, 또한 동일한 환경조건을 가진 곳이다.
이런 '비오톱'의 역할을 사찰의 산림, 연못, 건물 등이 하고 있다.
또한 산속에 있는 전통사찰의 건축에서도 자연친화적 측면을 읽을
수 있다. 전통사찰의 건축은 사찰 주변에 있는 주변환경과 조화를
이루고 있다. 전통사찰에서는 사찰을 지을 때에 주변의 '산', '물', '길'과
조화를 이루도록 세심하게 신경을 썼다. 또한 전통사찰의 조경문화도
자연과 조화를 이루고 있다. 그 예로서 청평산 문수원을 들 수 있다.
이곳은 고려시대에 이자현(李資賢, 1061~1125)이 29세(1089) 때에

들어와서 그의 아버지가 지은 건물에다 새롭게 이름 붙인 것이다. 이 청평산 문수원의 조경은 무위자연無爲自然의 기법으로 지은 것이다.

필자는 불교의 자연관과 서양의 심층(근본)생태론에는 서로 통하는 점이 많다고 생각한다. 그래서 환경문제에 대한 대안을 마련하기 위해서 심층생태론과 불교의 환경운동을 접목하고자 한다. 자세히 말하자면, 환경문제에 관한 현대적 대안은 심층생태론에 근거하고, 한국적 상황의 특수성을 반영하는 것의 하나로서 불교의 환경운동을 제시하고자 한다.

6장에서는 불교사상에 근거해서 자발적 가난과 느림의 삶에 대해 서술한다. 현재 한국사회는 돈이 최고라는 '경제제일주의'와 무엇이든 빨리하려는 '속도지상주의'가 대세를 이루고 있다. 돈을 중시하는 풍조에 대한 대안을 마련하기 위해 중국 선종의 큰 인물인 마조(馬祖, 709~788)의 즉심즉불卽心卽佛을 다시 검토한다. 마조는 이 마음이 그대로 부처라고 하였는데, 이는 일상의 마음을 전환하면 그대로 부처가 된다는 것이다. 이것을 일상생활에 적용하면, 이 마음을 잘 다스리면, 부유함과 권력 등에서 오는 만족을 그대로 맛볼 수 있다고 해석할 수 있다. 이처럼 자신의 마음을 잘 다스리면, 외적인 측면에서 좀 부족한 점이 있더라도 마음속에서도 행복을 맛볼 수 있다. 이러한 이치를 수용할 때 자발적 가난이 가능해질 수 있을 것이라고 생각한다.

또 느림의 삶에 대해서 화엄종의 일즉일체一卽一切에서 그 해법을 구할 수 있다. 화엄종에서 일즉일체에는 여러 가지 의미가 있는데, 여기서 주목하고자 하는 것은 수행덕목의 일즉일체다. 하나의 수행을 철저히 하면, 그 공덕 속에 다른 수행을 하지 않았더라도 다른 수행의 공덕도 포함된다는 것이다. 이는 불교수행에만 적용되는 것만이 아니고 일반적 활동에도 다 적용되는 것이다. 다시 말해서, 기본기를 중시하는 것으로 이어진다. 기본기를 충실히 하면 다른 응용기술이 거기에 다 포함된다. 그러므로 빨리빨리 이것저것으로 쫓아다닐 것이 아니라, 하나의 덕목에 대해 충실하게 노력하는 것이 오히려 더 빨리 발전하는 길이라는 것이다. 이러할 때 느림의 삶이 실천될 수 있다.

7장에서는 원효(元曉, 617~686)의 화쟁사상에 근거해서 남한과 북한의 사상을 통합하는 길을 모색한다. 남한의 사상적 지형은 주로 외래사상에 의존하고 있고, 1987년 6월 항쟁으로 인해서 시민민주주의에 대한 인식이 널리 퍼져 있다고 할 수 있다. 북한의 사상을 대표하는 것은 주체사상이며, 이 주체사상에는 동원이데올로기의 성격이 있고, 개인을 숭배하는 현상이 나타나 있다. 이러한 남한과 북한의 사상을 소통하는 데에 그의 화쟁사상을 활용하고자 한다. 원효의 화쟁사상 가운데에서도 원효의 『법화종요』에 나타난 내용을 주로 활용한다.

『법화종요』에서 원효는 삼론종과 법상종에서 『법화경』에 대한 견해가 서로 다른 점을 화쟁한다. 삼론종은 중국의 중관학파라고 할 수 있는 것인데, 삼론종에서는 『법화경』을 완전한 가르침이라고 본다. 반면 중국의 유식학파 가운데 하나인 법상종에서는 『법화경』을 불완전한 가르침이라고 본다. 이처럼 대립되는 주장을 화쟁하기 위해 원효는 삼단계 논의를 전개한다.

첫째 단계, 법상종의 입장에서 삼론종의 입장을 포용하는 것이다.

그러면 법상종에서 주장하는 대로『법화경』은 불완전한 가르침이고, 삼론종에서『법화경』이 완전한 가르침이라고 한 것은 방편이라고 간주하여 제한적으로 인정한다.

둘째 단계, 삼론종의 입장에서 법상종의 입장을 포용하는 것이다. 그러면 삼론종에서 주장하는 대로『법화경』은 완전한 가르침이라는 것이고, 법상종에서『법화경』이 불완전한 가르침이라고 한 것은 방편으로 간주하여 제한적으로 인정한다.

셋째 단계, 법상종과 삼론종의 입장을 종합한다. 원효는 삼론종의 주장, 곧『법화경』이 완전한 가르침이라는 것이 옳다고 한다. 그렇지만 삼론종의 주장이 모두 옳은 것은 아니고 삼론종의 다른 대목에는 불완전한 가르침이 있다고 평가한다. 그리고 법상종에서『법화경』을 불완전 가르침이라고 보는 것은 옳지 않다고 한다. 그렇지만 법상종의 모든 견해가 틀린 것은 아니고 나머지 대목에는 완전한 가르침이 포함되어 있다고 한다. 이 내용을 종합하면 원효는『법화경』에 대한 대립되는 주장 가운데,『법화경』에 관한 삼론종의 주장이 옳은 것이지만 삼론종의 다른 주장에는 틀린 부분이 있고,『법화경』에 관한 법상종의 주장이 틀린 것이지만 법상종의 다른 주장에는 옳은 부분이 있다고 하는 것이다. 마주보는 기차처럼 대립되는 견해를 화쟁하기 위해서는 원효의 이 삼 단계 논의가 상당한 의미를 가질 것이라고 생각한다.

이러한 내용을 남한과 북한의 사상을 소통하는 데 활용하면 다음과 같이 전개될 것이다.

첫째 단계, 북한의 입장에서 남한의 입장을 포용한다. 그러면 북한의 주체사상이 의미 있는 것이고, 남한의 사상은 제한적인 의미만 갖게 된다.

둘째 단계, 남한의 입장에서 북한의 입장을 포용한다. 남한의 여러 서양철학사조와 시민민주주의에 관한 입장이 의미 있는 것이고, 북한의 주체사상은 제한적인 의미만 갖게 된다.

셋째 단계, 남한과 북한의 사상을 종합한다. 여기서는 남한의 입장에서 바라보고자 한다. 그러면 남한의 사상이 의미 있는 것이지만 아직 외래의 사상을 수용하고 있고 독자적인 철학을 내세우지 못한 것은 한계라고 할 수 있다. 북한의 주체사상은 철학으로 볼 때에는 동원이데올로기의 성격과 개인숭배현상이 있으므로, 이는 부족한 측면이 있는 것이다. 그렇지만 북한의 경제가 발전하면 더욱 다양한 철학사조가 나올 것이라고 기대할 수 있다.

8장에서는 북한의 불교학계를 대표하는 학자인 최봉익의 저서, 곧 『봉건시기의 우리나라에서의 불교철학 전파와 그 해독성』(사회과학출판부, 1976)을 중심으로 북한학계의 불교학 연구를 재검토한다. 이를 통해서 북한학계의 불교학 연구에 대해 남한학계에서 배울 점이 있는지 살펴본다. 북한학계에서 불교학을 연구할 때 3가지 원칙을 제시하는데 그 가운데 어떤 내용은 남한학계에서 수용할 수 없는 것이지만, 일부의 내용은 수용할 수 있는 것이고, 경우에 따라서는 그 원칙을 북한학계보다 남한학계에서 더 잘 연구할 수 있다고 생각한다.

북한학계에서는 불교에 대해 비판적으로 바라본다. 필자는 그 내용에 대해 전반적으로 동의하지 않지만, 부분적인 내용에서는 남한학계에서도 같은 내용을 말하는 경우도 있다는 점을 말하고자 한다. 학설에 대해 다원주의적 관점을 갖는다고 한다면, 적어도 남한학계에서 주류 학설은 아닐지라도, 비주류의 학설이라도 북한학계와 공통되는 점이 있다면, 북한학계의 불교학 연구에 제한적인 타당성을 부여할 수 있다고 본다. 이처럼 북한학계의 주장에 대해 열린 입장에서 다시 검토하면, 불교 연구에서 남한학계와 북한학계의 창조적 융합을 할 수 있을 것이라고 기대한다. 이것이 불교학 연구를 통해서 북한을 이해하는 길이자 또한 남한학계를 풍요롭게 하는 길이라고 생각한다.

9장에서는 8장에서 살펴본 인물, 곧 북한의 불교학계를 대표하는 최봉익의 불교관의 특징에 대해 살펴본다. 최봉익의 불교관의 특징은 그의 저술 『조선철학사개요』(1986)에 잘 나타난다. 그것은 변증법적 요소를 한국의 불교철학에서 이끌어낸 점에 있다고 할 수 있다. 이는 중국의 불교학계의 연구 성과와 비교하면, 팡리티엔(方立天)의 주장 (『佛教哲學』, 1986)과 비슷하다. 중국에서도 문화대혁명을 겪으면서 불교학 연구가 비판적인 측면에만 초점을 맞추는 경향이 있었는데, 팡리티엔에 이르러서 어느 정도 균형감을 갖게 된다. 그래서 적어도 북한학계의 불교연구도 1986년까지는 중국학계에 비해 뒤처지지 않고 대등하였다는 점을 확인할 수 있다. 또한 최봉익의 불교 이해는 서양철학의 관점에서 동양(불교)철학을 보려는 남한학계의 일부 시각과 일치하는 측면도 있다. 이 점에서 보면 최봉익의 불교 이해가 남한학계에서도 기여할 부분이 있을 것이라고 기대할 수 있다. 이처럼 열린 관점에서 북한학계의 불교 연구 성과를 수용할 때, 남한과 북한은 서로 소통할 수 있는 길이 열릴 것이라고 기대한다.

1부

불교의 사회사상

1장 불교사회사상의 현재적 의미

1. 서론

불교와 국가권력의 관계는 어떠한가? 초기불교(인도)에서는 적어도 명목상으로는 불교교단이 국가권력(왕실) 위에 위치하고 있었다. 이러한 경향은 중국에 건너와서 국가권력(왕실)이 중심이 되고, 불교교단은 국가권력(왕실)에 종속되는 것으로 변하였다. 이는 한국에서도 마찬가지였다. 물론 예외적 현상으로 개별 인물이 이끄는 불교교단이 국가권력(왕실)에 독립적인 경우가 있기는 히였지만, 이러한 경우가 일반적 흐름이라고 할 수는 없을 것이다.[1]

21세기 한국사회에서는 정교분리政教分離가 실시되고 있으므로 최

---

1 정천구, 『붓다와 현대정치』(작가서재, 2008), 73~118쪽 참조; 유승무, 「역사상의 불교권력」, 『현대사회에서 종교권력, 무엇이 문제인가』(동연, 2008), 23~44쪽 참조.

소한 명목적으로는 불교가 국가권력에 종속되는 일은 없다고 할 수
있다. 이러한 시점에 국가권력에 종속되지 않은 불교(불교교단)가 국가
를 위해서 무엇을 할 수 있을지 질문을 던질 수 있다. 이 문제와 관련해서
정천구는 국가발전을 위한 불교(불교도)의 역할로서 다음의 4가지를
제시하고 있다.

첫째, 국민의지의 결집이다. 국민의 의지는 국력을 구성하는 요소에
서 중요한 위치를 차지한다. 한국의 역사에서 불교는 국민의 의지를
모아서 국난을 극복하는 데 중요한 역할을 하였다. 고려시대에는 몽고
군의 침입을 물리치기 위해서 고려대장경을 만들었고, 조선시대의
임진왜란 때에는 승병으로서 직접 전쟁에 참여하기도 하였다. 오늘날
불교를 통해 국민의 의지를 모으는 데 가장 중요한 점은 불교도들이
국가적 일에 관심을 가지는 것이다. 이는 국가와 사회에 대한 발원發願
에서 시작된다.

둘째, 대한민국헌법의 수호이다. 한국불교의 호국護國 전통은 바로
대한민국의 헌법을 수호하는 역할로 이어질 수 있다. 전통시대의 '호국'
은 나라를 대표하는 군왕을 옹호하고 국가수호를 위해 왕의 명령에
따르는 것이었지만, 오늘날에는 국민이 주권자이면서 동시에 통치를
당하는 대상이 되므로, 이러한 민주주의 시대에서는 나라를 지키는
것이 곧 헌법을 지키는 것이다. 나아가 대한민국의 헌법의 내용은
불타佛陀가 추구한 인간불성의 실현 그리고 자유와 평등의 가치 실현과
거의 근접하는 것이다. 이 점에서 더욱 헌법 수호의 필요성을 확인할
수 있다.

셋째, 사회복지에 대한 기여이다. 사회복지는 대승불교의 제일의

덕목인 보시바라밀을 사회적으로 실천하는 것이라고 할 수 있다. 이 보시(바라밀)를 통해서 과도한 경쟁을 부추기는 사회적 분위기를 해소하고 사회의 반목을 일으키는 양극화문제를 해결하는 데 일정 부분 기여할 수 있다. 역사적으로 볼 때, 사회복지를 처음으로 실행한 사람은 인도의 아소카왕이라고 하는데, 아소카왕은 기원전 3세기 무렵에 불교의 가르침을 정법(正法: 바른 윤리덕목)으로 삼아서 복지정책을 실시하였다. 한반도에서도 불교의 정신에 근거해서 삼국시대부터 고려시대에 이르기까지 일종의 사회복지정책이라고 볼 수 있는 것이 시행되었다. 하지만 오늘날에는 한국사회에서 불교의 복지활동은 다른 종교에 비해 상대적으로 부족하다고 평가된다. 따라서 사회복지에 대한 불교의 관심과 기여도를 높이는 운동을 일으킬 필요가 있다. 이것이 사회발전에 기여할 불교의 중요한 역할의 하나이며, 불교의 가르침을 현실과 생활 속에서 실천하는 방법이다.

넷째, 생업生業을 복 짓는 일로 삼을 필요가 있다. 이는 불교도가 자기의 생업을 불타(불교)와 국가와 사회에 복 짓는 일로 삼아서 열심히 해야 한다는 것이다. 자기의 생업을 묵묵히 열심히 하면서도, 그것이 국가와 사회에 도움이 되고 결과적으로 불타(불교)에게 복 짓는 일을 한다면 그것이 바로 '애국'이라고 할 수 있다. 만일 한국불교 인구의 10퍼센트 정도라도 자기의 생업을 불타(불교)와 국가와 사회에 복 짓는 마음으로 열심히 한다면, 한국사회의 발전에 크게 기여할 것이다. 자기의 생업을 국가와 사회와 불타(불교)에게 복 짓는 자세로 열심히 한다면 그것이 바로 스스로 이롭고 다른 사람을 이롭게 한다는 '자리이타自利利他'이다.[2]

　필자는 정천구의 견해에 동의하는 쪽이고, 이 견해를 기초로 하면서 불교의 사회사상이 오늘날의 한국사회에 어떤 의미를 가질 수 있는지 하는 점에 논의의 초점을 두고자 한다. 이런 관점에 서서 2절에서는 민주주의 이념, 3절에서는 평등의 이념, 4절에서는 중도와 방편과 조화의 길에 대해 서술하고자 한다.

2. 민주주의 이념

한국사회는 1987년에 대통령 직선제를 채택한 뒤에 대의代議 민주주의에서는 어느 정도 성과를 보았지만, 아직 참여 민주주의에 대한 열망은 제대로 충족하고 있지 못한 상황이다. 대의 민주주의가 민의民意를 제대로 반영하지 못하고 형식적인 측면으로 흐를 때, 이 대의 민주주의를 견제할 수 있는 참여 민주주의 요소가 요구된다. 현 단계 한국사회의 과제는 대의 민주주의를 보완할 수 있는 참여 민주주의를 어떻게 이끌어 낼 수 있는가에 있다고 하겠다. 이런 과제에 대해 불교의 사회사상에서 제시할 수 있는 내용이 무엇인지 검토하고자 한다.

1) 나라가 발전하는 방법으로서 민주주의 원리를 제시함
초기불교에서 민주주의 원리만을 강조한 것은 아니고, 『전륜왕경』(『중아함경』 15권)에서는 전륜성왕轉輪聖王을 이상적인 통치자로 제시하고 있다. 이 점에서 본다면, 초기불교에서 민주주의 원리를 순수하게

---

2 정천구, 『붓다와 현대정치』, 362~371쪽.

강조한 것이 아님을 알 수 있다. 하지만 이 글은 초기불교의 사회사상의 성격을 분석하고자 하는 글이 아니기 때문에 초기불교에서 민주주의 원리를 제시한 것에 초점을 맞추어서 분석하고자 한다.

당시 마가다Māgadha국의 왕 아자타사투Ajātasattu가 대신 우사(禹舍, Vassakāra)를 붓다에게 보내어, 밧지Vajjī국을 정벌하고자 하는 것에 대한 붓다의 의견을 구하고자 하였다. 붓다는 아난다Ānanda와 대화를 하면서 자신의 견해를 간접적으로 드러내었다. 그 내용 속에 민주주의에 대한 붓다의 신념을 읽을 수 있다. 그 자세한 내용을 소개하면 다음과 같다.

> 붓다가 아난다에게 말하였다. "너는 밧지국 사람이 자주 모임을 가지고 바른 주제(正事)를 강의하고 논의한다는 말을 들은 일이 있느냐?" "그렇다고 들었습니다." 붓다가 아난다에게 말하였다. "그럴 수 있다면 어른과 젊은이가 서로 화합하고 유순해져서 (그 나라는) 더욱 흥할 것이다. 그 나라는 오래도록 안온하여 어떠한 침략과 손실도 없을 것이다. 아난다, 너는 밧지국 사람은 임금과 신하가 화합하고 유순해지고 윗사람과 아랫사람이 서로 공경한다고 들은 일이 있느냐?" "그렇다고 들었습니다." "아난다여! 그럴 수 있다면 어른과 젊은이가 서로 화합하고 유순해져서 (그 나라는) 더욱 흥할 것이다. 그 나라는 오래도록 안온하여 어떠한 침략과 손실도 없을 것이다. 아난다, 너는 밧지국 사람이 도덕(法)을 받들어 삼가야 할 것을 알고 예의와 법도를 어기지 않는다고 들은 일이 있느냐?" "그렇다고 들었습니다." "아난다여! 그럴 수 있다면 어른과 젊은이가

서로 화합하고 유순해져서 (그 나라는) 더욱 흥할 것이다. 그 나라는 오래도록 안온하여 어떠한 침략과 손실도 없을 것이다. 아난다, 너는 밧지국 사람들은 부모에게 효도하고 부모를 섬기며 스승과 어른을 공경하여 순종한다고 들은 일이 있느냐?" …… "아난다, 너는 밧지국 사람이 종묘宗廟를 공경하고 귀신에게 공경을 다한다고 들은 일이 있느냐?" …… "아난다, 너는 밧지국의 부녀자(閨門)가 진실하고 바르며 정결하고 더러움이 없으며, 나아가 농담하고 웃을 때라도 그 말이 삿되지 않다고 들은 일이 있느냐?" …… "아난다, 너는 밧지국 사람이 수행자를 섬기고 중요하게 생각하며 계율을 지키는 사람을 존경하여 (계율을 지키는 사람을) 우러러보고 보호하고 공양하기를 게을리 하지 않는다고 들은 적이 있느냐?" …… "그럴 수 있다면 어른과 젊은이가 서로 화합하여 유순해지고 (그 나라는) 더욱 흥성할 것이다. 그 나라는 오래도록 안온하여 어떠한 침략과 손실도 없을 것이다."[3]

위에 내용은 3가지로 정리할 수 있다. 첫째, 민주주의 원칙의 강조이다. 앞에서 "자주 모임을 가지고 바른 주제를 강의하고 논의한다"라고 말한 것이 이 내용이다. 민주주의는 상대방의 의견을 잘 수용하고 거기에 자신의 견해를 추가해서 합의를 이끌어가는 것이라고 할 수 있다. 그러기 위해서는 자주 만나고 논의하는 것이 꼭 필요한 것이고, 경우에 따라서는 상대방이 잘 이해할 수 있도록 정보를 제대로 제공할 필요도 있다. 또한 논의할 만한 일로 모여서 논의해야지 별로 중요한

---

3 『장아함경』 2권, 『유행경遊行經』(『대정장』 1권, 11上~中)

문제도 아닌데 자꾸 모이기만 한다면 그것은 무늬만 민주주의이고 소모적 만남이라고 할 수 있다. 그래서 바른 주제를 가지고 논의를 하는 것이 매우 중요한 일이다.

둘째, 계층 간의 화합이다. 앞에서 "임금과 신하가 화합하고 유순해지고 윗사람과 아랫사람이 서로 공경한다"고 말한 것이 이 내용에 해당한다. 자주 모여서 바른 주제에 대해서 논의하면, 자연히 여러 계층 간의 견해가 수렴될 것이고, 그때 계층 간의 화합을 이룰 수 있다. 그렇지 않고 힘 있는 쪽이 힘없는 서민을 강제로 이끌려고 한다면 자발적인 화합을 기대하기 어려울 것이다.

셋째, 성숙한 문화를 이루는 것이다. 여기에는 '도덕을 받들고 예의와 법도를 어기지 않으며' '부모에게 효도하고 어른과 스승을 공경하며' '종묘宗廟를 공경하고' '부녀자가 진실하고 바르며 삿되지 않으며' '수행자를 섬기고 중요하게 생각하는 것' 등이 포함된다. 여기에는 오늘날의 관점에 부합되지 않는 점도 있다. 그것은 이 내용을 말한 것이 2,600년 전이기 때문이다. 이 점을 감안하고 재해석한다면, 도덕과 예의를 지키는 것으로 집약될 것이고, 그것이 그 당시에는 종묘宗廟를 공경하고 부녀자가 진실하고 삿되지 않으며 수행자를 섬기고 수행자를 중요하게 생각하는 것 등으로 표출되었다. 오늘날에는 그 문제의식만 파악하면 될 것이지 그 구체적 표현 하나하나에 매달릴 필요는 없다고 본다.

이상의 내용을 종합하면, 나라가 발전하기 위해서는 자주 모여서 바른 주제를 가지고 논의해야 하고, 그래서 자연히 계층 간의 견해가 수렴되어서 계층 간의 화합을 이룰 수 있고, 그러할 때 비로소 도덕과 예의를 지키는 성숙한 문화를 달성할 수 있다는 것이다.[4]

2) 승가의 운영원리로서 민주주의

초기불교교단에서는 대외적으로 일관되게 민주주의 원리를 강조하지는 못하였지만, 승가 안으로는 철저한 민주주의 원리를 확립하였다. 그것은 승가의 일처리 방식이 전원이 모여서 합의해서 처리한다는 점에서 확인할 수 있다. 또한 승가僧伽는 상가saṃgha의 음역音譯인데, 그 의미는 공화주의共和主義 또는 공화국의 정치형태인 부족국가를 뜻하는 것이므로 불교교단을 '승가'라고 불렀던 데에서도 민주주의에 대한 신념을 읽을 수 있다.

승가의 의사결정 형식에는 단백갈마單白羯磨, 백이갈마白二羯磨, 백사갈마白四羯磨의 3종류가 있다. 여기서 '백白'은 회의의 안건에 해당하는 것이고, 의장이 회의의 안건을 말한다. 단백갈마(單白羯磨, ñatti-kamma)는 행사를 알리는 것이며, 그것을 채택할 의결을 필요로 하지 않다. 그 예로 자자自恣를 들 수 있다. '자자'는 안거安居 중에 자기의 행위가 잘못된 것처럼 보였거나, 잘못했다고 소문이 났거나, 잘못이 아닌가라고 의심되는 점에 대해 구성원이 자유롭게 말하고 당사자는 그 지적된 사항에 대해 참회하는 것이다. 이 '자자'를 시작할 때에 "승가의 대덕大德들이여! 저의 말을 들어주십시오. 오늘은 자자일입니다. 승가에 준비가 되어 있으면 자자를 행하고자 합니다"라고 갈마사(羯磨師: 회의진행자)가 선언하면 '자자'가 성립된다. 위 문장에서 '오늘은 자자일입니다'에서 '자자를 행하고자 합니다'까지가 백白에 해당하는

---

4 김재영, 『민족정토론』(불광출판부, 1990), 346~347쪽에서는 인용문의 내용을 6가지로 정리하고 있다. 그것은 대중공의의 확립, 규율의 준수, 도덕성의 존중, 민족전통의 계승, 경건성의 보존, 경제적 조건의 충족이다.

것이다.

백이갈마(白二羯磨, ñatti-dutiya-kamma)는 1회의 백白과 1회의 갈마
羯磨를 통해서 의결하는 것이다. 갈마는 승가의 찬성과 반대를 묻는
것이다. 이는 구성원 전원의 승인에 의해서 안건이 결정된다. 다시
말하면, 회의의 안건에 해당하는 백白을 제출하여 의견을 구하는 것인
데, 구성원 전원이 찬성해야 안건이 통과되는 것이다. 예를 들어,
포살布薩은 동일지역 안에 있는 비구들이 보름마다 모여서 보름 동안의
행위를 반성하고 죄가 있으면 고백하고 참회하는 행사인데, 이 포살을
하는 포살당을 어디에 정할 것인지 하는 점은 그곳에 거주하는 비구
전체의 관심사항이므로 그곳에 있는 비구가 동의하는 곳이어야 한다.
그러므로 이때는 '백이갈마'를 채택한다. 구성원 전원이 출석하였으면,
갈마사羯磨師가 "승가의 대덕이시여! 저의 말을 들어주십시오. 승가는
어떤 정사精舍를 포살당으로 정하고자 합니다. 이것이 백白입니다"라고
외친다. 이것으로 안건이 제출된 것이다. 계속해서 갈마사가 "승가의
대덕이시여! 저의 말을 들어주십시오. 승가에서 어떤 정사를 포살당으
로 정하는 것을 찬성하는 대덕은 침묵해 주십시오. 그러나 찬성하지
않는 대덕은 의견을 말해 주십시오"라고 외친다. 이것을 갈마설(羯磨
說: 찬성과 반대를 물음)이라고 한다.

불교의 회의에서는 침묵이 찬성인데 이는 인도의 회의법에 따랐을
것으로 추정된다. 만약 전원이 갈마사의 제안(갈마설)에 침묵하고
있으면, 안건(白)은 통과되는 것이다. 그러면 갈마사는 일어서서 "승가
는 어떤 정사를 포살당으로 정하였습니다. 승가는 그것을 인정하였기
때문에 침묵했습니다. 저는 그와 같이 알고 있습니다"라고 외쳐서

안건이 결정되었다는 선언을 한다. 그런데 누군가 반대하여 발언을 한다면, 갈마는 성립되지 않는다. 그리고 하나의 안건은 두 번 의결하지 않으며(一事不再議), 다수결로 의결하지도 않는다. 그렇지만 제안자가 반대자와 쟁사諍事를 일으켜서 문제를 제기하면 이때는 다수결로 해결할 수도 있다.

백사갈마(白四羯磨, ñatti-catuttha-kamma)는 1회의 백白과 3회의 갈마羯磨를 통해서 의결하는 것이다. '백사갈마'는 특히 신중한 결정이 필요한 경우에 행해졌다. 예를 들면, 비구계를 줄 때 '백사갈마'를 채택하였다. '갈마사'가 일어서서 "이곳에서 아무개(某)는 장로 누구(某)를 화상으로 해서 구족계를 받고자 합니다. 승가에서 준비가 되어 있다면 승가는 장로 누구(某)를 화상으로 해서 아무개에게 구족계를 주어야 합니다. 장로 누구(某)를 화상으로 해서 아무개에게 비구계를 주는 것을 허락하는 대덕은 침묵해 주십시오. 그러나 그렇지 않은 분은 좋은 의견을 말씀해 주십시오"라고 첫 번째 '갈마설'을 외친다. 첫 번째 갈마설에 전원이 침묵하더라도 '갈마사'는 "저는 두 번째로 말씀드립니다"라고 하면서 첫 번째 갈마설과 동일한 내용을 외친다. 이번에도 전원이 침묵하더라도 갈마사는 "저는 세 번째로 말씀드립니다"라고 하면서 첫 번째 갈마설과 동일한 내용을 외친다. 이때도 전원이 침묵으로 찬성하면 갈마가 성립하는 것이다. 그리하여 갈마사는 "승가는 장로 누구를 화상으로 해서 아무개에게 비구계를 주었습니다. 승가가 찬성하기 때문에 침묵하였습니다. 저는 그렇게 이해합니다"라고 선언하고 갈마를 마친다.[5]

다음의 「울루카 자타카」의 이야기는 '백사갈마'의 예를 잘 보여준다.

『자타카』는 대중을 상대로 교훈을 주기 위한 목적으로 제작된 것이다. 그러므로 '백사갈마'의 예가 우화형식으로 『자타카』에 소개되어 있다는 것은 불교교단에서 전원합의에 의해 신중하게 일처리를 한 것이 당시의 불교문화에서도 중요한 위치에 있었음을 보여주는 예이다.

그때 히말라야 산맥의 모든 새가 지저귀며 평탄한 누각 위에 모였다. "사람들 사이에는 왕이 있고, 짐승들과 물고기들 사이에도 왕이 있는데, 우리 새들 사이에는 왕이 없다. 우리는 무정부 상태에서 살아서는 안 된다. 우리도 왕을 뽑아야 한다. 왕의 자리에 앉기에 적절한 누군가를 정하자." 그들은 적절한 새를 물색해서 올빼미를 선택하였다. "여기에 우리가 좋아하는 새가 있다"고 그들은 말하였다. 그리고 한 새가 이 문제에 대하여 투표가 실시될 것이라고 모두에게 세 번 선언하였다.

이 발표를 두 번 참을성 있게 들은 후 마지막에 까마귀가 일어나서 외쳤다. "잠시 기다려 주게. 만약 그렇다면 그(올빼미)가 왕으로 추대되고 있을 때 그가 지은 표정을 보았는가? 그가 화를 낼 때는 어떤 모습이 될 것인가? 만일 그가 화를 내어 우리를 바라본다면 뜨거운 쟁반 위에 뿌려진 참깨처럼 우리는 흩어지게 될 것이다." 이에 부연해서 그(까마귀)는 다음과 같이 첫째 구절을 읊었다. "그대들은 말하네. 올빼미가 왕이라고. 그대들이 허락한 모든 새의 왕이라고. 나의 생각을 말해도 좋을까?" 그(까마귀)가 발언하도록 승낙하는

---

5 사토 미츠오(佐藤密雄) 저, 김호성 옮김, 『초기불교교단과 계율』(민족사, 1991), 62~65쪽.

둘째 구절을 새들은 되받아 읊었다. "어른께선 우리의 허락을 받았습니다. 다른 새들은 젊고 현명하며 쾌활하니 어른의 발언이 좋은 권리가 되게 하소서." 이렇게 허락을 받자 그(까마귀)는 셋째 구설을 읊어 답변하였다. "(깊은 경의를 표하며 말하는데) 나는 올빼미를 우리의 우두머리로 정하는 것을 싫어하네. 그의 얼굴을 보게! 이렇게 우스꽝스런 모습이라면 그가 화난 얼굴을 보일 때 그는 무엇을 할 수 있겠는가?" …… 그래서 새들은 금빛 나는 거위를 그들의 왕으로 선출하고 흩어졌다.[6]

한편, 한국에서도 근대의 시기에 접어들어서 방한암(方漢巖, 1876~1951)이 선원규례禪院規例를 제정하였는데, 그 가운데 다음의 내용은 눈여겨볼 만하다. 그것은 선원규례의 마지막에 있는 것인데, 이는 다른 규칙이 필요할 때에는 일에 따라서 규칙을 정할 것이지만, 이때 종주宗主가 마음대로 제정할 수 없고 대중과 합의해서 공명정대하게 정할 것이며, 스스로 마음대로 집행해서 대중과 서로 어긋나는 일이 없도록 해야 한다는 내용이다.[7] 이는 함께 사는 선원의 규칙을 만들 때 종주라고 해서 마음대로 하지 말고 대중과 합의할 것을 말하고 있는 것으로 민주주의 원칙에 부합되는 내용이라고 할 수 있다.

이상의 내용을 볼 때, 불교에서 대외적으로 민주주의를 강조하는

---

6 「울루카 자타카」, 피야세나 딧사나야케 지음, 정승석 옮김, 『불교의 정치철학』(대원정사, 1987), 152~154쪽 재인용.

7 『한암일발록』(한암문도회, 1995/1996 수정증보판), 34쪽.

것은 그렇게 강하지 못하였지만, 대내적으로 승가의 운영원리를 민주주의 원리에 두었음을 알 수 있다. 이러한 내용은 방한암의 선원규례에서도 일정 부분 확인할 수 있는 것이다. 이를 통해 한국불교에서 민주주의 원리가 미약하기는 하지만 방한암이 활동하던 20세기 초반에까지 계속 이어졌음을 추정할 수 있다. 한국사회의 문제의 하나가 시민사회의 의견이 국가의 행정정책에 제대로 많이 반영되지 않는 데 있다고 한다면, 초기불교에서 승가를 민주주의 원리에 의해 운영하고자 한 정신은 오늘날에도 여전히 유효하다고 할 수 있다. 시민단체에서 구성원의 의견을 민주주의 원리에 입각해서 결집시키고, 그렇게 형성된 시민의 의견이 국가정책에 효과적으로 반영될 때 한국사회의 민주주의는 더 한층 발전할 것이라고 기대한다.

3. 평등의 이념

한국사회에서 1997년에 IMF외환위기를 겪은 이후에 양극화라는 말이 널리 유행하였고, 비정규직 노동자가 많이 생겨나게 되었다.[8] 이러한

---

8 이러한 문제는 신자유주의에 근거한 징책으로 인해 더욱 심화되있다. 신자유주의는 1970년대 중반 선진국의 자본주의 위기에 의해서 발생한 것이다. 이러한 신자유주의 이념은 '자유시장'과 '작고 강한 국가'를 들 수 있다. 신자유주의 정책으로는 복지삭감, 역진적 세제개혁(부가가치세 인상, 소득세와 법인세의 인하), 탈규제, 민영화, 노동조합 통제 등을 거론할 수 있다. 그 결과 생겨난 경제적 귀결은 '자본의 자유화(생산의 유연화, 중심부 노동자층과 주변부 노동자층의 분할의 심화)'와 '자본의 세계화(국제적 복합기업, 미국을 중심으로 한 초국적 자본)'이다. (김교환, 「신자유주의 이념과 정책」, 『민주·복지·통일로 가는 길』, 강원대 출판부,

양극화 문제와 비정규직 노동자 문제를 개선하기 위해 노력해야 하는
것은 당연한 일이다. 또한 한국사회에서 문제가 되는 것은 '학벌'이라고
할 수 있다. 학벌은 한국사회의 정치·경제, 모든 영역의 배후에서
한국사회를 움직이는 핵심적 개념이라고 할 수 있다. 따라서 한국사회
를 학벌사회라고 부를 수 있다. 이는 사회학적인 측면에서 보자면
변형된 신분제적 가치와 원리가 지배하는 사회라고 할 수 있다. 정치학
적인 측면에서는 사회적 권력이 배분될 때 학벌이라는 네트워크에
의해 이루어지는 것을 의미한다. 경제학적인 측면에서는 한 사회가
생산하는 부와 권력을 소수의 학벌집단이 독점적으로 차지하는 것을
의미하며, 문화적 측면에서는 학벌이라는 편견이 개인의 인간관계
형성이나 결혼·취업 등 일상의 모든 영역에서 영향을 미쳐서 갈등을
일으키는 것을 가리킨다.[9] 이러한 문제를 해결하는 방안으로 불교에서
제시하는 평등의 이념을 살펴보고자 한다. 여기서는 4단락으로 나누어
서 접근하고자 한다.

1) 초기불교의 평등의 이념

초기불교에서는 브라만교에서 주장하는 4성계급에 대해서 반대하고
평등을 주장하였다. 4성계급은 브라만brāhmaṇa, 크샤트리아(kṣatriya,
왕족), 바이샤(vaiśya, 평민), 수드라(śudra, 노예계급)이다. B.C.15세
기경에 인도에 침입한 아리아인은 B.C.10세기경에 농경생활로 전환하
였고, 그러면서 4성계급도 정착이 되었다. 이를 바르나varṇa제도라고

2006, 61~103쪽)

9 김동훈, 『한국의 학벌, 또 하나의 카스트인가』(책세상, 2001), 15쪽.

하며, 이 바르나제도에 기초해서 직능에 의해 더욱 세분화된 것이 자티jāti이다. 이것은 굽타왕조와 그 이후에 생겨난 것으로 추정된다. 아리아인의 종교찬가인 『리그베다Ṛg-veda』에서는 푸루샤(Puruṣa, 原人)의 입에서 브라만이 태어났다고 브라만을 미화하고 있다. 이는 4성계급을 옹호하는 브라만교의 이데올로기의 하나이다.

초기불교의 경전에서는 4성계급에 대해 비판하고 있는데 그 중에 하나가 『소연경(小緣經, Aggañña-Suttanta)』이다. 여기서는 4성계급의 최고의 위치에 있는 브라만이 자신을 미화하기 위해 말하는 내용이 허구라는 점을 밝히고 있다. 그것은 브라만이 자신이 범천梵天 출신이라고 주장한다는 것이고(『리그베다』에서는 원인原人의 입에서 태어났다고 함), 하지만 실제로 브라만도 결혼해서 자식을 낳고 있으므로 브라만이 범천 출신이라는 말은 거짓이라는 것이다. 또한 붓다의 제자는 모두 석가모니 종성(釋種)의 아들로서 평등하다고 주장한다. 『소연경』에서는 브라만 출신의 출가제자 2명이 불교교단으로 출가한 일로 브라만에게 비난을 받고 있다는 내용을 소개하면서 시작하고 있다. 그 내용을 살펴보자.

바셋타Vāseṭṭha가 붓다에게 말하였다. "브라만은 한결같이 이렇게 말합니다. '우리 브라만(바라문) 종성種姓은 가장 높고 나머지 종성은 낮고 열등하다. 우리 브라만 종성은 (살빛이) 희고 나머지 종성은 (살빛이) 검다. 우리 브라만 종성은 범천梵天의 출신이고, (우리 브라만 종성은) 범천의 입에서 태어났고, 현재의 상황에서도 청정하다고 생각하며 미래에도 청정할 것이다. 그런데 너희들은 청정한 종성(브라만)을 버리고 다른 가르침을 신봉하는 석가모니의 교단에 들어갔는가?' 세존이시여! 저 브라만은 내가 붓다의 가르침 속에서 출가하여 도를 닦는 것을 보고 앞에서 말한 내용으로 나를 꾸짖고 공격합니다."

붓다가 바셋타에게 말하였다. "그대는 사람들이 어리석고 무식한 것이 짐승과 같다고 보아야 한다. 브라만은 헛되게 다음과 같이 스스로 주장한다. '우리 브라만 종성은 가장 높고 나머지 종성은 낮고 열등하다. 우리 브라만 종성은 (살빛이) 희고 나머지 종성은 (살빛이) 검다. 우리 브라만 종성은 범천의 출신이고, (우리 브라만 종성은) 범천의 입에서 태어났고, 현재에도 청정하고 미래에도 청정하다.' 바셋타여! 지금 위없이 바르고 진실한 도(붓다의 가르침)에서는 종성이 필요하지 않고, 나(브라만)라는 교만의 마음에 의지하지 않는다. 속세의 가르침에서는 이런 것(종성을 구분하는 것)이 필요하겠지만, 나의 가르침(붓다의 가르침)에서는 필요하지 않다. 만약 사문과 브라만이 (높은) 종성을 믿고 교만한 마음을 품는다면, 끝내는 나의 가르침(붓다의 가르침)에서는 위없는 증득을 이루지 못할 것이다. 만약 종성을 버리고 교만한 마음을 제거할 수 있다면 나의 가르침(붓다의 가르침)에서 도道의 증득을 얻어서 바른 가르침을 받을 수 있을 것이다. 사람들은 아래에 있는 종성을 싫어하지만 나의 가르침에서는 그렇지 않다." ……

붓다가 바셋타에게 말하였다. "지금 브라만 종성을 보니 결혼해서 자녀를 낳는 것은 세상 사람과 다르지 않는데 브라만은 '나는 범천의 종자이고 범천의 입에서 태어났으며 현재에도 청정하며 미래에도 청정할 것이다'고 거짓말을 한다. 바셋타여! 너는 지금 다음의 사실을 마땅히 알아야 한다. 나의 제자는 종성이 같지 않고 출신도 각각 다르지만 나의 가르침에 의지해서 출가하여 도를 닦고 있다. 만약 어떤 사람이 그대에게 종성을 묻는다면, 그 사람에게 이렇게 말해야 한다. '나는 사문沙門 석가모니 종성(釋種)의 아들이다. 또한 나는 브라만 종성이고, 친히 입에서 태어났고, 법法에서 태어났으며 현재에도 청정을 얻었고 미래에도 청정할 것이다'고 말해도 좋다. 왜냐하면 대범大梵의 이름이 여래如來의 이름이고, 여래는 세간의 안목이고, 법法은 세간의 지혜이고 세간의 법이며 세간의 범梵이고 세간의 법륜이고 세간의 감로甘露이고 세간의 법주法主이기 때문이다."[10]

또한 초기불교에서는 행위에 의해서 브라만도 되고 천한 사람도 된다고 주장한다. 『숫타니파타Suttanipāta』에서는 어떤 사람이 천한 사람인지 제시하고 있다. 그것은 태어나면서 종성에 의해 천한 사람이 되는 것이 아니고 자신의 행위에 의해 천한 사람이 된다는 것이다. 예를 들면 생물을 해치고 동정심이 없는 사람, 독재자로 널리 알려진 사람, 법정에서 거짓 증언을 하는 사람 등이 바로 천한 사람이라는 것이다. 그러면서 『숫타니파타』에서는 천민의 하나인 찬다라족 출신의 '마탕가'도 행위에 의해 범천의 세계에 갔지만, 브라만으로 태어나서 『베다』를 독송하더라도 나쁜 행위를 하면 그에 상응하는 과보를 받을 것이라고 한다. 그 자세한 내용은 다음과 같다.

---

10 『장아함경』 6권, 『소연경小緣經』(『대정장』 1권, 36下-37中)

화를 잘 내고 원한을 품으며 간사하고 악독해서 남의 미덕을 덮어버리고 그릇된 소견으로 음모하는 사람, 그를 천한 사람으로 아시오. 한 번 태어난 것(胎生)이거나 두 번 태어난 것(卵生)이거나 이 세상에 있는 생물을 해치고 동정심이 없는 사람, 그를 천한 사람으로 아시오. 시골과 도시를 파괴하고 포위하여, 독재자로서 널리 알려진 사람, 그를 천한 사람으로 아시오. 마을에 살거나 숲에 있거나 남의 것을 주지도 않는데 훔치려는 생각으로 이를 취하는 사람, 그를 천한 사람으로 아시오. 사실은 빚이 있어 돌려 달라고 독촉을 받으면, '당신에게 갚을 빚은 없다'고 발뺌을 하는 사람, 그를 천한 사람으로 아시오. 얼마 안 되는 물건을 탐내어 행인을 살해하고 그 물건을 약탈하는 사람, 그를 천한 사람으로 아시오. 증인으로 불려나갔을 때 자신이나 남을 위해 또는 재물 때문에 거짓 증언하는 사람, 그를 천한 사람으로 아시오. ……

내가 다음에는 실례를 들겠으니 이것으로 내 말을 알아들으시오. 찬다라족(천민의 한 종족)의 아들이며 개백정 '마탕가'로 세상에 알려진 사람이 있었소. 그 마탕가는 얻기 어려운 최상의 명예를 얻었소. 많은 왕족과 브라만들이 그를 섬기려고 모여들었소. 그는 신들의 길, 더러운 먼지를 떨어버린 대도大道에 올라가 탐욕을 버리고 범천梵天의 세계에 가게 되었소. 천한 태생인 그가 범천의 세계에 태어나는 것을 아무도 막을 수 없었소. 『베다』 독송자讀誦者의 집에 태어나 『베다』의 글귀에 친숙한 브라만들도 때로는 나쁜 행위에 빠져 있는 것을 볼 수 있소. 이와 같이 되면, 현세에서 비난을 받고 내세에는 나쁜 곳에 태어날 것이오. 신분이 높은 태생도 그들이 나쁜 곳에

태어나는 것을 그리고 비난 받는 것을 막을 수는 없소. 날 때부터
천한 사람이 되는 것은 아니고, 날 때부터 브라만이 되는 것도
아니고, 오로지 그 행위에 말미암아 천한 사람도 되고 브라만도
되는 것이오.[11]

이런 관점에서 불교교단에서는 어떠한 계급이나 직업의 사람이라고
해도 마음을 정결하게 하면 승려로서 받아들였다. 브라만이나 왕족계
급에 속하는 사람이 많이 들어온 것은 분명한 사실이지만, 하층민의
사람도 승려가 되었다. 이 점은 다음의 비유를 통해서도 확인이 된다.

(인도에 있는) 4개의 큰 강의 강물도 바다로 들어가고 나면 본래의
강 이름은 없어지고 다만 '바다'라고 불린다. 4성계급도 이와 같다.
…… 여래의 처소에서 머리 깎고 법의法衣를 입고 출가하여 도를
배우면 본래의 종성은 없어지고 다만 사문 석가모니의 아들이라고
불릴 뿐이다. 그 이유는 여래의 제자 무리는 큰 바다와 같고, 사성제
는 4개의 큰 강물과 같아서 번뇌를 제거하고 두려움이 없는 열반에
들어가기 때문이다.[12]

그래서 불교교단에서는 출신계급이나 직업을 따지지 않고 출가한
뒤의 연륜年輪과 수행결과에 의해 교단에서 새로운 서열이 정해진다.
이 점은 브라만교가 계급의 우열을 엄중히 하고 『베다』의 학습이나

---

11 법정 역, 『숫타니파타(숫타니파아타)』(정음사, 1989년 개정판), 32~35쪽.
12 『증일아함경』 21권(『대정장』 2권, 658下)

제사 등을 4성계급 가운데 위의 3계급에게만 허용하고 천한 노예계급은 소나 말같이 여겨 그들에게는 베다성전을 들려주거나 가르치는 것을 엄격히 금지하였고, 그들과 결혼하고 교제하거나 식사를 함께 하는 것도 허용하지 않았던 것과는 전혀 다르다.[13]

그런데 초기불교에서 4성계급의 평등을 주장하였다는 점에 대해 비판적 관점도 있다. 마스타니 후미오(增谷文雄)는 다음과 같이 지적한다.

"물론 (불교교단에서) 브라만 식의 배타성을 발휘하는 일은 없었지만, 아직도 불가피적으로 또는 무의식적으로 상층上層종성에 대해 유리한 성질이 다분히 원시불교 속에는 있었다. 그 근본적 원인은 '법은 지자智者의 것이요, 우자愚者의 것이 아니다'라는 귀족적인 기분이 불타시대의 기분으로서 원시불교 교단 안에 다분히 남아 있기 때문이다. 따라서 불타가 설하는 법은 충분한 학식이 있지 않고서는 이해할 수 없는 난해한 대목이 많고, 만인에게 허용된다는 입교入敎의 자유는 결국 다만 이상理想일 뿐으로, 교양 없는 사람들이 교단에 들어간다는 것은 실제로는 거의 불가능하고 또한 불타도 교양 있는 고귀한 청년들을 그 설법의 목표로 하고 있었음이 사실이다."[14]

위의 지적처럼, 초기불교교단에서 평등의 이념을 강조했지만 어느 정도 한계가 있었음은 분명한 사실이다. 그렇지만 이는 그 시대의 한계라고 볼 수 있는 것이지, 불타의 생각이 그런 것은 아니라고 할 수 있다. 불타가 아무리 4성계급의 평등을 추구하려고 했다고 해도

---

13 水野弘元 저, 김현 역, 『원시불교』(지학사, 1985), 181쪽.

14 增谷文雄 저, 목정배 역, 『불타시대』(경서원, 1984), 187쪽.

시대의 한계를 넘어서지 못했다고 평가할 수 있다.

2) 한국불교에 나타난 평등의 이념

초기불교에서 추구했던 평등의 이념은 한국불교에서도 나타난다. 여기서는 의상, 무염, 한용운을 통해 한국불교에 나타난 평등의 관념에 대해 알아보고자 한다.

①의상(義湘, 625~702)의 10대 제자 가운데 2명이 귀족출신이 아니었다. 진정眞定은 본래 군인이었는데 품을 팔아서 곡식을 얻어 연명할 만큼 가난한 기층민이었고, 지통智通은 귀족집안의 노비출신이었는데, 출가하여 의상이 화엄사상을 강의한 것을 정리하였고, 그것을 『추동기錐洞記』라고 불렀다. 진정과 지통이 의상의 제자가 되어서 큰 활동을 하였다는 것은 의상의 교단이 평등을 지향하였다고 추론할 수 있는 근거가 된다.[15]

②선종의 9산선문九山禪門 가운데 성주산문聖住山門의 무염(無染, 800~888)은 사람에 대해서 존귀하고 비천하다는 구분을 하지 않았다. "무염은 배우는 승려(횡려黌侶)에게 반드시 선사禪師라고 불렀으며, 손님을 대할 때는 존귀하고 비천한 구분을 하지 않았다. 그러므로 (무염의) 방에서는 자비가 가득히 넘쳤으며, 제자들이 기꺼이 따랐다."

또한 무염은 제자(生徒)를 가르칠 적에 다음과 같이 말하였다. "비록 마음이 몸의 주인이지만, 몸이 마음의 스승이 되어야 한다. 그대들이 도道를 생각하지 않은 것을 근심할 것이지, 어찌 도道가 그대들을

---

15 정병삼, 『의상 화엄사상 연구』(서울대 출판부, 1998/2001), 188~189쪽.

멀리하겠는가? 설사 농부(田舍兒)라고 할지라도 속세의 얽매임에서 벗어날 수 있다. 내가 달리겠다고 하면 반드시 마음도 달리는 것이다. 따라서 도사道師와 교부敎父라고 해서 어찌 종자가 (따로) 있겠는가?" 여기서 무염이 가지고 있는 평등의 관념을 엿볼 수 있다.

그리고 무염은 산문의 경제력을 스스로 구하였다. "무염은 장년에서 노년에 이르기까지 스스로 낮추는 것을 기본으로 하였고, 밥 먹을 때는 양식을 달리하지 않았으며, 옷도 반드시 (대중과) 똑같이 입었다. 절을 짓거나 고칠 때는 노동(役)을 대중에 앞서서 먼저 하면서 '항상 불타佛陀와 조사도 일찍이 진흙을 밟았는데, 내가 어찌 잠깐이라도 편안하게 살겠는가?'라고 하였다. 그리고 물을 긷고 땔나무를 나르는 일까지도 때로는 몸소 하기도 하였다. 또한 '산山이 나를 위해서 티끌 (塵)이 되어 주었는데, 내가 어떻게 몸을 편안하게 하겠는가?'라고 말하였다. 자신을 극복하고, 남을 돕는 것이 모두 이와 같은 일(類)이었 다."[16] 이처럼 무염은 불교교단의 어른이면서 대중과 똑같이 옷을 입고 밥을 먹었으며 때로는 노동에 종사하기도 하였다. 이는 무염이 평등의 이념에 투철하였음을 보여주는 예이다.

③근대의 시기에 한용운(韓龍雲, 1879~1944)은 평등을 분명하게 강조하였다. 한용운은 자신의 불교관을 4가지로 정리하였는데,[17] 그 가운데 하나가 불교의 가르침은 '평등'이라는 것이다. 이러한 관점에 서서 한용운은 '불교사회주의'를 주장한다.[18] 그렇지만 한용운은 사회

---

16 조범환, 『신라선종연구』(일조각, 2001), 59~63쪽 참조.
17 「내가 믿는 불교」(『개벽開闢』 제45호, 1924년 3월 1일), 『한용운전집』 2권(신구문화사, 1973), 288쪽.

주의 계열에서 주장하는 반종교운동에는 반대를 하였다. 한용운은 기자와 문답을 나누면서 자신의 견해를 다음과 같이 말하였다.

> 문: 석가가 지금 오늘 점심때쯤 광화문 거리를 지나다가 큰 부자를 만났다고 합시다. 그때에 어찌했겠습니까? 답: 경전에 "두 벌 옷을 가졌거든 벗어주라"고 하였습니다. 물론 그렇게 하였겠지요. 대체로 석가는 재산의 축적을 부인합니다. 경제적 측면의 불평등을 배척합니다. 석가 자신도 늘 풀로 옷을 지어 입고 가르침을 전하러 돌아다녔습니다. 소유욕所有慾 없이 살자는 것이 석가의 이상理想입니다. 선한 자와 악한 자라 하는 것은 소유욕에서 나온 가증할 고질痼疾이 아닙니까? 문: 석가의 경제사상을 현대어로 표현한다면? 답: 불교사회주의라 하겠지요. 문: 불교의 성지인 인도에는 불교사회주의라는 것이 있습니까? 답: 없습니다. 그렇지만 나는 이 사상을 가지고 있습니다. 그러므로 나는 최근에 불교사회주의에 대해서 저술할 생각을 가지고 있습니다. 기독교에 기독교사회주의가 학설로서 사상적 체계를 이루듯이 불교 역시 불교사회주의가 있어야 옳을 줄 압니다.[19]

---

18 한용운의 불교사회주의에 관한 더 자세한 설명은, 블라디미르 티코노브(박노자), 「1920~1930년대 만해 한용운의 불교사회주의」, 『천태학연구』 8집(천태불교문화연구원, 2008), 123~136쪽을 참조하기 바람.

19 「석가의 정신-기자와의 문답」(『삼천리』, 제4권, 1931년 11월호), 『한용운전집』 2권, 292쪽. 그리고 한용운만이 아니고 이능화(1869~1943)와 권상로(1879~1965)의 사상에서도 평등주의가 발견된다. 이재헌, 「근대 한국 불교학의 성립과 종교인식」(한국정신문화연구원 한국학대학원 박사학위논문, 1998), 82~83쪽에서 이능

3) 암베드카르의 불교관에 나타난 평등의 이념

암베드카르(Ambedkar, 1891~1956)는 인도의 불가촉천민으로 태어났
으며, 미국과 영국으로 유학을 가서 경제학과 법학을 공부하였다.
인도 초대 법무부 장관을 역임하였고, 인도헌법을 제정하는 데 크게
기여한 인물이다. 암베드카르는 1956년 10월 14일 인도의 나그푸르에
서 불교 개종식을 거행하면서 불교의 '평등주의'를 강조하고 불교가
마르크스주의보다도 훨씬 뛰어나다고 하였다. 그 자세한 내용은 다음
과 같다.

> 우리들은 힌두교를 버리고 평등주의에 입각한 불교로 개종해야
> 한다. 힌두교를 버리고 개종하기까지 왜 긴 세월이 필요했던가
> 하는 질문에는 종교의 문제는 가장 곤란하고 중대한 문제이기 때문
> 이라고 할 수밖에 없다. …… 가난한 자들이야말로 종교를 필요로
> 한다. 왜냐하면 인생행로의 원천인 희망이 종교를 통해 주어지기
> 때문이다. 외국에서는 불교가 힌두교 이상으로 알려져 있고 신앙되
> 고 있다. 붓다의 가르침은 영원한데, 붓다는 자기의 가르침을 신성시
> 하거나 오류가 없는 것이라고 하지 않고 또한 스스로를 신격화하는
> 일이 없었다. 불교의 기반은 이성에 있기 때문에 현대인에게 모순
> 없이 받아들여지는 것이다. 불교의 주된 목적은 고뇌하는 인류를
> 구하는 것이다. 불교가 마르크스주의보다 훨씬 탁월하며 또한 세계
> 최고의 종교라는 것은 의문의 여지가 없다.[20]

화의 불교사상은 '중도적 평등주의'라고 평가하고 있으며, 140~142쪽에서는 권상
로의 불교사상은 '각만覺滿의 평등주의'라고 평가하고 있다.

또 암베드카르는 죽기 2주 전(1956년)쯤 카트만두의 세계불교도대회에서 '불교와 마르크스주의'라는 제목으로 강연을 하였는데, 불교와 마르크스는 지향하는 목표에서는 일치점이 있지만 그것을 달성하는 수단에서 차이점이 있다고 하였다. 마르크스의 공산주의에서는 폭력을 수단으로 사용하는 데 비해 불교에서는 마음의 개혁을 최우선으로 하는 점에서 다르다. 이러한 내용에 대해 암베드카르는 다음과 같이 말하였다.

마르크스는 빈곤과 괴로움이라는 사회악社會惡의 원인을 사유재산제와 부자에 의한 빈곤대중의 착취에서 찾았다. 그래서 사유재산제를 폐지하고 프롤레타리아독재를 수립함으로써 '사회악'을 근절시켜야 할 것이라고 말하였다. 붓다도 마르크스와 마찬가지로 이 세상은 괴로움이라고 가르쳤다. 이 괴로움이라는 말은 여러 가지로 해석되고 있는데, 붓다는 자주 이 말을 빈곤이라는 의미로 쓰고 있다. 그러므로 마르크스와 붓다의 입장은 같다고 할 수 있다. 붓다는 착취라는 말을 쓰지 않았으나 마르크스보다도 2,400년 이전에 이미 인생에서 빈곤이 곧 괴로움이라는 사실을 지적하고 있다. 재산에 대해서도 두 사람은 비슷한 생각을 가지고 있다. 미르크스는 착취 없는 사회를 건설하기 위하여 국가가 생산수단을 소유해야 할 것, 즉 농업·공업의 국유화를 주장했는데, 붓다도 이상사회의 모델로 조직한 불교승단의 규칙 가운데에서 마르크스보다 더 철저히 비구의 재산소유를 금하고 있다. 이렇게 붓다와 마르크스가 목표로 한

---

20 山崎元一 저, 전재성·허우성 역, 『인도사회와 신불교운동』(한길사, 1983), 152쪽.

지점은 같았으나 거기에 이르는 수단을 근본적으로 달리하고 있다. 공산주의는 폭력을 수단으로 사용하여 단시일 내에 성과를 얻으려 하고 있다. 여기에 반해 붓다는 설득·교도·애정을 수단으로 삼는 마음의 개혁을 최우선에 두고 있다. 거기에는 병사兵士나 경찰이 필요하지 않다. 이것이 길고도 지루한 길처럼 보일지 모르지만 가장 안전하고도 확실한 길이며 위험한 지름길을 돌진하는 성급한 마르크스주의보다 훨씬 탁월하다. 러시아를 보면 알 수 있듯이 공산주의제도는 무력으로 유지되고 있다. 사람들은 스스로 나아가서 그 제도를 채용하고 있는 것이 아니라 죽음의 공포 때문에 그 제도를 따르고 있는 데 불과하다. 마음의 개혁이 없는 곳에 무력은 언제나 필요한 것이다.[21]

이상의 내용에서 알 수 있는 것처럼, 암베드카르는 불교에서 '평등주의'를 강조하였고, 또한 '평등주의'라는 관점에서 불교와 마르크스주의가 비슷한 점이 있지만, 마음의 개혁을 수단으로 삼는다는 점에서 불교가 마르크스주의보다 뛰어나다고 주장한다.

4) 오노 신조의 불교와 민주적 사회주의의 결합

일본의 사회과학자 오노 신조(大野信三)는 자유와 평등을 함께 추구하면서도 물질만이 아니고 정신의 행복도 아울러 충족할 필요가 있다고 주장하고, 불교의 복전福田사상에 현대적 의미를 부여하였다. 이런 관점에서 오노 신조는 불교와 민주적 사회주의는 서로 결합이 가능하다

---

21 山崎元一 저, 전재성·허우성 역, 『인도사회와 신불교운동』, 174~175쪽.

고 한다.

불교와 민주적 사회주의는 두 가지 점에서 공통점이 있다.

첫째, 인간을 권력에 굶주리게 하거나 사리사욕에 눈멀게 하거나 무용한 논쟁과 대립에 빠지게 하거나 새로운 종속관계에 떨어지게 하는 현대의 유물론적 권력사상이나 저속한 휴머니즘의 윤리사상에 반대한다. 그래서 올바른 목표를 의식하고 책임을 자각한 행동을 통해 자비와 정의의 원리가 지배하는 더 나은 사회를 실현하기 위해 힘쓴다.

둘째, 자유와 민주주의와 공존할 수 있는 계획화와 계획적인 조정방식에 의해 빈곤과 착취를 없애고, 고용의 안정을 확보하며 부와 소득의 합목적적 재분배를 추진한다. 이처럼 각자가 필요에 따라 분배받는 원리가 지배하는 통합경제의 측면을 가능한 한 확대해 나간다.

불교의 사회연대주의는 앞에서 설명한 것처럼, 경제 전체의 계획적인 조정과 통제로까지 발전할 수 있고, 또 그렇게 되어야 한다. 왜냐하면, 그 경우에야 비로소 자유와 평등이 함께 실현될 수 있기 때문이다. 동시에 정신적·물질적인 것이 함께 충족되도록 노력하고, 개인주의에도 반대하고 집산주의(토지·공장·철도·광산 등 주요 생산수단을 국유화하여 정부의 관리 아래 집중통제하는 것을 이상으로 하는 주의)에도 반대하는 사회연대주의(콩트는 지식의 진보로 이타적 감정이 증가하고 그리하여 인류는 서로 연대적으로 결합한다고 생각하였음)의 입장에 선다. 그래서 새로운 공동사회는 가능한 한, 관계자들의 자발적 노력에 의해서 실현되어야 한다는 점을 강조한다.

불교 사회정책의 근거가 되는 기본이념 중에 하나는 복전福田사상이다. 복전사상은 부처와 승려와 부모와 고뇌하는 사람을 공경하고 보살

피면 복덕과 공덕을 얻는다는 것이고, 이러한 의미에서 '복전'이라고
하는 것인데, 이는 광범위한 사회보장제도를 도입하는 것으로 확대
해석할 필요가 있다. 일반 민중 속에서도 가난한 사람, 병자, 장애자,
고아, 노인 등에게 적어도 일상 물질생활의 걱정만이라도 덜어주기
위해 사회적인 공동재산을 만들어 내는 행위이다.[22]

이상에서 살펴보았듯이, 초기불교에서 평등의 이념을 추구하였지만
결과의 측면에서 볼 때 비판의 여지가 있었다. 이러한 평등의 이념은
한국불교에서도 일정부분 계승되었고, 이것은 한용운의 불교사회주의
에서 더욱 구체화된다. 암베드카르도 불교의 평등주의를 강조하였고,
오노 신조는 불교와 민주적 사회주의의 결합을 추구하였다. 이처럼
불교에서 평등의 이념을 이끌어내는 데는 시대와 장소에 따라 다양한
방식이 있다. 여기서는 그 가운데 일부를 제시한 것에 지나지 않는다.
하지만 이처럼 다양한 흐름이 있다고 해도 그것은 불교의 평등이념을
그 시대와 장소에 맞게 접근하려고 시도해서 생긴 차이점에 지나지
않는다. 이러한 차이점을 통해서 평등의 이념이 불교문화의 중요한
자원임을 확인할 수 있다. 그리고 현대에 들어와서 초기불교시대에
이루지 못한 평등의 이념을 구체화할 수 있는 여건이 어느 정도 충족되
었다고 볼 수 있다. 따라서 우리는 이러한 불교의 평등이념을 21세기라
는 '시대'와 한국이라는 '지역'의 특수성에 맞추어서 잘 적용할 필요가
있다. 그러한 활동 가운데 하나가 학벌사회에 대한 비판으로 이어질

---

22 大野信三(오노 신조) 지음, 박경준·이영근 옮김, 『불교사회경제학』(불교시대사,
    1992), 206~210쪽 정리.

것이라고 필자는 생각한다.

4. 중도와 방편과 조화의 길

한반도에서는 일제 강점기 때부터 독립운동의 이념으로서 민족주의 노선과 사회주의 노선의 갈등이 있어 왔고, 1945년 해방 후에는 남한과 북한으로 분단되었으며, 1950년에는 북한이 남한을 침공하는 한국전 쟁으로 이어졌다. 한반도에서는 남한과 북한의 통일을 이루어 내고, 남한 사회 안에서 벌어지고 있는 진보와 보수의 이념적 대립을 끌어안아 야 하는 시대적 과제가 있다.

이러한 시대적 과제에 접근하는 방안으로 이 절에서는 불교의 중도와 방편과 조화(화쟁)의 길을 제시하고자 한다. 그리고 중도의 개념에 방편, 조화(화쟁)의 개념이 포함되어 있지만, 여기서는 구분해서 설명 하고자 한다. 중도는 수행과 깨달음의 영역에 속하는 개념이지만, 이것을 이데올로기문제에 확대해서 적용하면 이데올로기의 집착과 대립에서 벗어나는 것이라고 할 수 있고, 그러할 때 상황에 맞는 최선의 대안을 제시할 수 있으며(방편), 만약 그때의 상황이 대립이 지나친 쪽이었다면 조화(화쟁)의 이념을 제시할 수 있다. 이처럼 불교의 지혜를 통해서 사회현상을 유연하게 바라보고 적절한 대안을 제시할 수 있다.

1) 중도의 길

초기불교에서 중도中道는 불타佛陀의 삶과 수행에 근거한 것이었다. 불타는 출가하기 전에는 한 나라의 왕자로서 감각적 쾌락을 누렸고,

출가해서는 6년 동안 극단적인 고행苦行을 하였다. 불타가 도를 깨닫고 녹야원에서 5명의 수행자에게 말한 것이 바로 고苦와 낙樂의 중도이다. 수행의 방법으로 감각적 쾌락을 추구하는 것도 문제가 있고, 그렇다고 해서 극단적으로 육체를 학대해서도 안 된다는 것이다. 그리고 그 방안으로 제시한 것이 팔정도八正道이다.

대승불교의 중도는 초기불교에서 더욱 진전된 것이다. 이는 일반적으로 비유비무非有非無라는 형태로 표현된다. 이 말의 의미는 있음(有)에도 벗어났고 없음(無)에도 벗어났다는 것이다. 이 내용을 좀 더 살펴보자. 우리가 인식하고 판단하는 내용은 마지막에는 두 가지로 정리된다. 그것은 긍정과 부정이다. 우리가 많은 문장을 사용해서 표현을 하지만, 결국 단순하게 말하자면 긍정문이거나 부정문이라고 할 수 있다. 국회청문회의 증인이 말을 아무리 잘해서 이리저리 빠져나가더라도 결국은 "증인은 그래서 그 일을 했다는 것입니까, 안 했다는 것입니까?"라는 질문을 만나게 된다. 이처럼 우리가 사용하는 문장은 긍정(有)과 부정(無)으로 압축될 수 있고, 비유비무非有非無의 중도는 긍정과 부정을 둘 다 넘어선다는 것이다. 그러므로 '비유비무'의 중도는 모든 판단과 개념을 넘어선다는 것을 의미하는 것이다.

그러나 여기서 주의해야 할 점이 있다. 그것은 양비론과 '비유비무'의 중도는 외형은 비슷하지만 내용에서는 다르다는 점이다. 양비론은 대립하는 두 쪽을 비판하는 것이지만, 중도는 단순히 두 쪽을 비판하는 것만이 아니고 그를 통해 인식의 질적 비약을 추구하는 것이라고 할 수 있다. 선禪불교에서는 이러한 중도에 대해 다음과 같이 표현하고 있다. "진리에 대해 말해보라. 말을 해도 틀렸고, 말을 하지 않아도 틀렸다." 진리에 대해 자신의 입장을 표명하는 것은 두 가지일 것이다. 하나는 말을 하는 경우이고, 다른 하나는 말을 하지 않는 경우이다. 그런데 이 모두 틀렸다고 하는 것이 선불교의 주장이다. 이는 모든 판단과 개념을 떠날 때 진리의 안목이 생긴다고 하는 취지에서 나온 말이다.

이처럼 중도는 수행과 깨달음의 경지에 관한 내용이다. 하지만 이 내용을 이데올로기에 적용할 수 있다. 대립되는 두 개의 이데올로기가 있을 때 그 두 개의 이데올로기를 넘어설 수 있는 근거는 바로 중도의 비판의식에서 나올 수 있다.[23]

한용운이 당시의 독립운동 노선이던 민족주의노선과 사회주의노선의 대립에 대해 비판적으로 바라보고 있는 점도 중도 관점의 적용이라고 해석할 수 있다. 민족주의운동과 사회주의운동은 당시 사상계를 대표하는 2대 주류인데, 이 두 운동이 서로 반발하고 대결하고 있어서 여러 가지 혼돈이 생기고 있고, 두 운동의 진행과정에서 차질이 생기는 형편이라고 한용운은 파악하였다. 그래서 한용운은 이론을 버리고 실행의 관점(實地)에서 민족주의노선과 사회주의노선을 바라볼 것을 주장한다.

사회주의운동에서 말하는 '경제혁명'이나 민족주의운동에서 주장하

---

23 김영두, 「제3사상으로서 중도론」, 『한국불교학결집대회논집』 2권(2004), 1451~1460쪽에서는 원불교의 정산 송규(1900~1962)의 『건국론』을 중도주의로 읽어내고 있다. 그 내용은 자력확립, 중도주의, 민주주의, 상생주의, 조화주의로 정리된다. 그리고 정천구, 『붓다와 현대정치』, 235~244쪽에서는 기든스의 제3의 길을 불교의 중도의 관점에서 설명하고 있다.

는 '민족해방'이 다 필요한 것이지만, 이러한 이론에 근거해서 서로가 반발을 한다면 사상思想이 우리를 망하게 하는 장본인이 될 것이라고 경고한다. 비유를 들자면 같은 배를 타고 가는데 비를 만난 격이라고 할 수 있다. 그래서 이쪽이다, 저쪽이다 하면서 서로 가려는 방향이 있겠지만 일단은 폭풍우를 피하는 것이 제일이다. 한용운은 러시아의 경우를 보더라도 우선 민족의 해방이 전제라고 보고 있다. 그래서 사상계思想界의 문제를 사상思想으로 접근하지 말고 현실을 제대로 본 실행實行으로 접근해야 할 것을 한용운은 강조한다.[24] 한용운은 우리의 목표인 민족해방이 이루어지고 난 뒤에 사회주의 국가를 건설할 것인지 그렇지 않을 것인지 결정해도 늦지 않다고 주장한다. 이러한 한용운의 주장은 당시의 정세를 적절하게 파악한 것이라고 필자는 생각한다.

2) 방편의 길

앞에서 중도의 관점에서 대립되는 이데올로기에 대해 비판적으로 파악하는 것에 대해 서술하였다. 하지만 대립되는 이데올로기에 비판적으로 접근하는 점만을 강조해서는 정치의 실상에 다가서기에 부족한 점이 있다. 이때 필요한 것이 방편의 길이다.[25] 여기서는 방편의 길에

24 「혼돈한 사상계의 선후책-2천만 민중이 당면한 중대문제」(〈동아일보〉 1925년 1월 1일), 『한용운전집』 1권(신구문화사, 1973), 379~380쪽; 이병욱, 「한국근대불교사상의 세 가지 유형」, 『신종교연구』 20집(한국신종교학회, 2009), 168~169쪽 / 이병욱, 『한국불교사상의 전개』(집문당, 2010) 재수록, 229~230쪽.
25 황산덕, 「불교와 정치·법률사상」, 『불교와 현대사상』(동화출판공사, 1982/1986), 245쪽에서 각종 규칙과 계율과 법과 제도와 시설 등도 또한 하나의 방편이고

대해 4가지 항목으로 나누어서 접근하고자 한다.

(1) 역사에 대한 절대비판과 상대비판의 접목

앞에서 말한 중도의 비판의식은 어떤 이데올로기에도 걸리지 않는다는 것이므로 이는 역사를 초월한 반야般若의 지견知見이라고 할 수 있다. 그러므로 역사를 초월한 반야의 지견에서 보자면, 현실의 국가·민족· 계층의 대립항쟁은 대개 집단에고이즘의 업業에 따른 것이다. 따라서 이러한 것들에서 벗어날 필요가 있다. 그렇지만 이렇게 판단할 때 조심할 필요가 있다. 오늘날의 독립과 해방 운동을 집단에고이즘의 표현이라고 하면서 싸우고 있는 두 쪽을 모두 비판할 경우, 이러한 비판은 결국 지배자의 위치에 있는 사람에게 유리하다. 현재의 체제에 안주하는 것은 지배계층이고, 이것을 받아들이지 않는 것이 피지배계 층이기 때문이다. 이 점이 바로 '양비론兩非論'의 문제점이다. 대립하는 두 쪽에 대해 동시에 비판한다면 객관적으로 보일 수 있지만, 그것이 잘못하면 비뚤어진 현상을 유지하게 하는 역기능을 발휘할 수도 있다. 이때에는 좀 더 섬세한 논의를 전개해야 할 필요가 있다.

만일 역사를 국가·민족·계급에 의한 자기 속박적인 업業에 기초한 것이라고 본다면, 이는 역사에 대한 절대적 비판이다. 그렇지만 민족독 립운동에 집단에고이즘이 포함된다고 해서 민족독립운동을 부정한다 면, 이것은 현재의 체제를 옹호하는 역할을 할 뿐이다. 따라서 역사에 대한 절대적 비판과 임시적인 상대 비판을 접목해 나갈 수밖에 없다.

수단으로서 기능만을 가질 뿐이라고 한다.

다시 말해서, 역사를 추진하는 집단에고이즘의 공로와 과실을 정당하게 파악할 필요가 있다는 것이다.

이런 관점에서 보면, 베트남에서 응오딘지엠 정부의 불교탄압에 반대해서 1963년 6월 11일 수도 사이공에서 있었던 임제종 종장宗長 틱 광 둑(Thich Quang Duc, 廣德) 스님의 분신焚身은 여러 가지 시사점을 준다. 이는 베트남 불교대중의 민주적 평등을 위한 것으로 대수고(代受苦: 민중을 대신해서 고통을 받는다)의 행行, 다시 말해서 스스로 몸을 버리는 행이다. 티치 광 둑의 분신은 스스로 주인이 된다(隨處作主)에서 나오는 깨달음의 자유(몸에 집착하지 않은 지혜)와 사회제도의 자유(불교억압에 대한 저항)를 접목한 경우라고 할 수 있다.[26]

(2) R. 풀리간드라와 K. 프라하의 영구혁명철학

앞에서 소개한 역사에 대한 절대비판과 상대비판의 접목은 R. 풀리간드라와 K. 프라하의 영구혁명철학에서도 다시 확인된다. 이 두 학자는 사회적·역사적 과정을 통해서 자유를 실현할 수는 없지만(역사에 대한 절대비판) 불교에서 말하는 진정한 자유를 실현할 수 있는 최선의 조건을 형성할 필요는 있다고 한다(역사에 대한 상대비판). 불교에서 말하는 진정한 자유는 모든 사회적·역사적 상황을 넘어서 있는 것이기 때문에 불교는 영구혁명철학이 될 수 있다고 주장한다. 그 자세한

---

26 市川白弦, 「선의 자유와 실존의 자유」, 『현대사회와 불교』(한길사, 1981/1983), 189~217쪽. 그리고 戸頃重基, 「계급사회와 중도사상」, 여익구 편, 『불교의 사회사상』(민족사, 1981), 229~245쪽에서는 중도의 논리가 사회적 의미로 전환될 때 지배계층에게 이익이 될 가능성을 경고하고 있다.

내용을 살펴본다.

모든 혁명의 슬로건은 예외 없이 현재의 사회·경제 질서에서 허용될
수 있는 것보다도 더 큰 자유를 민중에게 주겠다는 것이다. 마르크스주
의에서도 당시 존재하던 사회·경제적 질서를 타파하여 더 큰 자유를
제공할 수 있는 사회제도를 추구하고자 하였다.

그렇지만 불교에서는 자아의 개념을 만들어 내는 모든 애착심과
충성심과 사회적·심리적 동류의식을 끊어버릴 때 사람은 자유로울
수 있다고 한다. 그러므로 불교에서는 상대적으로 덜 자유로운 사회에
서 더 자유로운 사회로 바뀌어가는 것을 진보로 보지 않는다. 사람이
어떤 형태로든 의식적으로 사회에 연결되어 있는 한 절대로 자유롭
지 못하며, 모든 종류의 사회·정치제도의 포기에서 자유가 생긴다고
한다.

한편, '혁명가의 역설'에 주목할 필요가 있다. 한 사람의 혁명가는
낡은 질서 대신에 자유를 최대한 실현할 수 있는 새 질서를 모색한다.
그렇지만 혁명이 성공하면, 혁명가는 현상의 방어자가 되어서 혁명운
동은 도리어 보수적 성격을 띠게 된다.

불교에서 보자면, 역사와 사회는 인간의 업 에너지가 실현되고,
또 영속화된 것이다. 따라서 사회적·역사적 과정을 통해서 자유를
실현하고자 하는 시도는 끝내는 실패하게 되어 있다. 이러한 시도는
업의 결정인자를 정복하지 못하므로, 무지와 구속과 부자유의 상태에
빠질 수밖에 없다.

그렇다고 해서 불교에서 인간의 사회적·정치적·역사적 조건에 관심
이 없다는 것은 아니다. 진정한 자유를 얻을 수 있는 최선의 방편이

될 수 있는 사회를 만들기 위해서 노력한다. 그렇지만 사회·경제 혁명 자체가 자유와 깨달음을 얻기에 충분하다는 환상을 갖지는 않는다. 불교에 있는 혁명정신의 원천은 모든 사회적·역사적 상황을 넘어서 있는 것이다. 불교는 이처럼 사회에 대해서 출세간적이고 부정적인 견해를 가지고 있기 때문에 하나의 영구혁명철학이 될 수 있다.[27]

(3) 방편을 통한 목적과 수단의 통합

방편의 강조는 상황에 맞추어서 목적과 수단을 통합하는 것으로 이어진 다. 그 내용을 알아본다. 일반적으로 목적과 수단의 관계에 대해서는 2가지 경우를 생각해 볼 수 있다. 우선 목적을 위해서 수단을 가리지 않는다는 것이고, 다른 하나는 목적을 위해서야말로 수단을 가린다는 것이다. 전자는 '목적지상주의'이고, 이는 본래 목적을 위해서 수단인 힘을 정당화한다. 이 경우 목적이 수단을 신성화한다는 권력정치가 최상의 정치가 될 것이다. 그에 비해 후자는 '방법지상주의'이고, 이는 수단의 선택을 신중하게 하는 것이고, 그래서 수단이 어느 사이에 목적이 되고 만다. 이렇게 되면, 현상유지의 태도에서 한 걸음도 벗어나 지 못할 가능성이 높다.

목적과 수단, 어느 것을 택할 것인지 흑백논리로 볼 필요는 없다. 행위의 구체적인 맥락과 상황을 고려하지 않고, 그저 어느 쪽인가를 원리적으로 고정시킬 필요는 없다. 따라서 목적과 수단은 대립을 지양 하는 변증법적 관계로 이해되어야 한다. 목적과 수단은 상황과 분리될

---

27 R. 풀리간드라와 K. 프라하, 「불교·자유·영구혁명철학」, 『현대사회와 불교』, 385~400쪽 참조.

수 없는 것이다.

불살생계不殺生戒를 예로 들어 상황의 중요성을 살펴보자. 불교에서는 자비의 동기에서 불살생계를 주장하였지만, 어부나 사냥꾼들은 처음부터 이 계율을 지킬 수 없다. 또한 식물도 동물과 같이 생물이기 때문에 육식을 피하고 채식본위의 생활을 한다고 해도 이상적 의미의 불살생계를 어기는 것이 된다. 게다가 국가 간의 전쟁이 발생하면, 살생이 도덕적 의무가 된다. 만약 싸움터에 나가 있는 병사가 적을 공격하기를 단념하고 허공을 향해 총알을 발사하려 해도, 적敵은 인정사정없이 그 병사에게 총격을 할 것이기 때문에 그 병사는 머지않아 목숨을 잃게 될 것이다. 그렇다면 그 병사는 적에 대해 불살생계를 지킨 것이지만, 자신의 생명에 대해서는 불살생계를 지키지 못한 것이 된다. 자기가 죽이지 않으면 상대가 자기를 죽이는 경우, 불살생계는 의미가 없게 된다. 따라서 중요한 것은 살생을 정당화하는 상황을 최대한으로 줄이는 것이다. 그러므로 전쟁을 반대하는 평화의 행동이 최고의 윤리라고 할 수 있다. 이 점에서 상황의 중요성을 다시 확인할 수 있다.

한편, 불교에서는 방편이 진실이라는 주장이 있다. 현재와 같이 복잡한 사회에서는 방편의 사용이 중요하다. 오늘날 방편의 의미를 다시 발굴하여 목적과 수단의 통합을 이루어야 할 것이다.[28]

---

28 戶頃重基,「힘이 정의인가 정의가 힘인가」, 여익구 편,『불교의 사회사상』, 223~
225쪽.

(4) 한용운의 종교관: 시대와 근기에 맞추어서 중생을 구원하는 것

앞에서 서술한 방편의 관념은 한용운의 사상에서도 발견된다. 한용운은 종교는 시대와 근기根機에 맞추어서 중생을 구원하는 것이 본래의 임무이므로 자본주의와 사회주의라고 하는 모든 주의主義와 제도를 넘어서서 그 시대의 중생에게 알맞은 방편으로 중생을 구원할 필요가 있다고 한다. 이것이 바로 현실적이면서 과학적인 실천이라고 그는 말한다. 따라서 자본주의 시대에는 그 시대에 맞는 방편이 있고, 사회주의 시대에는 그 시대에 맞는 방편이 있다. 거기에 맞는 방편을 찾아서 제시하면 된다는 것이 한용운의 입장이다. 다시 말해서, 종교는 인간사회에 대해서 철학적·윤리적 또는 정치적으로 어떤 제도를 만드는 것이 아니고, 어느 시기와 어떤 사람을 가릴 것 없이 그 사람과 당시의 상황에 맞는 방편으로 구원하는 것이 종교의 본래 임무라는 것이다. 이러한 입장에서 한용운은 종교란 제도에 구속되는 것이 아니고 제도를 뛰어넘어 존재하는 것이며, 단순히 종교가 제도에 구속되지 않는 정도가 아니고 간섭도 하지 않는 것이라고 주장한다.[29]

---

29 「세계종교계의 동향」(『불교』 93호, 1932.3.1), 『한용운전집』 2권, 277쪽; 이병욱, 「한국근대불교사상의 세 가지 유형」, 『신종교연구』 20집, 174쪽 / 이병욱, 『한국불교사상의 전개』(집문당, 2010) 재수록, 234~235쪽. 그리고 김성기, 「탈현대의 비판이론과 사회논리」, 『포스트모더니즘과 비판사회과학』(문학과지성사, 1991/1992), 92~93쪽에서도 같은 취지의 내용, 곧 유연한 사고방식을 다른 각도에서 말하고 있다: 탈현대적 개량적 전략(상대주의적)과 전반적이고 총론적 전략이 상호 대립적이어서는 안 된다. 다시 말해서, 탈현대의 사유방식과 전통적인 국가형태의 사유방식이 양립가능하며, 이래야만 현실에 대한 '총론적' 접근도 가능하다. 이 둘의 논리, 곧 탈현대의 사유방식과 국가형태의 사유방식이 서로 대립될 때, 손해는 양쪽의 논리를 주장하는 사람이 볼 것이고 이익은 기존 지배질서

이 항목의 내용을 정리하면 다음과 같다. 반야의 입장에서 보면 역사는 집단에고이즘으로 볼 수 있고, 그러므로 집단에고이즘에 대해 비판적인 입장으로 접근하겠지만, 이런 비판은 지배계층에게 유리하게 작용할 우려가 있으므로 역사에 대한 상대적 비판과 접목될 필요가 있다. 이 점을 R. 폴리간드라와 K. 프라하는 역사에 대한 절대적 비판을 '영구혁명론'이라고 파악하고 있으며, 또한 이 점을 목적과 수단이라는 관점에서 보자면, 상황에 맞게 통합하는 안목이 필요하다고 하겠다. 그리고 한국에서 이러한 안목으로 시대에 부합하는 방편을 제시하고자 노력한 인물이 바로 한용운이다.

쪽에서 얻을 것이다. 이런 주장에 대해 현실적으로 '프로그램' 제시가 어려울 것이라는 비판이 가능하다. 그러나 프로그램을 제시하지 않는 전략이 반드시 현실에 적합하지 않다고는 할 수 없다. 또 실제 프로그램을 먼저 제시하는 전략치고 그 프로그램대로 일이 이루어지는 경우도 없다. 그러므로 현실전략에서 프로그램 제시에 비중을 둘 것이 아니고 프로그램으로 제시할 수 없는 부분에 대해서 탐색을 하고 이러한 탐색이 현실변혁의 하나의 프로그램일 수 있다는 점을 인정해야 한다. 김성기, 「탈현대 시대의 정치논리」, 『포스트모더니즘과 비판사회과학』, 199~200쪽: (진보 쪽의) 기존의 변혁논리가 지배세력에게 더 유익한 것이 아닌가 하는 의구심도 든다. 기존의 변혁논리가 기존의 사회세력이 현재를 유지하거나 개선하는 데 현실적으로 적용될지는 몰라도 피지배세력이 변혁을 추구하는 데 거의 효과가 없을 것이다. 하물며 서구의 일부 진보적 사회에서처럼 지배와 피지배 세력 간의 세력균형이 어느 정도 잡혀 있지 않은 한국사회의 경우, 체제변혁의 대안적 논리를 미리 설정하고, 그에 따라 하나하나 순차적으로, 논리 정합적으로 이론과 실천을 수행하면 지배체제를 극복할 수 있다는 논법은 형이상학적으로 보인다.

3) 조화(화쟁)의 길

앞에서 중도의 길은 이데올로기를 넘어서는 것이라고 했고, 그렇지만 이데올로기를 넘어서는 것만이 능사가 아니고 그 시대와 상황에 맞게 방편의 관점으로 접근할 필요가 있다고 하였다. 이처럼 중도와 방편의 길은 서로 짝을 이룬다고 하겠다. 방편이 그 시대와 상황에 맞는 최선의 대안을 모색하는 것이라면, 그 방편의 하나로서 조화(화쟁)를 생각해 볼 수 있다. 특히 한반도의 경우에는 남한과 북한이 분단되어 있으므로 이 분단의 극복이 시대적 과제가 될 것은 분명하다. 여기서는 원효의 화쟁사상을 통해 대립된 입장을 조화시키는 길에 대해 알아보고자 한다.

원효는『대승기신론』의 일심이문一心二門으로 모든 불교이론을 포섭할 수 있다고 하였다. '일심이문'은 심진여문心眞如門과 심생멸문心生滅門으로 구성되어 있다. '심진여문'이 마음의 본래모습이라고 한다면, '심생멸문'은 현상의 마음이라고 할 수 있다. '심생멸문'에서 번뇌를 일으키는 과정을 설명하고 있고, 수행해서 본래의 마음자리를 회복하는 과정도 설명하고 있다.

그리고 원효는『법화종요』에서 대립되는 주장을 어떻게 조화시킬 것인지 구체적 대안을 제시하고 있다.『법화경』에 대해 삼론종과 법상종에서는 견해를 달리하고 있는데, 삼론종에서는『법화경』이 완전한 가르침 곧 요의了義의 가르침이라고 하고, 그에 비해 법상종에서는 『법화경』이 불완전한 가르침 곧 불요의不了義의 가르침이라고 한다.

이 대립되는 주장에 대해 원효는 화쟁을 시도한다. 이 화쟁은 3단계로 이루어진다. 1단계에서는 법상종의 입장에서 삼론종의 주장을 수용한다. 이는 『법화경』이 불완전한 가르침이라는 법상종에 동의하면서도 삼론종을 제한적으로 수용하는 것이다. 2단계에서는 삼론종의 입장에서 법상종의 주장을 받아들인다. 이는 『법화경』이 완전한 가르침이라는 삼론종에 동의하면서도 법상종의 주장을 제한적으로 받아들이는 것이다. 3단계에서는 앞의 두 단계의 논의를 종합한다. 원효는 삼론종의 주장이 옳다고 생각하지만 삼론종에도 일정부분 잘못된 부분이 있고, 법상종의 주장이 옳지 않다고 생각하지만, 법상종에도 일정부분 진실성이 있다고 인정한다.

이처럼 원효는 서로 대립되는 삼론종과 법상종의 주장을 화해시킨다. 결론적으로 말하자면, 원효는 삼론종의 주장을 지지하지만 삼론종에도 일정부분 비판 받을 대목이 있다는 것이고, 법상종의 주장을 반대하지만, 법상종에도 일정부분 진실성이 있기 때문에 무작정 반대할 것도 아니라는 것으로 정리된다.[30]

이 내용을 비유를 통해 다시 접근해 본다. 부부가 남편의 음주문제를 가지고 싸웠는데 이 문제를 해결해 달라고 원효에게 왔다고 하자. 1단계에서 원효는 부인의 입장에 서서 부인이 옳고 늦게 술 먹고 들어온 남편에 문제가 있다고 주장한다. 2단계에서 원효는 남편의 입장에 서서 남편이 술을 먹고 들어온 그만한 이유가 있을 터인데, 늦은 밤에

30 이병욱, 「원효의 화쟁사상을 통한 남북한 사상의 조화모색」, 『국제고려학회 서울지회 논문집』 11호(국제고려학회 서울지회, 2008). 이 논문은 이 책의 7장에 실려 있다. 그리고 정천구, 『붓다와 현대정치』, 327~352쪽에서는 원효의 화해와 회통의 방법으로 다음의 3가지를 제시한다. 그것은 극단적 집착에서 벗어남, 공통된 근원의 개발, 비동비이非同非異의 자세이다. 그리고 이 방법을 한국의 외교정책의 사상적 기초로 활용하자고 제안을 하고 있다.

화를 낸 부인에게 문제가 있다고 주장한다. 3단계에서 위의 두 단계를 종합한다. 원효는 부인의 입장을 지지하면서도 늦은 밤에 화를 낸 것에는 문제가 있다고 할 것이고, 남편의 행동에 문제가 있다고 하면서도 사회생활을 위해 어쩔 수 없이 술을 먹은 점에 대해서는 나름대로 의미를 인정해 줄 것이다.

이 문제를 남북한의 문제로 다시 접근해 본다. 남한을 중심으로 해서 북한을 포섭한다면 다음과 같이 논의가 전개될 것이다. 1단계에서 남한의 자유민주주의를 인정하고 북한의 사회주의에 대해서는 제한적인 의미만을 인정하는 것이다. 2단계에서 북한의 사회주의를 인정하고 남한의 자유민주주의에 대해서는 제한적인 의미만을 인정하는 것이다. 3단계에서 남한의 자유민주주의를 옳다고 받아들이지만 남한 사회에 빈부의 문제가 남아 있고, 북한의 사회주의에 대해 비판적이지만 적어도 외교문제에서는 주체적이라는 제한적 타당성을 인정한다.

이상의 내용을 정리한다면, 중도의 입장에서 어떤 이데올로기에도 구애되지 않는다면, 그 시대와 장소의 특수성에 입각해서 대안을 모색할 수 있고, 만약 그 시대와 그 장소에서는 조화(화쟁)가 목표라면 원효가 제시한 3단계의 사고과정을 통해 조화의 세계로 들어갈 수 있을 것이라고 기대한다.

5. 결론

이 글에서는 불교사회사상이 오늘날 한국사회에서 어떤 의미를 가질 수 있는지 3개의 항목으로 나누어서 살펴보았다.

2절에서는 민주주의의 이념에 대해 검토하였다. 한국사회에서 대의 代議 민주주의는 어느 정도 확립되었지만 시민이 참여하는 참여 민주주의 요소는 아직 부족한 형편이라고 파악하고, 초기불교에서 제시하고 있는 민주주의 원리가 여전히 유효할 수 있을 것이라고 평가하였다.

초기불교에서 나라가 발전하는 방법으로써 민주주의 원리를 제시하고 있는데, 이것을 한국사회에 적용해서 민주주의 원리가 한국사회의 구석구석에 정착이 되면 계층 간의 화합을 이끌어낼 수 있고, 그러할 때 도덕과 예의를 중시하는 선진문화를 달성할 수 있을 것이다. 또한 초기불교에서 승가의 운영방식은 철저한 민주주의 원리에 근거한 것인데, 이러한 정신은 한국의 시민단체에서도 받아들일 만한 것이라고 본다. 그래서 구성원의 합의에 의해 의견을 이끌어내고, 이렇게 합의된 의견이 국가정책에 일정부분 영향을 준다면 한국의 민주주의는 한 단계 성숙할 것이라고 기대한다.

3절에서는 평등의 이념을 살펴보았다. 현 단계 한국사회의 문제 가운데 하나가 학벌사회에 있다고 한다면, 초기불교에서 제시한 평등의 이념, 그리고 한국불교, 현대의 불교사상가와 학자가 강조하는 평등의 이념은 한국사회에서도 여전히 유효하다고 할 수 있다. 초기불교에서 4성계급을 비판하고 평등을 주장하였는데 이는 한국불교에서도 면면히 이어진다. 그 점은 의상·무염에서 발견할 수 있고, 근대에 이르러 한용운의 불교사회주의에서 더욱 빛이 난다. 인도의 암베드카르는 불교의 평등주의를 강조하였고, 일본의 사회과학자 오노 신조(大野信三)는 불교와 민주사회주의의 결합을 제시하였다. 이러한 주장에 차이점이 있기는 하지만, 그 종착역은 '평등'에 있다고 할 수 있고,

내용에 차이점이 있는 것은 시대와 장소의 특수성에 따른 것이라고 볼 수 있다. 이처럼 불교의 평등의 이념이 다양하게 전개될 수 있다면, 21세기 한국사회에 부합하는 평등의 이념을 이끌어낼 수 있을 것이라고 기대한다.

4절에서는 중도, 방편, 조화(화쟁)의 길을 제시하였다. 중도는 수행과 깨달음의 영역에 관한 내용이지만, 이것을 사회사상에 적용하면 어떤 이데올로기에도 집착하지 않고 사회현상을 있는 그대로 바라볼 수 있는 안목이 생기는 것을 의미한다. 이러한 안목이 생길 때 그 시대와 장소에 맞는 적절한 대안을 제시할 수 있고, 이것이 방편에 속한다. 이것을 역사에 대한 비판에서 접근한다면, 모든 집착을 버린 공空과 중도의 입장에서는 집단에고이즘에 입각한 대립항쟁에 대해 비판적일 수밖에 없다. 이것은 역사에 대한 '절대적 비판'이다. 하지만 이렇게 모든 저항운동에 대해 비판적이라면 그것은 결국 기득권층에 도움이 될 것이므로 상황에 맞는 역사에 대한 '상대적 비판'도 필요하다. 이러한 점을 R. 풀리간드라와 K. 프라하는 '영구혁명론'이라고 부르고 있고, 또 이러한 내용은 상황에 따른 '목적과 수단의 통합'이라고 볼 수도 있다. 그리고 이런 방편의 관점을 제대로 활용하고 있는 한국의 불교사상가가 한용운이다. 한편, 그 당시가 이데올로기 대립이 심한 때라면 이데올로기의 조화와 화쟁을 주장할 수 있다. 그래서 중도의 개념에 방편과 조화가 포함되어 있다. 21세기 한국사회에서 진보와 보수의 이념대립이 점점 강화되어 격렬해질 가능성이 있으므로 이 이데올로기 대립을 넘어서서 있는 그대로 사회현상을 바라보고 한국사회에 꼭 맞는 청사진을 제시할 필요가 있다고 본다.

어떤 의미에서 본다면, 민주주의 이념과 평등의 이념은 시대와 장소를 막론하고 공동체가 추구해야 할 이념이라고 할 수 있다. 이 이념이 그 사회에 뿌리내리기 위해 필요한 것은 사회지도자와 시민의 현명한 판단이다. 그것은 불교의 중도에서 제시되었듯이, 이데올로기 대립을 넘어서서 있는 그대로 사회현상을 보고 거기에 맞는 대안을 제시할 수 있는 능력을 의미한다. 이 점에서 볼 때, 불교사상이 현대사회에 시사해 주는 점은 적지 않다고 할 수 있다.

2장 근현대 한국불교의 사회참여 사상의 변화

1. 서론

막스 베버(Max Weber, 1864~1920)는 자본주의의 정신을 형성하는데 개신교의 캘빈의 신학이 주요한 영향을 미쳤다고 보고, 이러한 관점에서 세계의 종교를 비교한다. 그 가운데서 인도의 종교에 초점을 맞추면, 힌두교에서는 윤회설, 카르마(업), 다르마(의무)가 서로 연결되어 개혁과 변화의 가능성을 부정하고 있다고 한다. 왜냐하면 개인이 좋은 카르마를 지었는지 나쁜 카르마를 형성했는지에 따라 다음 생生의 카스트의 위치가 결정되는데, 이때 좋은 카르마와 나쁜 카르마의 기준은 다르마, 곧 카스트의 전통적 의무를 충실하게 이행했느냐의 여부에 따라 정해지기 때문이다. 따라서 힌두교인은 카스트의 전통적 의무를 이행하고 카스트의 질서를 유지하는 것에 일차적 관심을 둔다. 또한 힌두교는 현세질서에 대한 무관심을 권장하고 모든 것에서 벗어나려는 성향을 강조한다.

그에 비해, 불교는 힌두교의 카스트를 반대하는 종교운동에 속하고, 평등을 추구하는 종교라고 평가된다. 그렇지만 불교에서는 캘빈의 사상처럼 적극적인 현세지향성을 강조하지는 않는다. 불교에서도 관상觀想의 생활을 강조하고, 세상에 대한 무관심을 가르치며, 승려가 세상에 참여하는 것을 금지하고, 사회질서를 개혁하고 재산을 모으는 세속 활동에 의미를 적게 둔다고 막스 베버는 주장한다.[31] '불교'라고 불리는 종교현상을 대체적으로 보자면, 앞에 소개한 막스 베버의 견해는 어느 정도 타당할 수 있다. 그렇지만 시대와 나라에 따라 불교문화를 세밀하게 살펴본다면 불교문화 속에서도 현실에 참여하는 활동이 있음을 알 수 있다.

이런 관점에서 정천구는 불교의 정치참여의 유형을 3가지로 구분하고 있다. 첫째 유형은 석가모니가 정치보다 우위의 관점에 서서 정치를 지도하고 교화한 경우이다. 둘째 유형은 권력과 관계를 끊고 순수하게 대중을 교화한 경우이다. 셋째 유형은 직접 현실정치에 참여한 경우이다. 여기에는 조선시대 서산대사 휴정과 사명당 유정이 승병활동을 벌인 것과 1980년대 '민중불교운동'과 티베트 '달라이라마의 독립운동'이 포함된다.[32] 앞에서 말한 막스 베버의 불교에 대한 분석은 두 번째 유형, 곧 순수하게 대중을 교화하는 경우에 해당하는 것이다.

나아가 20세기에 들어서서 아시아불교에서 현실에 참여한 경우를

---

31 오경환, 『종교사회학』(서광사, 1979/1990), 220~222쪽.
32 정천구, 「불교의 정치참여」, 『붓다와 현대정치』(작가서재, 2008), 195~205쪽.

상당히 발견할 수 있다.[33] 그 가운데 대표적인 것이 암베드카르의 신불교
운동, 붓다다사의 정치사상, 달라이라마의 티베트독립운동, 틱낫한의
참여불교 등이다.

암베드카르(B.R.Ambedkar, 1891~1956)는 인도에서 불가촉천민으
로 태어나서 인도의 초대 법무부장관이 된 인물이다. 암베드카르는
힌두교를 버리고 새로운 불교운동을 일으켰으며, 그를 통해서 불가촉
천민의 지위를 개선하고자 하였다. 이를 위해서 암베드카르는 기존의
불교의 가르침을 합리성, 사회적 이익성, 확신성이라고 하는 3가지
기준에 의거해서 새롭게 해석하였다.[34]

붓다다사(Buddhadasa, 1906~1993)는 태국의 대표적 승려이다. 그
는 담마dhamma적 사회주의를 주장한다. 여기서 담마는 '자연'을 의미
한다. 담마적 사회주의는 공공의 이익을 우선시 하는 것이고, 개인보다
사회가 더 근본적이며, 개인적인 것보다 전체로서 사회의 이익과 요구
를 중요시하는 것이다. 붓다다사의 관점에 따르면, 자본주의와 공산주
의의 역사적 형태는 이기주의에 기반하고 있다는 점에서는 동일한
것이었다.[35]

달라이라마는 이름이 텐진 갸초(Tenzin Gyatso, 1935~)이고 제14대
달라이라마이다. 티베트에서는 달라이라마가 종교적·세속적 지도자

---

33 박경준, 『불교사회경제사상』(동국대출판부, 2010), 341~371쪽.

34 크리스토퍼 S.퀸, 「암베드카르 박사와 불교적 해방에 대한 해석학」, 박경준 역,
   『평화와 행복을 위한 불교지성들의 위대한 도전』(초록마을, 2003)

35 산티카로 비구, 「붓다다사 비구: 공의 시각으로 일관된 삶과 사회」, 박경준 역,
   『평화와 행복을 위한 불교지성들의 위대한 도전』(초록마을, 2003)

였다. 달라이라마는 티베트독립운동의 노선으로 비폭력을 채택하였
다. 그로 인해 그는 1989년에 노벨평화상을 받았다. 달라이라마의
비폭력노선은 상당히 실용적이었다는 평가를 받고 있다. 왜냐하면
거대한 중국에 대해 폭력으로 맞선다는 것은 무모하고 역효과를 낼
수 있기 때문이고, 비폭력운동이 국제적 지지를 이끌어낼 수 있는
방법이기 때문이다. 현 단계에서 달라이라마의 비폭력노선은 3가지
점에서, 곧 국내와 해외의 티베트인의 독립운동에 대한 관심을 계속
유지하고, 국제사회의 이해와 지지를 확보하며, 중국과 대화하는 전략
에서 어느 정도 성공적이라고 평가된다.[36]

틱낫한(Thich Nhat Hanh, 1926~)은 베트남 출신의 승려로, 현재는
프랑스와 미국에서 활동을 하고 있다. 틱낫한은 남베트남과 북베트남
을 동시에 비판하고 중도적 입장을 취하였다. 이 때문에 틱낫한은
망명생활을 할 수밖에 없었다. 틱낫한은 '참여불교'를 주장하였는데
그것은 단순히 사회적·정치적 문제를 해결하는 데 불교의 가르침을
이용하거나 폭력을 반대하고 사회적 불의에 항거하는 것만을 의미하는
건 아니다. 참여불교는 무엇보다 불교를 일상생활 속으로 끌어들여야
한다고 틱낫한은 보았다. 그래서 틱낫한은 삶을 변화시키고 불교를
시대에 맞도록 현실화하는 것이 자신의 사명이라고 생각하였다. 틱낫
한은 자기 안에서 평화를 발견하지 않고서는 누구도 세상에 평화를
가져다 줄 수 없다고 보고, 사회활동을 하는 사람에게 명상을 강조한다.
명상을 한다는 것은 사물을 깊게 보는 것이고, 어떻게 자신이 바뀔

---

36 정천구, 「달라이라마의 티베트 독립운동」, 『붓다와 현대정치』(작가서재, 2008)

수 있는지, 어떻게 상황을 바꿀 수 있는지 밝게 보는 것이다.[37]

한편, 이 글에서는 근현대 한국불교의 사회참여사상의 변화에 대해서 살펴보고자 한다. 2절에서는 근대시기 이전에도 한국불교에서 사회참여의 흐름이 있었음을 알아보고, 3절에서는 근대시기에 활동한 만해 한용운과 그 계열 인물의 사회참여사상을 살펴보며, 4절에서는 1980년대에 활발했던 민중불교운동과 1990년대 이후 활발히 활동하고 있는 '선우도량'과 '정토회'의 사상적 기반에 대해 알아보고자 한다.

2. 근대시기 이전의 한국불교의 사회참여: 의상, 의천, 조선시대 승병활동

불교가 한반도에 전래되어 고구려에서는 372년, 백제에서는 384년, 신라에서는 527년에 공인되었다. 그 후에 수많은 불교사상가가 이 땅에서 활동하였다. 이 가운데 통일신라, 고려, 조선시대에 사회참여활동을 보인, 몇 명의 불교사상가를 소개하고자 한다. 그 인물들은 통일신라시대의 의상, 고려시대의 의천, 조선시대 임진왜란과 병자호란 때 전쟁에 참여한 의승병義僧兵이다. 이를 통해서 불교의 사회참여가 표면적으로 떠오른 것은 근현대시기이지만 그 이전에도 사회참여의 맹아가 있었음을 확인하고자 한다.

①의상(義湘, 625~702)은 한국의 화엄종을 세운 인물이다. 의상과 원효는 함께 당나라로 유학을 떠나는데, 원효는 모든 것이 마음에

---

37 로버트 H·킹 지음, 이현주 옮김, 『토머스 머튼과 틱낫한』(두레, 2007)

달려 있다는(一切唯心造) 깨달음을 얻고 중간에 포기하였고, 의상은 원래의 계획대로 당나라 유학을 다녀온다. 의상에게는 10대 제자가 있었고, 화엄의 10개 사찰(十刹) 가운데 일부도 그의 영향 아래 있었다. 의상의 저술로 『화엄일승법계도』가 있는데, 이 저술에서 의상이 중도中 道를 강조하였음을 알 수 있다.[38]

　그런데 의상은 현실문제를 외면한 인물이 아니다. 현실문제에 대해 자신의 입장을 분명히 나타낸 인물이다. 의상은 삼국통일 후에 신라왕실 에서 왕권을 강화하기 위해서 무리한 토목사업을 시도하는 것에 대해 반대하는 입장을 나타내었다. 의상은 문무왕에게 글을 보내서 왕의 정교政敎가 밝으면 풀로 뒤덮인 언덕으로 경계를 정한다고 해도 백성들 이 감히 넘으려 하지 않을 것이고, 나라는 재앙을 면하여 복이 될 것이지만, 정교政敎가 밝지 않으면 여러 사람을 수고롭게 하여 장성長城 을 쌓는다고 해도 나라에는 재앙이 그치지 않을 것이라고 하면서, 성城을 쌓는 작업을 중지할 것을 강력하게 요구하기도 하였다.[39]

　②의천(義天, 1055~1101)은 고려 문종의 넷째 왕자로 태어나서 천태종을 세운 인물이다. 의천은 31세(1085)에 송나라로 유학을 가서 14개월 동안에 중국의 유명한 승려를 만나보고 선진문물을 접하였다. 의천은 『대각국사문집』을 남겼는데, 이 저술을 통해서 의천의 사상이 중국 화엄종의 4조 징관(澄觀, 738~839)의 사상, 5조 종밀(宗密, 780~ 841)의 사상, 원효(元曉, 617~686)의 화쟁和諍사상에서 영향을 받았다

---

38 이병욱, 「의상화엄사상의 중심개념으로서 중도」, 『정신문화연구』 105호(한국학 연구원, 2006) / 이병욱, 『한국불교사상의 전개』(집문당, 2010) 재수록, 107~108쪽.
39 『삼국사기』 7권, 문무왕21년 6월; 『삼국유사』 2권, 「문무왕 법민」.

는 것을 알 수 있다.

그런데 의천은 철학과 사상에서만 업적을 남긴 것이 아니다. 현실세계에도 적극적으로 참여하였다. 의천은 경제 분야의 개혁을 위해서 주화를 만들 것(鑄錢論)을 왕실에 건의하였다. 의천은 금속화폐인 주화를 사용하면 4가지 이익이 있다고 하면서 주화의 유통을 주장하였다. 첫째, 주화라는 것은 적은 분량으로 많은 가치를 대표할 수 있으므로 교환과 원거리 수송에 지극히 편리하다는 것이다. 이는 화폐의 가치척도의 기능과 유통수단의 기능에 대해 말하고 있는 것이다. 둘째, 주화를 사용하면, 쌀을 화폐로 사용하는 데서 오는 모리배들의 간교한 술책을 막아낼 수 있다는 것이다. 여기서 주화의 사용을 통해 권세 있는 자들의 부정부패를 막고 청렴한 사람을 우대하려는 의천의 의도를 알 수 있다. 셋째, 주화를 사용하여 녹봉의 절반이라도 주화로 지불한다면, 쌀로만 녹봉을 지불하는 데서 오는 폐단을 제거할 수 있다는 것이다. 넷째, 재산을 축적하는 데서도 주화만한 우월성을 가진 것은 없다는 것이다. 이는 축재의 수단으로서 주화의 우월성과 유통에 편리한 점을 지적하는 것이다. 아울러 의천은 국가의 재산 상태를 걱정하고, 그것을 보완하는 데 주화가 일정부분 역할을 할 것이라고 밝히고 있다.[40]

③임진왜란과 병자호란 때 의승병義僧兵이 활동하였다. 1592년 임진왜란 때 공주 갑사의 청연암에 있던 기허당騎虛堂 영규靈圭는 의승병을 모아서 청주성의 왜군과 싸워 승리를 거두고 청주성을 다시 찾았다.

---

40 『대각국사문집』 12권(『한국불교전서』 4권, 548쪽中~下); 이병욱, 「의천사상의 구조·사회적 성격·계승」, 『한국종교사연구』 9집(한국종교사학회, 2001), 20~22쪽 / 이병욱, 『고려시대의 불교사상』(혜안, 2002) 재수록, 162~163쪽.

영규는 의병장 조헌과 함께 금산의 왜군과 싸우다가 많은 왜군을 당해내지 못하고 장렬히 죽었다. 이 금산성 싸움에서 조헌이 거느린 7백 명의 의사와 영규가 지휘한 8백 명의 의승義僧이 순국하였다.

당시 묘향산에 있었던 서산대사 휴정休靜도 임금에게 팔도도총섭八道都摠攝의 직함을 받고 전국의 승려에게 격문을 돌려서 왜군에 대항하는 승군에 참여할 것을 호소하였다. 각처에서 일어난 승병의 숫자는 5천여 명에 이르렀다. 휴정은 순안 법흥사에서 1천5백여 명의 의승군을 일으켰고, 사명당四溟堂 유정惟政은 관동지방을 중심으로 8백여 명의 의승병을 모았으며, 뇌묵당雷默堂 처영處英도 호남지방을 중심으로 1천여 명의 의승병을 이끌었다. 그밖에 여러 명의 승병장이 있었다.

1636년 병자호란 때에는 벽암 각성과 허백당 명조가 활약하였다. 벽암각성(碧巖覺性, 1575~1660)은 3천여 명의 의승병을 모아서 남한산성으로 갔지만 도중에 왕이 항복했다는 소식을 듣고 진군을 중지하였다. 허백당虛白堂 명조(明照, 1593~1661)는 1627년 정묘호란 때에 4천 명의 의승군을 거느리고 안주에서 공을 세웠으며, 병자호란 때에는 군량을 보급하는 활동을 하였다.[41]

3. 근대 한국불교의 사회참여사상: 한용운과 그 계열의 인물

근대시기(1895~1945)에 불교사상가 가운데 가장 활발하게 사회참여 활동을 한 인물은 만해 한용운(韓龍雲, 1879~1944)이다. 한용운의

---

41 김영태, 『한국불교사개설』(경서원, 1986), 200~201쪽, 204~207쪽.

불교관은 「내가 믿는 불교」에서 잘 나타난다. 여기서 한용운은 자신의 불교관을 4가지로 정리하고 있다. 첫째, 불교는 스스로를 믿는 가르침이다. 이는 신앙의 대상이 다른 것에 있지 않고 자신 안에 있다는 것이다. 둘째, 불교는 평등의 가르침이다. 이는 사람이나 물物이 모두 불성佛性을 가지고 있다는 부처의 말을 통해서 확인된다. 셋째, 불교에서 마음을 강조하지만, 이는 대상세계를 부정하지 않고 그것을 포용하는 마음이다. 근대서양철학의 존재론은 유심론이나 유물론인데, 불교에서는 이 둘을 포용하고 있다. 넷째, 불교에서는 모든 중생을 널리 사랑하고 서로 구제할 것을 구체적 내용으로 하고 있다. 서로 구제한다는 가르침이 제국주의와 민족주의를 외치는 당시의 시대에는 너무 고원한 것처럼 보일지 모르지만, 이는 진리라고 한용운은 강조한다.[42]

위의 4가지 가운데, 불교는 평등의 가르침이라는 것과 불교에서는 모든 중생을 널리 사랑하고 서로 구제하라고 하는 것이 중요하다. 한용운은 독립운동·농민운동·여성운동에 대해 자신의 견해를 밝히고 있는데, 이는 앞의 두 가지 견해(불교는 평등의 가르침, 서로 구제하는 가르침)에 근거한 것으로 추론된다. 한용운은 독립운동에 관해서는 민족주의 노선과 사회주의 노선을 화해시키고자 노력하고 있고, 농민운동과 여성운동에 대해서는 당시의 현실에 맞는 운동을 할 것을 조언하고 있다.

---

42 「내가 믿는 불교」(『개벽』 제45호, 1924.3.1), 『한용운전집』 2권(신구문화사, 1973), 288쪽; 이병욱, 「한국근대불교사상의 세 가지 유형」, 『신종교연구』 20집(한국신종교학회, 2009), 167~168쪽 / 이병욱, 『한국불교사상의 전개』(집문당, 2010) 재수록, 228쪽.

이처럼 한용운은 불교의 사회참여를 강조하고 있지만, 불교의 종교적 요소를 무시한 것은 아니었다. 한용운은 당시에 있어났던 반反종교운동에 대해 정면으로 반대한다. 종교가 자본주의를 옹호하는 부르주아의 향락적 유희물로 보아서 자본주의가 몰락하면 동시에 종교도 없어질 것이라고 보는 것은 종교에 대한 인식이 부족한 것이라고 한용운은 주장한다. 종교 가운데서도 불교는 평등주의를 강조하고 사유주의私有主義를 반대하는 점에서 사회주의적 요소가 있다고 한용운은 주장한다. 시대와 근기(根機: 능력과 소질)에 맞추어서 중생을 구원하는 것이 종교의 본래 임무이므로 자본주의와 사회주의라는 모든 주의와 제도를 넘어서서 그 시대의 중생에게 알맞은 방편으로 중생을 구제할 필요가 있다고 한용운은 말한다.[43]

또한 설악산인(雪嶽山人: 한용운의 필명이거나 한용운 계열의 인물로 추정됨)은 반종교운동에 대해 반대하고 있는데, 그 내용은 2가지로 압축된다.

첫째, 반종교운동도 일종의 종교적 움직임이라는 것이다. 설악산인은 반종교운동을 주장하는 마르크스주의자의 경우 그 반종교운동의 심리가 실제로는 종교심이 드러난 것이라고 한다. 왜 그러한가 하면 반종교운동에 참여하는 사람이 모두 마르크스의 유물론·역사관·무신론 등을 낱낱이 검토하고 변증법적으로 검토해서 반종교운동을 주장하는 것이 아니고, 대부분이 무조건 마르크스를 신봉해서 참여하기 때문이다. 설악산인에 따르면 마르크스 경제학은 자본주의를 배제하고

43 「세계종교계의 동향」(『불교』 93호, 1932.3.1), 『한용운전집』 2권, 277쪽; 이병욱,
『한국불교사상의 전개』, 229~234쪽.

공산주의를 주장해서 프롤레타리아계급에게 복음을 주는 것이 되고, 그리하여 사회주의자는 마르크스를 신불神佛 이상으로 신앙한다는 것이다. 따라서 대부분의 사회주의자에게 마르크스는 각자의 행복을 위한 신앙적 존재로 바뀐다는 것이다.[44]

둘째, 프롤레타리아계급의 입장에서 보아도 종교가 필요하다는 것이다. 사회주의를 주장하는 유물론자의 입장에서 본다고 해도 사람에게는 정신과 육체의 2가지 생활이 있다는 점을 부정할 수는 없을 것이다. 사람은 육체적 생활에서 안전을 추구하지만 동시에 정신적 생활에서 평안함과 고요함(寧靜)을 원한다. 물론 육체적 생활과 정신적 생활이 어느 정도 연결성이 있는 것이어서 이 둘 사이를 갈라서 볼 수는 없을 것이지만, 그렇다고 해서 육체적 생활의 안전이 곧 정신적 생활의 편안함과 고요함이 될 수는 없다. 육체적 생활이 아무리 풍요하더라도 그것이 정신적 생활의 평안함과 고요함으로 연결되는 것이 아니고, 또한 육체적 생활이 상당히 피곤하고 고통스럽다고 해도 정신적 생활에서 평안함과 고요함을 얻을 수 있다.

이러한 주장에 대해 다음과 같이 반론할 수 있을 것이다. 부르주아계급의 경우에는 어느 정도 육체적 생활, 곧 물질적 생활의 안전을 얻을

---

44 「반종교운동에 대하여」, 『한용운전집』 2권, 279쪽. 이 글의 필자에 대해서 김광식, 「1930년대 불교계의 반종교운동 인식」, 『근현대불교의 재조명』(민족사, 2000), 60쪽에서는 설악산인의 주장으로 처리하고 있다. 필자는 설악산인이 한용운의 필명이라고 생각하지만, 이를 입증할 문헌적 근거가 부족하다. 그렇지만 설악산인이 한용운이 아니라고 할지라도, 설악산인의 주장에는 한용운의 사상과 공통점이 있기 때문에 설악산인이 한용운의 사상을 추종하고 있는 인물이라고 추론할 수 있다고 본다.

수 있으므로, 정신적 생활에서도 비교적 편안함과 고요함을 누릴 수 있을 가능성이 있다. 그렇지만 프롤레타리아계급의 경우에는 물질적 생활에서 고통을 받고 있으므로, 다시 말해서 먹고 사는 문제에 급급해서 도무지 심리적·시간적 여유가 없으므로, 어느 시간에 포교당이나 예배당에 가서 가르침이나 설교를 들을 것이며, 또한 가르침이나 설교를 들었다 한들 배고픈 사람이 배가 채워지고 옷 없는 사람이 옷을 입을 수 있겠느냐고 문제를 제기할 수 있다.

이에 대해 설악산인은 프롤레타리아계급이 경제적 빈곤으로 인해서 시간적 여유가 없는 것은 사실이지만, 적당한 시간을 활용해서 연구도 하고 설교도 들을 수 있다고 반론한다. 더구나 물질적 생활이 빈곤할수록 정신생활에 치중해서 육체적 생활과 정신적 생활의 두 방면에서 서로 영향을 받게 할 필요가 있다(互相扶助)고 주장한다. 그래서 육체적 생활과 정신적 생활의 균형을 맞출 필요가 있다고 말한다.

이러한 점에 근거해서 반종교운동은 경제혁명의 과도기에서 생겨난 인식의 착오라고 설악산인은 결론을 내린다. 여기에다 소비에트 러시아의 경우에도 처음에 전시戰時 공산주의를 실시할 때는 종교를 압박하고 인정하지 않았지만, 나중에는 종교의 필요성을 인정해서 소비에트 러시아 헌법에 신교信敎의 자유를 인정했음을 방증사례로 설악산인은 제시한다.[45]

---

45 「반종교운동에 대하여」, 『한용운전집』 2권, 280쪽.

4. 현대 한국불교의 사회참여사상

만해 한용운과 그 계열의 인물에 의해서 형성된 불교의 사회참여사상은 1945년 이후의 해방공간 속에서 좌익과 우익이 충돌하는 가운데 소멸해 버린다. 그 이후 상당 기간 동안 한국불교계에서는 변변한 사회참여사상을 볼 수 없었다. 그러다가 한국사회의 모순을 타파하는 민중운동의 하나로서 민중불교운동이 1980년대에 등장하였다. 그러나 민중불교운동은 기존의 참여전통이 사라진 가운데 갑자기 등장한 것이기 때문에 불교사상의 이해에 문제가 있다고 지적되고 있다. 이를 딛고서 1990년대에 새로운 사회참여 흐름이 나타나는데, 그 가운데 대표적인 것이 '선우도량'과 '정토회'다.

1) 1980년대 민중불교운동

민중불교가 사회개혁을 위한 구체적 운동으로 드러난 것은 1981년 초에 시작된 '사원화운동'이다. 이 운동은 당국에 의해 불교사회주의운동으로 규정되어 관련자 150명이 조사를 받았고, 이 운동의 핵심인물 3명이 실형을 받았다. 아울러 진보세력의 중심역할을 해온 한국대학생불교연합(대불련)의 움직임도 주목할 만하다. 이 무렵 대불련에서는 소장승려를 중심으로 '전국지도법사단'을 만들고 사회현실과 불교개혁에 앞장설 것을 주장하였다. 이러한 움직임 뒤에는 당시 대불련 사무총장이던 여익구呂益九의 노력이 컸다. 여익구는 민청련 사건으로 감옥을 갔다 온 뒤에 출가해서 승려생활도 해 본 인물이다.

1985년 '민중불교운동연합(민불련)'이 출발하였다. 출가와 재가를 포함해서 모두 180명의 불교인이 발기위원이 되었다. 이 단체는 당국에 의해 불순단체로 지목되어 창립총회에 참석했던 105명이 연행되는 일이 발생하기도 하였다. 민불련에 의해 불교 안의 사회변혁운동세력 이 하나로 묶이게 되었고, 그 동안 논의 수준에 머물던 민중불교를 구체화할 수 있는 계기가 되었다.

민불련이 1년 정도 지나서 세력이 쇠퇴하자 이를 대체할 세력으로 정토구현전국승가회(정토승가)가 1986년 6월 5일에 창립되었다. 이 단체는 이후 불교계의 민주운동과 민중운동에서 주도적 역할을 담당하 였다. 정토승가의 핵심인물은 지선(知詵, 지도위원), 청화(靑和, 의장), 목우(木偶, 부의장), 진관(眞寬, 부의장)이다. 그리고 1980년대 중반이 후 민중불교운동에서 가장 획기적인 사건은 '해인사승려대회'이다. 이는 1986년 9월 7일 해인사에서 2천여 명의 승려가 모여서 '불교의 자주화, 사회의 민주화'를 주장한 사건이었다.

1987년 12월 16일 대통령선거가 있은 다음에 운동단체도 바뀌게 되었다. '대승불교승가회'와 '불교사회교육원'과 '불교사회연구소'가 만들어졌다. '대승불교승가회'에서는 산중불교와 민중불교를 통합해 서 민족불교라는 새로운 이념을 제시하였다. '불교사회교육원'에서는 불교를 사회과학적으로 해석하고 불교운동가를 길러낼 것을 목표로 하였다. '불교사회연구소'는 교육원의 자매단체로서 노동과 인권과 통일 등의 문제를 불교적 입장으로 연구하는 단체이다.[46]

이러한 민중불교운동에는 성과와 문제점이 있다. 우선 민중불교운

---

46 홍사성, 「민중불교운동의 평가와 전망」, 『민중불교의 탐구』(민족사, 1989/1993); 김종찬, 「민중불교운동의 전개과정」, 『민중불교의 탐구』.

동은 다음의 5가지 성과를 거두었다고 평가할 수 있다.

첫째, 불교의 사회적 역할에 대한 새로운 모델을 제시하였다. 한국불교에서는 관념화, 보수화, 형식화가 진행되어 불교 본래의 중생구제 기능을 실천하지 못하고 있었다. 이러한 암울한 경향을 비판하고 나온 것이 민중불교이다. 불교의 과제가 은둔과 외면에 있는 것이 아니고 참여와 개혁에 있다고 민중불교에서는 주장하였다. 중생의 현실적 고통을 제거해서 사회를 정토淨土로 만드는 것이 민중불교의 과제였다.

둘째, 한국사회의 민주화에 어느 정도 기여했다고 볼 수 있다. 민중불교세력은 불교대중의 민주화 열망을 일깨우고 그 열기를 확산시켜서 한국사회의 민주화에 어느 정도 공헌하였다.

셋째, 불교를 사회과학의 시각으로 해석해서 인간해방과 구원이라는 관점에서 불교를 재해석했다는 점이다. 민중불교에서는 승가공동체가 사유재산을 부정한 무소유의 사회이고 평등의 공동체라고 보았고, 이를 근거로 해서 사회주의와 연결시키고 있다. 민중불교에서는 인권평등의 원리를 주장하는데, 이는 모든 중생이 불성을 가지고 있다는 점에 기초하고 있으며, 불교에서 인도의 카스트제도를 비판했다는 점을 강조한다. 또한 연기설에 근거해서 사회구조의 변화 없이 개인의 안락한 삶을 추구하는 것은 환상이고, 개인적 해방은 허위의식에 지나지 않는다고 주장한다. 또 사회구조의 변혁만으로 개인적 탐욕과 무명까지 없앨 수 있겠느냐는 의문에 대해서 인간의 탐욕에 대한 부정은 영구적으로 계속되어야 한다는 '영구혁명론'을 제기한다.

넷째, 불교 자주화운동을 통해서 불교 안에 간직되어 있는 민주주의 역량을 다시 확인할 수 있는 계기를 제공했다는 점이다. 해방 이후 한국불교계는 여러 가지 비민주적 법령에 묶여 있었다. 불교의 자주화는 불교계의 당면한 과제였고, 민중불교에서는 '사회의 민주화'와 '불교의 자주화'를 강조하였다.

다섯째, 민중불교운동의 능력이 성숙되어갔다는 점이다. 1980년대 초반의 민중불교운동은 몇 명의 소장그룹에서 소규모로 시작된 것이었다. 그러던 것이 1980년대 중반에 이르러 상당한 규모의 지지와 동조세력을 확보하게 되었다. 민중불교운동의 분포를 보아도 초기에는 서울을 중심으로 하여 수도권에서 활동했지만, 나중에는 부산·대구·광주 등으로 그 세력을 넓혔다. 또 운동그룹도 점차 다양해져서 처음에는 대학생 중심이었지만 뒤에는 청년단체, 신도단체 등으로 확산되었다.

반면에 민중불교운동의 문제점으로 다음의 6가지를 거론할 수 있다.

첫째, 민중불교운동의 실천 과정에서 폭력화 현상이 나타난 점이다. 불교사상의 핵심을 이루는 것 가운데 하나가 '자비'이다. 그런데 민중불교운동에서 폭력화 현상을 일시적으로 보인 적이 있다. 특히 어느 장소에서나 신분이 뚜렷하게 드러나는 승려가 기물을 파괴하고 경찰과 맞서서 투석전을 벌이는 것은 그 목적과 동기가 아무리 순수해도 용납하기 어렵다는 것이 대부분의 불교대중의 생각이다.

둘째, 계급투쟁의 성격이 강하게 드러난 점도 상당수의 불교인에게 거부감을 주었다. 민중불교에서는 가진 자와 억누르는 자를 적대시하여 타도할 대상으로 삼는다. 이는 마르크스의 프롤레타리아 혁명이론의 영향을 받은 것이다. 그래서 민중불교는 좌파이데올로기에 의한 사회운동과 정치운동이지 불교운동이 아니라고 보는 사람이 많다. 그러므로 민중불교가 종교운동과 불교운동이기 위해서는 구제 대상을 제한하고 적대세력을 증오하는 반反불교적 요소가 제거되어야 한다.

셋째, 불교를 기계적으로 해석해서 어떤 점에서는 불교를 왜곡했다고 할 수 있다. 민중불교에서는 사회구조의 모순이 해결되면 개인적 고뇌와 고통이 모두 해결될 것이라고 기대한다. 이 점은 기존의 불교에서 외면해 온 '사회의 구원'을 강조하면서 생긴 오류일 수 있다. 그렇지만 불교의 입장에서 보면, 개인의 고통은 사회의 모순구조에도 기인하는 것이지만, 개인의 탐욕과 무명은 더 근원적 원인이다. 그러므로 개인의 고통을 해결하기 위해서는 사회구조의 변혁도 중요하지만 개개인의 인격의 전환도 필요한 일이다.

넷째, 불교운동으로서 주체성이 약하고 일반 사회운동에 종속되었다는 비판을 받기도 한다. 민중불교운동의 주제가 사회운동의 주제를 모방하거나 옮겨 놓고, 거기에 불교적인 색깔을 적당히 입힌 것에 지나지 않는다는 비판이 있다. 이는 방법론에서 마찬가지로 지적할 수 있다. 일반 사회운동가와 학생이 투석전을 벌이고 화염병을 던진다고 해서 그 방법을 그대로 채택한다면, 그것이 선명성에서나 행동적 측면에서 긍정적 평가를 이끌어낼 수도 있다. 그러나 그것이 불교적 방법이라고 할 수는 없다. 불교운동은 불교사상의 배경에서 운동이론과 방법론이 이끌어져 나와야 한다.

다섯째, 민중불교운동을 주도한 사람이 가지고 있는 기존 불교에 대한 우월의식과 엘리트의식이 비판받기도 한다. 민중불교가 기성불교에 대한 비판과 반성에서 출발했으므로 어느 정도의 개성과 특색은 있을 수 있다. 그렇지만 일부 운동가는 종교인으로서 갖추어야 할 미덕, 곧 겸손과 성실이 없고, 우월감에서 기존 불교에 대해 비판을

일삼는 경향이 있다. 민중불교 쪽에서 불교대중에 대해 성실하지 못하
거나 경시하는 태도를 취하는 것은 반드시 극복해야 할 과제다.

여섯째, 운동세력 사이에 '조직이기주의'와 '파벌주의'가 있다는 비판
이 있다. 민중불교 내부에서 불교계의 패권 장악을 위해서 보이지
않는 갈등을 벌이고 있다는 것이다. 이러한 조직이기주의가 사라지지
않는 한, 불교대중의 적극적 호응을 기대하기 어렵다. 그리고 조직운영
이 민주적이지 못하다는 비판을 받고 있다. 운동의 목표와 방법이
구성원의 합의에 의해서 나오는 것이 아니고, 몇 명의 직업적 운동가와
명망가에 의해서 결정되는 경우가 많다.[47]

2) 1990년대 '선우도량'과 '정토회'의 사회참여사상

앞에서 소개한 민중불교운동은 1990년대에 들어서서 변화된 모습으로
나타나는데, 그 대표적 예가 도법道法의 '선우도량善友道場'과 법륜法輪
의 '정토회'다.

도법은 승가개혁운동결사체인 선우도량을 결성하고, 이를 통해서
조계종의 분위기를 바꾸고자 하였다. 도법은 1998년 이후 실상사를
근거로 해서 여러 가지 대안운동을 일으켰다. 그것은 '귀농전문학교'와
'농장공동체'와 '작은학교' 등이며, 1999년 9월에는 불교대안운동단체

---

47 홍사성, 「민중불교운동의 평가와 전망」, 『민중불교의 탐구』, 111~127쪽. 민중불교
   의 이념에 대한 구체적 비판은 박경준, 「민중불교이념의 비판적 고찰」, 『민중불교
   의 탐구』, 131~170쪽을 참조하기 바람. 그리고 민중불교의 흥기배경과 전개에
   대해서는 박경준, 『불교사회경제사상』(동국대출판부, 2010), 372~383쪽을 참조
   하기 바람.

인 '인드라망생명공동체'를 창립하였다. '귀농전문학교'는 1999년 3월 실상사가 소유한 농지 3만 평을 공동체 토지로 기증해서 세워진 것이고, '작은학교'는 다양한 체험과 살아 있는 교육을 추구하는 대안학교이다.

법륜의 정토회는 불교환경교육원, 제이티에스(JTS), 좋은벗들과 같은 사회참여기구를 움직이는 모집단이자 공동체이다. 서울 서초동 정토회관에 가면 1백여 명의 상근자를 만날 수 있다. 정토회에서는 일과 수행의 통일, 대중 주체의 공동체 실현, 무보수 자원 활동 등을 추구하고 있으며, 따라서 정토회는 순수 종교공동체의 성격도 띠고 있다. 불교환경교육원은 국내 최고의 환경전문교육기관으로 인정받고 있고, (사)제이티에스는 1991년에 설립된 국제민간구호단체인데, 이 단체는 인도와 중국과 미국에서 활동하고 있다.[48]

도법의 선우도량에서는 주로 한국불교의 문제점을 극복하는 데 초점을 맞추고 있다면, 법륜의 정토회에서는 한국사회의 문제점(또는 국제적인 문제점)을 불교의 입장에서 해결하는 데 주안점을 두고 있다. 그러면 자세한 내용을 알아본다.

(1) 도법의 선우도량의 관점

도법은 한국불교의 부정적 모습에 대해서 비판을 하고, 그 대안으로서

---

48 정웅기, 「눈뜬 승가를 기다리는 세상 속을 걷다」, 『불교평론』 8호, 2001 가을호; 노귀남, 「불교시민운동의 새로운 길, 수행과 운동을 하나로」, 『불교평론』 17호, 2003 겨울호); 김동훈, 「인도 수자타 아카데미에서의 2백일」, 『불교평론』 11호·12호, 2002 여름·가을호. 그리고 정토회 산하 제이티에스(JTS)와 좋은벗들의 북한구호활동에 대해서는 재마(안신정), 「정토회의 북한 구호활동」, 『한국종교』 37집(원광대 종교문제연구소, 2014)을 참조하기 바람.

대중적 결사를 제시하고 있다. 우선 도법은 한국불교의 심층적 문제점으로 다음의 7가지를 지적한다.

첫째, 불교의 안목이자 핵심인 연기적 세계관과 정신에 대한 이해와 확신이 결여되어 있다. 불교의 사상과 정신에 입각하여 교학, 참선, 염불, 포교, 불사, 행정, 사회활동 등이 올바르게 실천되고 있다면, 문제될 것이 없을 것이다. 만약 위에서 말한 것 가운데 하나만을 중요하게 보거나 절대적으로 보아서 다른 것을 가볍게 보고 배척하려는 것은 불교에 대한 무지를 드러내는 것으로서 매우 우려되는 일이다.

둘째, 종단 구성원이면서도 종단이라는 공적 입장에서 사고하고 판단하려는 자세가 부족하다. 수행자는 자기중심적 사고와 태도를 버리고 공적인 입장에서 사고하고 판단하며 행동하는 것이 요구된다. 이것이 불교정신과 일치하고 수행자로서 바람직한 태도이다.

셋째, 불교 또는 종단에 대해서 수행자로서 문제의식과 원력願力이 분명하지 못하다. 수행자가 불교 전체의 발전을 위해 마음 쓰고 헌신하기보다는 자기의 입장을 먼저 내세우는 것은 수행자로서 문제의식과 안목과 원력이 확고하지 못하다는 것을 나타내는 것이다. 이는 반드시 극복해야 할 점이다.

넷째, 수행자로서 불교적 신념과 인격적 자세가 갖추어져 있지 않다. 수행자가 관행慣行과 관습에 의한 권위의식으로 군림하려고 하거나 힘의 논리로 약자를 굴복시키려 해서는 안 된다. 그런데도 그런 행위를 하는 것은 수행자로서 신념과 인격이 갖추어져 있지 않음을 보여주는 것이다.

다섯째, 한국불교사상의 전체 흐름을 종합적이고 체계적으로 보는 안목이 부족하다. '전통'이라는 이름 또는 '순수'라는 이름으로 편협하고 배타적인 자세, 곧 종파 권위주의에 갇혀서는 안 된다. 수행자는 한국불교의 전체 사상과 정신을 포용하고 융화하며, 시대적 요구와 필요성에 부응할 수 있도록 해야 한다.

여섯째, 불교 또는 교단의 주체성과 자주성은 자기 사상과 정신과 역할에 대한 자부와 긍지에서 나오는 것임을 인식하지 못하고 있다. 오늘날 종단 구성원의 경향은 불교수행자로서 자기 신념이 투철하지 못하다.

일곱째, 불교수행자로서 진정한 힘은 권력, 돈, 큰 규모, 숫자, 명성에서 나오는 것이 아니라 불교사상과 정신에 입각한 자기 신념에서 나오는 것임을 깨닫지 못하고 있다. 수행자로서 자각과 확신만 있다면 세상에서 무서울 것이 없음을 확신하고 있지 못하다.

도법은 한국불교의 문제점을 앞의 내용처럼 지적한 다음에, 불교수행자의 과제로서 다음의 3가지를 거론한다.

첫째, 대비원력大悲願力의 문제의식을 확립하는 것이다. 인간존재가 안고 있는 고통과 사회모순에 의한 고통, 자신의 고통과 이웃의 고통을 하나로 인식하는 안목이 필요하고, 고통 받는 중생에 대한 뜨거운 연민심이 요청되며, 삶의 문제를 근원적으로 해결하기 위해서 기꺼이 한 생生을 바치려는 굳건한 다짐이 요구된다. 이것이 '대비원력'이다. 이 대비원력의 문제의식이 얼마나 확고하게 확립되었느냐에 따라서 수행이 잘되고 못됨이 결정된다.

둘째, 출가정신의 생활화이다. 이는 대비원력의 문제의식이 구체화되는 것이라고 할 수 있다. 출가는 사람을 미혹하게 하는 허상虛像을 깨뜨리는 것을 구체적으로 실천하는 것이다. 자아의식에 기초한 허상을 깨뜨리는 출가정신이 생활화될 때 비로소 참된 출가라 할 수 있다. 그리고 출가는 기존의 것을 버리고 떠나는 것이면서 동시에 새로운 길을 선택하는 것이다. 이는 기존의 자아중심의 잘못된 세계관을 버리고, 연기적 세계관에 기초한 삶과 사고방식으로 전환하는 것이다.

셋째, 불교적 세계관에 입각한 신념을 세우는 것이다. 여기서 불교적 세계관은 연기설을 핵심내용으로 한다. 이는 지혜와 자비로 구체화된다. '지혜'는 연기의 세계관으로 세계와 존재를 바라보면, 어느 것 하나도 서로 의지하고 관계 맺지 않는 것이 없음을 아는 것이다. 세계는 『화엄경』에서 말하는 인드라 그물처럼 겹겹이 종횡으로 서로서로 관계 맺으면서 전개된다. 이러한 사실을 명료하게 꿰뚫어 보고 아는 것을 지혜라고 한다. '자비'는 이 지혜에 의지해서 연민의 마음을 일으키는 것이다.

도법은 지혜와 자비를 핵심으로 하는 불교정신을 이 땅과 이 시대에 구현하기 위해서 대중적 결사를 할 것을 주장한다.[49]

(2) 법륜의 '정토회'의 관점

법륜은 평화운동을 이야기하면서 그 구체적 대안으로 불교의 수행을 제시하고, 불교의 수행 가운데 화두참구가 과학의 연구 자세와 비슷하다고 주장한다. 그 내용을 알아본다.

법륜은 평화운동을 제시한다. 일반적으로 분쟁이 없으면 평화스럽

---

49 도법, 「한국불교의 제일의 명제와 대중적 결사운동」, 『선우도량』 7호(1995년 7월) / 『화엄의 길, 생명의 길』(선우도량출판부, 1995/1999) 재수록, 263~280쪽.

다고 말한다. 그러나 인권침해와 차별이 있는 한, '평화'라고 할 수
없다. 그래서 인권침해와 차별을 없애고, '주종관계'에서 '평등관계'로
전환하고, 상대를 인정하지 않는 관계에서 상대를 인정하는 관계로
전환해서 서로 돕는 관계와 좋은 벗들의 관계로 발전할 것을 법륜은
제시한다. 이처럼 조화와 균형을 이루어 나가는 것이 바로 평화운동이
다. 그리고 평화의 개념을 인간과 인간의 관계에 한정할 것이 아니고
인간과 자연의 갈등문제까지 확대할 것을 법륜은 제안한다. 인간과
자연의 갈등문제가 바로 환경문제다. 그리고 평화운동의 한국적 특수
성은 남북한의 이념적 갈등을 해소하는 것에 있다. 법륜은 이러한
문제를 해결하기 위해서 불교의 연기적緣起的 세계관에 입각해서 볼
것을 요구한다. 연기적 세계관은 모든 것이 서로 연관되어 있음을
말하는 것이다. 서로가 연결되어 있기 때문에 하나가 다른 하나를
해치면 결국에는 자기 자신을 해치는 결과를 초래한다는 것을 자각하게
된다.[50]

그리고 법륜은 과학적 성과를 수용할 필요가 있음을 강조한다. 과학
의 연구 성과를 불교 쪽에서 수용하고, 또한 과학 쪽에서는 정신분야에
서 불교의 사상을 수용할 필요가 있다는 것이다. 그리하여 물질세계와
정신세계의 원리를 잘 조화시킨다면, 그것은 과학과 종교의 한계를
초월하여 한국사회에서 창조적 역할을 할 수 있을 것이라고 법륜은
말한다.

과학에서 연구가 중요하듯이, 불교에서는 화두를 참구하는 것이

---

50 법륜, 『마음의 평화, 자비의 사회학』(정토출판, 2002), 35~42쪽.

중요하다. 화두를 참구한다는 것은 탐구하는 자세로 인생에 임하는 것을 의미한다. 또한 올바른 수행을 하기 위해서 개인과 사회, 수행과 사회변혁의 이분법을 넘어서는 것이 필요하다. 사회 속에서 일상의 삶을 살면서 자신의 상태를 알아차리고 반성하는 것이 수행이다. 그리고 수행을 통해서 자신을 치유하고 동시에 남을 이롭게 할 수 있다. 수행은 환경문제든 다른 사회문제든 간에 그것을 바로 나의 일로 받아들여 해결하기 위해 노력하는 것이다. 이처럼 수행은 세상의 일을 자기 자신의 일로 받아들이고 자기 관념의 틀을 깨뜨림으로써 사회변혁의 방향을 새롭게 열어가는 것이다. 나아가 수행은 내 자신의 삶을 보람 있게, 즐겁게, 행복하게 만들어가는 것이다.[51]

5. 결론

이 글에서는 근현대시기에 한국불교의 사회참여사상이 어떻게 변화하였는지 살펴보았다. 이제 그 내용을 정리하고 필자의 견해를 간단히 서술하고자 한다.

불교의 사회참여사상이 본격적으로 이루어진 것은 근대 이후의 시기라고 할 수 있지만, 그렇다고 해서 근대시기 이전에 한국불교에서 사회참여의 흐름이 없었다는 것은 아니다. 이 글에서는 근대시기 이전에 불교의 사회참여의 경우로서 통일신라시대의 의상, 고려시대의 의천, 조선시대의 임진왜란과 병자호란에 참여한 의승병을 들었다.

---

51 법륜, 『마음의 평화, 자비의 사회학』(정토출판, 2002), 159~162쪽, 191~210쪽.

의상은 문무왕에게 무리한 토목공사를 중지할 것을 요구하기도 하였
고, 의천은 주화를 만들어서 경제를 개혁할 것을 왕실에 건의하였으며,
서산대사 휴정·사명당 유정 등은 임진왜란 때 의승병을 일으켜서
왜군과 맞서 싸웠다. 이러한 사회참여의 흐름이 있었기에 근대시기에
불교의 사회참여사상은 더욱 진전될 수 있었다.

근대시기에 활발한 사회참여활동을 벌인 인물은 만해 한용운과 그
계열의 인물이다. 한용운이 활동하던 때는 일제식민지 시절이었으므
로 사회참여의 목표는 일제를 상대로 독립을 쟁취하는 것이었고, 그러
면서도 불교의 정체성을 강조해서 반종교운동에 대해 분명히 반대하고
있다. 한용운은 불교는 평등의 가르침이고, 또한 불교는 널리 사랑하고
서로 구제하라는 가르침이라고 주장한다. 이 관점에 서서 한용운은
독립운동, 농민운동, 여성운동에 대한 견해를 제시한다. 독립운동에
대해서는 민족주의 노선과 사회주의 노선을 화해시키고자 하였고,
농민운동과 여성운동에 대해서는 당시의 현실에 부합하는 운동을 벌일
것을 조언하고 있다.

이처럼 한용운은 사회참여에 관심을 두고 있지만, 당시에 있었던
반종교운동에 대해서는 반대한다. 반종교운동에서는 종교가 자본주의
를 옹호하는 부르주아의 향락적 유희물이라고 보아서 자본주의가 몰락
하면 사라질 것이라고 주장한다. 그에 대해 한용운은 이러한 주장은
종교에 대한 인식이 부족한 것이라고 보고 있고, 불교 안에서는 평등주
의를 강조하고 사유주의私有主義를 반대하는 점에서 사회주의적 요소
가 있다고 주장한다. 나아가 한용운은 불교의 관점에서 자본주의와
사회주의라는 모든 주의主義와 제도를 넘어서 그 시대의 중생에게

알맞은 방편으로 구제할 필요가 있다고 말한다.

그리고 『한용운전집』 2권에 소개되어 있는 「반종교운동에 대하여」의 저자인 설악산인雪嶽山人은 한용운의 필명이거나 한용운 계열의 인물로 추정되는데, 그는 더욱 확실하게 반종교운동에 대해 비판한다. 그것은 2가지로 정리할 수 있다. 우선 반종교운동도 일종의 종교적 움직임에 지나지 않는다는 것이다. 이는 마르크스주의자에게 마르크스는 신앙의 대상이라는 것이다. 그러므로 마르크스주의자가 다른 종교를 비판할 자격이 없다는 것이다. 다른 하나는 프롤레타리아계급의 입장에서 보아도 종교가 필요하다는 것이다. 육체적 생활과 정신적 생활은 서로 연결되어 있는 것이긴 하지만, 육체적 생활이 풍족하다는 것이 정신적 생활의 편안함과 고요함으로 연결되는 것은 아니다. 그러므로 육체적 생활이 고통스러운 프롤레타리아계급일수록 더욱더 정신적 생활에 치중해서 육체적 생활과 정신적 생활의 균형을 맞출 필요가 있다는 것이다.

한용운과 그 계열 인물의 이러한 불교사회참여사상은 1945년 이후 해방공간에서 좌익과 우익의 충돌 속에서 소멸해 버렸다. 이때 한국불교계에서는 사회참여 전통의 맥이 끊겼다. 1980년대에 들어서야 비로소 '민중불교운동'이라는 새로운 불교사회참여운동이 생겼다. 이 민중불교운동의 성과는 불교의 사회적 역할에 새로운 모델을 제시한 점 등의 5가지에서 찾을 수 있고, 문제점으로는 불교사상의 이해에 문제점이 있다는 것 등의 6가지를 거론할 수 있다. 민중불교운동은 당시의 독재정권을 타도하는 데 일차적 목표를 두었고, 불교의 정체성 문제에서는 당시 저항세력의 중심이념이었던 마르크스주의에 종속되는 측면이 있었다. 민중불교운동과 한용운의 사회참여를 비교한다면, 불교의 사회참여를 강조한 점에 공통점이 있다고 하겠지만, 한용운의 경우에는 마르크스주의로 대표되는 반종교운동에 대해 분명히 반대하고 불교의 정체성을 지키고자 한 데 비해서 민중불교운동의 경우에는 불교의 정체성을 강조하기보다는 마르크스주의에 기울어져 있다. 이 점에서 민중불교운동은 불교사상의 이해에 문제점이 있다고 판단된다. 그렇지만 불교 사회운동의 맥이 끊어진 상태에서 불교의 정체성과 사회참여의 두 측면을 다 고려하기는 어려웠을 것이라고 당시의 상황을 이해할 수는 있다.

1980년대에 활발했던 민중불교운동의 문제점은 1990년대에 들어서면서 극복된다. 1990년대 이후의 대표적인 불교 사회운동은 '선우도량'과 '정토회'다. 도법의 선우도량에서는 한국불교의 부정적 현상에 대해 비판을 하고 그 문제점을 바로잡는 것에 초점을 맞추고 있는 데 비해서, 법륜의 정토회에서는 한국사회의 문제점(또는 국제적 문제점)을 불교의 관점에서 해결하고자 하는 데 주안점을 두고 있다. 도법의 선우도량과 법륜의 정토회에서는 수행과 사회참여를 동시에 강조하고 있다. 이는 1980년대의 민중불교운동에서 불교적 요소가 부족했다는 점에 대한 반성에서 나온 것이라고 보인다. 이 점에서 도법의 선우도량과 법륜의 정토회는 민중불교운동의 단점을 극복한 것이고, 더욱 진전된 불교 사회운동이라고 판단할 수 있다.

도법의 선우도량과 법륜의 정토회를 한용운의 사회참여와 비교하면, 이 3개의 사회참여운동이 불교적 요소와 사회참여의 요소를 겸비했다고 평가할 수 있다. 그렇지만 필자의 견해로는 사상思想의 '폭'과

'정교함'에서 아직도 한용운의 사회참여사상이 더 앞서 있다고 여겨진다. 물론 1990년대 이후의 한국사회의 과제(시민운동의 과제)와 한용운이 활동했던 일제식민지 시기의 과제가 같을 수는 없을 것이다. 그렇지만 도법과 법륜의 사상은 불교적 요소와 사회참여를 결합하는 방식에서 아직도 한용운의 사상을 넘어서지 못한다는 것이 필자의 생각이다.

끝으로 이 글의 내용을 요약하면, 한반도에서 불교의 사회참여적 요소는 근대시기 이전에도 있었지만, 그것이 공식적으로 표면에 떠오른 것은 근대시기였고, 그 시대적 과제에 답한 사람이 만해 한용운이라고 할 수 있다. 그러나 1945년 이후 해방공간 속에서 한용운의 사회참여사상은 소멸해 버렸고, 1980년대 민중불교운동이라고 하는 새로운 불교사회참여운동이 일어났다. 그러나 이 민중불교운동에는 불교사상의 이해에서 문제점이 있었고, 이러한 문제점을 딛고서 1990년대에는 불교시민운동이 나타났는데, 그 대표적인 것이 선우도량과 정토회다. 그러나 선우도량과 정토회의 사회참여사상도 사상의 폭과 정밀함에서 한용운의 사상보다 뒤떨어진다.

2부

불교의 평화관과 폭력관

3장 불교의 평화관

-요한 갈퉁의 평화개념을 중심으로

1. 서론

현대 평화학平和學의 창시자라고 불리는 요한 갈퉁(Johan Galtung)은 평화의 개념을 소극적 평화(negative peace)와 적극적 평화(positive peace)로 구분하였다. '소극적 평화'는 단순히 전쟁을 회피하는 것이고, 이는 직접적(군사적) 폭력이 존재하지 않는 것이다. 갈퉁은 '소극적 평화'는 평화를 위한 필요조건은 될 수 있어도 충분조건은 될 수 없다고 하였다.

'적극적 평화'는 구조적 폭력이 존재하지 않는 것인데, 여기서 '구조적 폭력'은 사회구조의 결함으로 인해서 생긴 인간의 육체적 피해와 정신적 피해를 말하는 것이다. 그 대표적 예로서 '착취'를 들 수 있는데, 이는 사회적 강자가 그 사회구조 내에서 상호작용을 통해서 사회적 약자보다 더 많은 것을 얻어내는 것이다. 또한 착취에 대한 효율적 투쟁을 방해하는 여러 가지 전술, 곧 사회적 약자의 '분할', '주변인화'도 구조적 폭력에 포함된다.

그리고 1990년대 이후에는 갈퉁은 구조적 폭력을 장기화시키는 더욱 중요한 문제로서 '문화적 폭력'을 지적하고 있다. 이는 문화의 요소, 곧 종교·이데올로기·언어·예술·과학 등을 통해서 '직접적 폭력' 과 '구조적 폭력'을 정당화하는 측면을 말하는 것이다. '직접적 폭력'은 하나의 사건이고, '구조적 폭력'은 오르내림이 있는 하나의 과정이며, '문화적 폭력'은 오랜 기간 동안 본질적으로 남아 있는 것으로 변하지 않는 측면이 있는 것이다.[52] (요한 갈퉁은 환경문제도 직접적 폭력, 구조적 폭력, 문화적 폭력의 맥락에서 설명하고 있다.)

그런데 평화의 문화를 구현하기 위해서는 유엔, 정부 간의 기구(비정부기구), 국가, 지적 공동체의 역할도 중요하지만 또한 종교의 역할도 무시할 수 없다.[53] 이런 지적에 힘입어서 이 글에서는 불교에서 바라보는 평화의 관점에서 대해 살펴보고자 한다.

한편 불교의 평화사상에 관련해서 선행연구로서 몇 편의 논문이 있다. 우선 심재룡은 불교의 평화에 대해 '평화로운 사회', '평화로운 인간관계', '평화로운 마음씨'의 3가지 모습으로 접근하고 있다. '평화로

---

52 하영선, 「현대의 평화연구」, 『현대사회와 평화』(서광사, 1991); 강순원, 「한반도 평화실현을 위한 사회문화적 재구성」, 『21세기 평화학』(풀빛, 2002); 요한 갈퉁 지음, 강종일 외 옮김, 『평화적 수단에 의한 평화』(들녘, 2000), 414~420쪽.
53 야누즈 시모니데스·키쇼르 싱, 「평화의 문화구축을 위한 시론」, 『21세기 평화학』(풀빛, 2002)

운 사회'는 인간이 즐겁게 살 수 있는 사회이고, 평화로운 사회의
구성원에게는 사무량심四無量心이라고 하는 자비희사慈悲喜捨의 4가
지 덕성이 나타난다. 이는 불교적 평화를 이룩하는 대인관계의 기본적
태도라고 할 수 있다. 그리고 불교의 핵심은 사회 또는 국가 사이의
평화보다는 한 개인의 마음에 깃든 영구한 평화를 만드는 데 있다(평화
로운 마음씨).

나아가 심재룡은 현대 평화학의 방안을 수용하고 동시에 불교 특유의
생활양식을 추가한 불교적 평화진흥책을 다음과 같이 제시한다. 첫째,
가난을 구제하고 고용의 기회를 확대할 것, 둘째, 생활수준을 높일
것, 셋째, 교육기회를 확충할 것, 넷째, 건강보건시설을 제공할 것,
다섯째, 인권을 보장할 것, 여섯째, 무력사용을 철폐할 것이다. 불교의
관점은 위의 내용에다 근본적으로 탐욕과 성냄과 어리석음을 제거하는
것, 곧 인간의 근본적 자기개조를 강조하는 데 있다.[54]

그리고 이재수는 불교의 평화관으로서 '연기론적緣起論的인 세계관'
과 '비폭력'과 '불살생'을 제시한다. '연기론적 세계관'은 모든 존재는
서로 밀접한 연관을 맺고 있으므로 공존과 조화를 모색한다는 것이고,
연기緣起는 고통이 절대적인 것이 아니며 그 조건과 원인을 파악해서
고통에서 벗어나고자 하는 것이므로, 연기론적인 세계관에는 창조적·
비판적 정신이 밑바탕에 흐르고 있다. 그리고 '비폭력'과 '불살생'은
자비의 실천에 속한다.

---

54 심재룡, 「불교의 평화사상」, 『현대사회와 평화』(서광사, 1991), 159~170쪽. 그리고
   심재룡, 「불교와 전쟁: 불살생과 대량살생」, 『불교평론』 15호(2003년 여름호)에서
   위 논문의 내용을 더 보강해서 제시하고 있다.

한편 이재수는 평화를 이루는 방법으로 '내적인 평화'와 '외적인 평화'를 구분해서 접근한다. 내적인 평화를 이루는 방법으로 '사무량심'과 '사섭법四攝法'을 제시하고, 외적 평화를 이루기 위한 대안으로 불국정토佛國淨土 건설을 제시한다. 여기서 '불국정토'는 내적인 평화를 이루고 그것을 사회적으로 확장해 나가는 것이다.[55]

필자는 이러한 선행연구의 관점에 동의하고, 나아가 이 글에서는 요한 갈퉁의 평화개념에 기초해서 불교의 평화관을 재구성하고, 불교의 평화관이 오늘날에 어떤 의미를 가질 수 있는지 알아보고자 한다. 글의 진행방향은 2절에서는 불교문화 속에 나타난 평화관에 대해 살펴보고, 3절에서는 '소극적 평화'의 관점에서, 4절에서는 '적극적 평화'의 관점에서 불교의 평화관을 검토하고자 한다.

2. 불교문화 속에 나타난 평화관의 현주소

불교는 '평화의 종교'라는 말이 있다. 그래서 야스퍼스Jaspers는 "불교야

---

55 이재수, 「평화를 위한 불교적 입장」, 『한국불교학결집대회논집』 제1집 하권(2002), 701~711쪽. 그밖에 다른 연구 성과를 소개하면 다음과 같다. 정병조, 「불교의 평화철학」, 『한국불교철학의 어제와 오늘』(대원정사, 1995), 250~276쪽: 불교의 평화이념으로서 연기緣起와 자비, 화엄종의 육상六相의 논리, 보살의 서원 등을 거론하고, 이러한 평화이념이 화쟁和諍의 정신으로 원효·의천·함허득통涵虛得通에게 이어진다고 주장한다. 정천구, 「붓다의 가르침과 세계평화」, 『붓다와 현대정치』(작가서재, 2008), 211~234쪽; 정천구, 「불교와 이데올로기」, 『붓다와 현대정치』, 149~184쪽; 데이빗 채플 엮음, 진월 옮김, 『평화를 이루는 지혜』(불교시대사, 2003); 전재성, 「불교인은 왜 전쟁에 반대해야 하는가」, 『법회와 설법』 95호(조계종 포교원, 2003년 4월호).

말로 한 번도 폭력과 이교도의 탄압, 종교재판, 종교전쟁을 일으키지 않은 유일한 종교"라고 하였다.[56] 말레이시아에서 불교를 전하고 있는 스리 담마난다는 "불교인들은 지난 2,500년 동안 종교전쟁을 일으킬 심각한 불화와 갈등이 없었다는 점에서 매우 자랑스러움을 느낄 수 있다. 그것은 불교라는 종교의 안정적 기능과 관용의 결과이다"라고 하였다.[57]

불교가 과연 평화의 종교인지에 대해 트레버 링(Trevor Ling)은 동남아 불교국가 가운데 태국과 미얀마를 중심으로 분석하였는데, 태국과 미얀마의 개인의 삶에는 도발행위를 자제하는 경향이 있지만, 국가 사이에는 도발행위가 벌어진다고 한다. 그 자세한 내용은 다음과 같다.

태국과 미얀마를 보면, 개인의 관계에서 가장 큰 특징은 도발행위를 피한다는 점이다. 미얀마에서 가장 존경받는 인격은 싸움과 논쟁을 피하고, 거친 언어를 절대로 쓰지 않으며, 듣는 사람이 쉽게 요지를 파악할 수 있도록 말을 조리 있게 하는 사람이다. 그래서 태국이나 미얀마에서 "술주정꾼이나 아편중독자만이 다툴 뿐이지 우리는 결코 싸우지 않는다"라고 말한다. 개인 사이에 도발행위를 피하는 것은 불교문화의 영향이고, 또한 나트nat신앙(태국에서는 'nat'에 해당하는 것을 'phi'라고 부른다)의 영향이기도 하다. 불교문화의 영향은 『법구경』에서 증오憎惡야말로 3가지 악惡 가운데 가장 근원적인 원인이고, 미움은 미움으로써 극복될 수 없고 사랑으로 극복될 수 있다고 말한

---

56 정천구, 『붓다와 현대정치』, 152쪽 재인용.
57 K. 스리 담마난다 지음, 김호성 옮김, 『이것이 불교다』(대원정사, 1987/1988), 251쪽.

점에서 확인할 수 있다. '나트'는 살인이나 익사사고 등으로 갑자기 죽은 사람의 영혼인데, 이러한 '나트'를 잘 달래기 위해서 태국과 미얀마의 사람들은 세심하게 주의를 기울인다.

그러나 국가 사이에는 개인 사이에서 도발행위를 피한다는 전통이 적용되지 않는다. 태국, 미얀마, 캄보디아, 라오스의 국왕은 자신의 나라를 방어하기 위한 수단으로서 전쟁을 하였을 뿐만 아니라 정복과 팽창의 도구로서 군사력을 사용한 적이 있다. 미얀마 사람이 페구Pegu에서 저지른 대학살 사건이나 1767년에 태국의 아름다운 수도 '아유타야'를 폐허로 만든 사건이 있었다. 태국도 미얀마의 동부와 남부를 정복하기 위해서 수차례에 걸쳐서 전쟁을 시도하였다. 이런 점에서 보자면, 어느 종교의 전통은 군사적 도발과 관련이 많고 어떤 종교의 전통은 평화와 강력하게 연관되어 있다는 주장은 근거가 없는 것이다. 유럽의 기독교 국가가 경제적 이권을 위해서 전쟁을 벌였다면, 동남아의 불교국가도 물질적 이해관계 때문에 전쟁을 일으켰다.[58]

여기에 추가해서 심재룡은 대승불교문화권에서는 대승불교의 보살

---

58 트레버 링, 김정우 옮김, 「불교·전쟁·평화」, 『현대사회와 불교』(한길사, 1981/1983), 348~363쪽. 그리고 빌프리트 뢰리히 지음, 이혁배 옮김, 『종교근본주의와 종교분쟁』(바이북스, 2007), 194~195쪽, 203쪽: 스리랑카에서 불교를 믿는 싱할라족과 힌두교를 믿는 타밀족의 갈등이 있는데 불교를 믿는 싱할라족이 다수이다. 타밀족과 싱할라족은 내전을 벌여서 1983년에서 2002년까지 6만 5천 명 이상의 사람이 죽었다. 미얀마에서는 다수를 차지하는 불교신자들이 소수의 그리스도인과 무슬림에게 동등한 권리를 부여하지 않고 많은 차별을 행하고 있다. 캄보디아에서 인구의 90퍼센트 정도가 불교를 믿고 있는데, 캄보디아의 불교도들이 그리스도교 교회를 지속적으로 습격하고 있다.

도보살도道를 통해서 전쟁을 정당화한다고 주장한다. 이는 보살은 큰 악惡을 제거하기 위해서 때로는 살생하지 말라는 계율을 어기고 악인을 해치더라도 그로 인해 많은 중생을 구제할 수 있다는 것이다. 이러한 예로서 한국전쟁 당시에 중국불교협회장 자오푸추(趙朴初)가『현대불학』1951년 4월호에 실은 글을 제시할 수 있다. 자오푸추는 이 글에서 전쟁에 참여해서 석가모니가 자비의 화신化身으로 중생을 대신해서 고난을 무릅쓰고 인민을 구제하기 위해 적을 죽인 정신을 배우라고 한다. 그리고 세계평화를 깨뜨리는 미국의 제국주의를 없애는 것이야 말로 불교교리에 충실한 것이라고 주장하였다.[59]

또한 문을식은 한국불교에 주목해서 불교와 전쟁(폭력)의 관련성을 검토하였다. 그는 불교라는 이름으로 한 번도 전쟁을 일으키거나 폭력을 사용한 적이 없다고 하지만, 이는 불법佛法의 포교를 위해서 전쟁을 일으키지 않았다는 것이지, 승려가 전쟁에 참여하지 않았다거나 폭력을 행사하지 않았다는 것은 아니라고 한다. 그는 불교가 세속화되면서 세속 권력과 결탁되고, 그 결과 폭력을 행사하는 현상이 일어났다고 주장한다.[60]

이상의 주장과 사례에서 보았듯이, 불교가 완전한 '평화의 종교'라고 볼 수는 없을 것이다. 그렇지만 불교문화가 대체적으로 '이교도의

---

59 심재룡, 「불교와 전쟁: 불살생과 대량살생」,『불교평론』15호(2003년 여름호), 47~48쪽; 이케다 다이사쿠·요한 갈퉁 대담집, 손대준 옮김,『평화를 위한 선택』(신영미디어, 1997), 170쪽: (불교의 단점의 하나로서) 불교는 그 관용성으로 인해 예컨대 군국주의와 같은 극히 폭력적인 조직마저 용인하기 쉽다. …… 때로는 보수나 그 밖의 이익을 수반하는 권력에 쉽게 영합한다.

60 문을식, 「불살생에 관한 불교의 이상과 현실」,『불교평론』18호(2004년 봄호).

탄압'과 '종교재판'이 없는 관용적인 문화라고 말할 수 있을 것이고, '종교전쟁'이라는 개념이 문제가 되기는 하겠지만, 종교전쟁을 자신의 종교를 전파하기 위해 일으키는 전쟁이라고 정의한다면, 이러한 의미의 종교전쟁을 일으키지 않은 것도 분명한 사실이다.

3. 소극적 평화에 대한 불교의 입장

소극적 평화는 전쟁을 회피하는 것이고 직접적 폭력이 존재하지 않는 것이다. 여기서는 두 단락으로 나누어서, 첫째, 전쟁의 원인에 대한 불교의 입장을 알아보고, 둘째, 불교의 평화관과 전쟁관에 대해 검토하고자 한다.

1) 전쟁의 원인에 대한 불교의 입장

이 항목에서는 전쟁의 원인에 대해 일반론적인 관점을 서술하고, 그것에 맞추어서 불교에서 전쟁의 원인에 대해 어떻게 보았는지 서술하고자 한다.

미국의 저명한 국제정치학자 케네스 왈츠(Kenneth Waltz)는 그의 저술 『인간과 국가와 전쟁(Man, the State and War)』에서 전쟁에 대해 다음의 3가지 차원에서 접근하고 있다.

첫째, 인간성에서 전쟁의 원인을 찾고 그 해결방법을 제시하는 이론이다. 이는 전쟁이 인간의 이기주의, 잘못 인도된 공격충동, 인간의 우둔성愚鈍性에서 비롯된다는 관점이다. 이러한 이론에 의하면, 전쟁을 방지하는 방법도 인간성의 개조改造를 위한 교육을 중시한다. 유네

스코 헌장의 서문에 "전쟁은 인간의 마음에서 시작되기 때문에 이에 대한 방어는 인간의 마음속에 구축되어야 한다"라고 말한 것이 이러한 입장을 대표적으로 보여주는 것이다.

둘째, 전쟁과 평화의 문제를 국가의 특정한 정치·경제제도에서 구하는 이론이다. 이는 개인의 심성이 아무리 착하다 해도 국가의 정치·경제의 구조가 잘못되어 있으면 전쟁이 일어날 수 있다는 것이다. 독일의 철학자 칸트Kant는 전쟁의 원인이 국민의 의사를 국가정책에 충분히 반영할 수 없는 국가의 정치제도에 있으며, 따라서 영구평화를 위해서는 공화제를 채택해야 한다고 하였다. 마르크스와 레닌은 전쟁이 자본주의의 모순에서 비롯된다고 하였고, 여러 민주주의자들은 독재와 전제주의가 전쟁의 원인이고 자유민주주의 발전이 평화를 가져오는 길이라고 하였다.

셋째, 국제사회의 구조에서 전쟁의 원인을 찾는 이론이다. 개인이 선하고 국가의 정치·경제구조가 공화제(민주제)라고 하더라도 국제사회의 구조가 민족국가 사이에 무정부적인 국가이익을 추구하는 상태에서는 국가 사이의 갈등과 전쟁이 어느 정도 불가피하며, 전쟁의 방지는 국가 사이의 세력균형에 의해서만 가능하다는 것이다.[61]

그러면 불교에서는 전쟁의 원인을 어떻게 보는가? 불교사상에서 전쟁의 원인에 대해 체계적 분석이 있는 것은 아니지만, 문헌을 통해서 어느 정도 추론해 볼 수는 있다고 본다. 첫 번째 이론유형처럼 인간의 마음에서 전쟁의 원인을 찾는 것이 불교의 주요 흐름일 것으로 보이지

---

61 정천구, 「붓다의 가르침과 세계평화」, 『붓다와 현대정치』, 214~216쪽.

만, 제한적으로 두 번째 이론유형의 단서를 찾을 수 있고, 세 번째 이론유형의 단서를 추정해 볼 수 있다.

첫째, 불교에서는 전쟁의 원인을 인간의 욕망에서 찾는다. 이는 『숫타니파타』의 다음의 게송에서 확인할 수 있다.

> 좋아하는 것에 대한 집착은 왜 시작되었는가? 또 이 세상 도처에서 벌어지고 있는 저 권력투쟁은 왜 무엇 때문에 일어나고 있는가?(『숫타니파타』 4장, 「투쟁」 864게송)
> 좋아하는 것에 대한 집착 및 권력투쟁은 모두 분에 넘치는 욕망 때문에 시작되었다.(865게송)

그리고 『숫타니파타』의 다음 게송에서도 전쟁의 원인을 인간의 내면에서 찾은 불교의 관점을 읽을 수 있다.

> 총칼을 잡으면서 두려움이 시작되었다. 보라, 서로 죽이고 있는 이 사람들을 보라. 지금부터 나는 이 비참한 일에 대해 내가 아는 대로 말하고자 한다.(『숫타니파타』 4장, 「무기에 대해서」 935게송)
> 물이 말라 가는 연못의 고기와 같이 사람들은 두려움에 떨고 있다. 그들은 서로가 서로의 목숨을 노리고 있다. 이를 보자 서늘한 공포가 거친 바람처럼 나를 휩쓸었다.(936게송)
> 살아 있는 것은 결국 모두 부서져 버리는 것을 보고 나는 몹시 불만스러웠다. 그리고 나는 보았다. 그들의 심장 속에는 고통의 화살이 깊이 박혀 있음을.(938게송)

둘째, 전쟁과 평화의 문제를 국가의 정치·경제제도에서 구하는 이론
도 그 단서를 불교경전, 곧 『유행경遊行經』에서 찾아볼 수 있다. 당시
마가다Magadha국의 왕 아자타사투루Ajātasatru가 대신 우사(禹舍, Va-
ssakāra)를 불타에게 보내어 밧지Vajjī국을 정벌하고자 하는데 그에
대한 불타의 의견을 구하고자 하였다. 그때 불타는 아난다Ānanda와
대화를 하면서 자신의 견해를 간접적으로 드러내었다. 그 내용은 그
나라가 민주정치를 실시하고 있고, 계층 간에 화합이 이루어져 있고,
성숙한 문화를 이루고 있으면, 침략당하지 않고 평화를 유지하리라는
것이다.[62]

셋째, 불교경전에서 전쟁의 원인을 국제사회의 구조에서 구한 표현
을 찾을 수 없다. 그렇지만 불타의 행적을 국제정치적 관점에서 재조명
한 연구는 있다. 불타가 활동하던 당시 석가족 주변의 국제관계의
현실은 전제군주국으로서 정치체제를 정비한 마가다국이나 코살라국
이 석가족 국가와 같은 공화국 형태의 작은 왕국을 속국屬國으로 삼고
식민지로 만들기 위한 제국주의적 정치국면에 있었다. 이러한 국제관
계의 현실은 끊임없이 고통을 다시 생산할 수밖에 없는 악업惡業의
연속이라고 볼 수 있다. 이러한 현실을 개혁하기 위해서 당시의 정치체
제를 떠받치고 있던 사회질서를 근원적으로 변화시켜야 했는데, 불타
는 자신의 가르침에 근거해서 당시 여러 나라에서 지적 헤게모니를
확보해 나가기 시작했다는 것이다. 그래서 당시 강대국이던 마가다국

---

62 『장아함경』 2권, 『유행경』(『대정장』 1권, 11上~中); 이병욱, 「불교사회사상의
   현재적 의미」, 『한국교수불자연합학회지』 제15권 제2호(한국교수불자연합학회,
   2009), 255~256쪽. 이 논문은 이 책의 1장에 수록되었음.

의 최고 수행자로 존경을 받던 카사파Kassapa를 제자로 삼고, 마가다국의 빔비사라 왕을 제자로 만든 것은 국제적 차원의 불교헤게모니 전략이 성공했음을 보여주는 예이다.[63]

2) 불교의 평화관과 전쟁관

불교에서는 전쟁반대의 입장을 분명히 제시하지만, 세상의 일에서는 전쟁을 피할 수는 없는 상황도 있다. 이 항목에서는 먼저 불교의 평화관, 곧 전쟁반대의 입장을 알아보고, 그 다음에 어쩔 수 없이 전쟁을 하게 된다면, 어떻게 해야 할 것인지에 대해 살펴보고자 한다.

(1) 불교의 평화관: 전쟁반대 입장

불교에서 전쟁을 반대하고 있는데, 그 내용을『법구경』,『숫타니파타』,『범망경』을 통해 알아보고, 그 뒤에 월폴라 라홀라의 견해를 소개하고자 한다. 먼저『법구경』을 내용을 소개하면 다음과 같다.

> 그는 나를 욕했고 그는 나를 때렸다. 그는 나를 이겼고 그는 내 것을 앗아갔다. 이렇게 생각하고 있는 사람은 미움으로부터 길이 벗어날 수 없다.(『법구경』 1장, 3게송)
> 미움은 미움으로 정복되지 않나니 미움은 오직 사랑으로써만 정복되나니 이것은 영원한 진리이다.(『법구경』 1장, 5게송)

---

63 유숭무·임운택, 「세계화시대의 전쟁을 보는 불교적 시각」,『불교평론』15호(2003년 여름호), 131쪽.

위의 『법구경』 게송은 널리 알려진 것이다. 미움은 미움으로 정복되지 않고 사랑으로써만 정복된다는 입장은 전쟁을 반대하는 불교의 평화관을 단적으로 보여주는 것이다. 이처럼 전쟁을 반대하는 불교의 입장은 『법구경』의 다음 게송에서도 확인할 수 있다.

모든 생명은 폭력을 두려워한다. 모든 생명은 죽음을 두려워한다.
이를 깊이 알아서 죄 없는 생명을 함부로 죽이거나 죽이게 하지
말라.(『법구경』 10장, 129게송)
모든 생명은 폭력을 두려워한다. 모든 생명은 삶을 지극히 사랑한다.
이를 깊이 알아서 죄 없는 생명을 함부로 죽이거나 죽이게 하지
말라.(130게송)

그리고 『숫타니파타』에서 석가모니가 어느 브라만에게 비천한 사람이라는 비난을 받자, 그에 대해 비천한 사람이란 어떤 사람인지 설명을 하고 있는데, 그 가운데 한 대목에서 전쟁을 반대하는 불교의 평화관을 읽을 수 있다.

도시나 마을을 포위하기나 공격하여 선량한 국민들을 괴롭히는
살인마, 광폭한 권력자로 알려진 사람, 이런 사람을 일컬어 '비천한
사람'이라고 한다.(『숫타니파타』 1장, 「비천한 사람」 118게송)

나아가 전쟁을 반대하는 불교의 평화관은 『범망경梵網經』에서도 확인할 수 있다. 『범망경』은 대승불교의 계율관을 잘 보여주는 경전인

데, 경전의 내용은 10가지 중요한 계율과 48가지 가벼운 계율로 이루어져 있다. 다음에 소개하는 내용은 10번째 가벼운 계율인 살생도구를 쌓아두지 말라(畜殺生具戒)는 내용이다.

> 만약 불자라면 모든 칼·몽둥이·활·화살·창·도끼 등의 모든 전쟁도구와 그물과 덫 등의 살생의 도구를 쌓아두지 말라. 보살은 심지어 부모가 살해되었더라도 오히려 보복하지 않아야 하는데 하물며 모든 중생을 죽이겠는가?[64]

그리고 스리랑카 불교를 대표하는 승려의 한 사람인 월폴라 라훌라(Walpola Rahula)는 앞에서 소개한 불교의 평화관을 더욱 적극적으로 개진하고 있다. 그의 주장에 따르면, 이웃을 정복하고 복속시키기를 열망하고 갈망하는 한, 인류에겐 평화나 행복이 있을 수 없다. 불타가 "승리자는 증오의 씨를 뿌리고 패배자는 비참하게 굴복한다. 승리와 패배를 벗어난 사람은 행복하고 평화롭다"라고 말한 것처럼, 행복과 평화를 가져올 수 있는 유일한 길은 자기정복이다. "전쟁에서 수백만을 정복할 수도 있다. 그러나 자기 자신을 정복한 사람은 정복자들 가운데 가장 위대한 자이다."

그러나 많은 사람들은 이러한 가르침은 매우 아름답고 고귀하고 장엄하지만 비실용적이라고 할 것이다. 그렇다면 서로 증오하고 서로

---

64 『梵網經盧舍那佛菩薩心地戒品(梵網經)』(『대정장』 23권, 1005下), "若佛子, 不得一切刀杖弓箭鉾斧鬪戰之具, 及惡網羅罥殺生之器 一切不得畜. 而菩薩 乃至 殺父母, 尙不加報, 況殺一切衆生."

죽이고 밀림 속에 야생동물처럼 끝없는 두려움과 의심 속에서 사는 것은 더 실용적이고 편안한 것인가? 증오가 증오로써 달래진 적이 있는가? 악을 악으로써 정복한 적이 있는가? 그러나 증오를 사랑과 친절로써 달래고 악을 선으로 극복한 경우는 많다.

그러나 그것이 개인적인 경우에는 진실이며 실천가능할지 모르겠지만, 국가적인 또는 국제적인 경우에는 적용되지 않는다고 생각할 수도 있다. 사람들은 국민적·국제적·국가적이라는 정치적이고 선동적인 용어에 사로잡혀 있고, 심리적으로 혼동되어 눈먼 사람처럼 그 말에 기만당하고 있다. 국가라고 하는 것도 개인의 방대한 집단이 아닌가? 국민이나 국가가 행동하지는 않는다. 행동하는 것은 개인이다. 개인이 생각하고 행동하는 것이 바로 국가가 생각하고 행동하는 것이다. 개인에게 적용될 수 있는 것은 국민이나 국가에도 적용될 수 있다. 증오가 개인적 차원에서 사랑과 친절로 진정될 수 있다면 틀림없이 국민적·국제적 차원에서도 그렇게 될 수 있다. 한 명의 개인에서도 증오를 친절로 대하려면 도덕적인 힘으로서 굉장한 의지·용기·신념·대담성을 필요로 한다. 하물며 국제적인 일에 관해서는 두말할 나위조차 없다. "실제적이지 않다"고 말하는 것은 '쉽지 않다'는 핑계일 뿐이다. 물론 이것은 절대로 쉽지 않은 일이다. 그러나 그렇게 되어야 한다. 그렇게 하는 것이 위험하다고 할지 모른다. 그러나 그것은 핵전쟁을 시도하는 것보다는 확실히 덜 위험하다.

불교는 권력을 위한 무자비한 투쟁이 없는 사회, 정복과 패배를 넘어서 평화와 안정이 널리 퍼져 있는 사회, 무고한 자에 대한 박해가 비난받는 사회, 스스로를 이기는 자가 군사적·경제적 힘으로 다른

사람을 정복하는 사람보다 더 존경 받는 사회, 선이 악을 정복하는
사회, 원한·질투·악의·탐욕이 사람의 마음을 물들이지 않는 사회,
자비가 행동의 추진력이 되는 사회, 가장 작은 생명을 포함해서 모든
생명이 공정·이해·사랑만으로 취급되는 사회, 평화롭고 조화로운
생활을 추구하고 물질적으로 만족스러운 생활을 추구하면서도, 궁극
적인 진리인 열반의 깨달음으로 나아가는 사회를 창조하는 것을 목적으
로 한다.[65]

(2) 불교의 전쟁관: 방편의 입장

『대살차니건자소설경』에 불교의 전쟁관이 잘 소개되어 있는데,[66] 우선
공격전은 인정하지 않고 반란군이 생기거나 외국의 군대가 공격해
왔을 때 어떻게 방어할지에 대해 서술하고 있다. 다시 말해 전쟁은

---

65 월폴라 라훌라(월포라 라후라), 『불타의 가르침』, 『현대사회와 불교』, 98~100쪽.
66 홍정식, 「불교의 정치관」, 『불교학보』 10집(동국대불교문화연구소, 1973), 22~23
쪽. 그리고 블라디미르 티호노프, 「삼국, 통일신라, 고려의 승병사를 통해 본
사명대사 의거의 의의와 인간적·종교적 비극성」, 『불교연구』 17집(한국불교연구
원, 2000), 33~66쪽에서는 한국불교사의 승병활동의 변천을 서술하고 있다. 신라
의 호국불교는 나라를 위하는 활동이나 의례적 활동에서 찾을 수 있고, 고려시대에
접어들어 1104년에 윤관에 의해 항마군이 편성되었고, 그 이후 고려시대에는
승병의 활동이 상당히 있었다. 다만 이때의 승병의 구성은 상당 부분이 재가화상在
家和尙이라고 불리는 수원승도(隨院僧徒: 사찰에 소속되어 있는 백성)이다. 조선
시대에 들어서서 승병은 순수 승려만으로 구성되었다. 류제동, 「불교에서 전쟁의
정당화에 대한 소고」, 『불교연구』 31집(한국불교연구원, 2009), 111~139쪽에서는
인도의 초기불교, 일본불교의 선종, 한국불교의 사명대사 유정이 제기한 전쟁의
정당화 논리에 대해 검토하고 있다.

방어전만을 제한적으로 인정한다는 것이다.[67] 여기서는 『대살차니건
자소설경』의 전쟁관을 소개하고, 이 관점을 오늘날의 핵전쟁에도 적용
하고자 한다.

　『대살차니건자소설경』에서는 자신의 영토에 반란군이 생기거나 외

---

67 이진우, 『도덕의 담론』(문예출판사, 1997), 207~208쪽: 후고 그로티우스가 자연법
　사상에 의거해서 정당한 전쟁의 이론을 제시하였는데, 그 내용을 다음의 3가지로
　요약할 수 있다. 첫째, 전쟁은 정당한 정치권력에 의해 선포되고 수행되어야
　한다. 여기서 말하는 정당성은 내적으로는 민주적 절차에 의거한 시민의 합의를
　의미하고, 외적으로는 국제적 인정을 뜻하는 것이다. 둘째, 전쟁은 훼손된 권리를
　회복하고 평화를 보장하기 위하여 사용할 수 있는 최후의 수단이어야 한다.
　다시 말해, 전쟁이 선포되기 이전에 갈등과 충돌을 조정할 수 있는 모든 평화적
　노력을 기울여야 한다는 것이다. 셋째, 폭력적 방어수단을 사용하기 위해서는
　참을 수 없는 공격행위가 선행되어야 한다. 이는 방어의 목표는 원상태의 회복에
　있어야지, 결코 적의 제거나 영토의 확장이 전쟁의 목표가 되어서는 안 된다는
　것이다. 그리고 務台理作 지음, 풀빛편집부 옮김, 『현대의 휴머니즘』(풀빛,
　1982/1983), 147~156쪽에서는 현대의 전쟁을 4가지로 구분하고 그 가운데 정의의
　전쟁을 제시하고 있다. 첫째, 국가와 국가의 세력의 확대와 부富의 추구를 목적으로
　싸우는 전쟁이다. 둘째, 상대국 내부에 혁명의 분쟁을 일으켜서 상대국에 간섭하는
　전쟁이다. 셋째, 민족의 해방과 독립을 목적으로 일으킨 민족독립전쟁이다. 넷째,
　진정한 의미에서 자위自衛를 위한 전쟁이다. 여기서 셋째와 넷째 유형은 '정의의
　전쟁'에 포함되고, 둘째 유형은 일반직으로 '정의의 전쟁'에 포함되시 않지만,
　예외적으로 정의의 전쟁에 포함될 수 있다고 한다. 그 예외란 침략 받는 민족이
　둘째 유형을 일으킨 경우를 말한다. 나아가 논평자 이찬훈은 방어전 가운데서
　좀 더 자세한 분류가 필요하다고 지적하였다. 예를 들면, 명백한 침략의 위협이
　있다고 인정되는 경우, 동맹국이 침략을 당한 경우, 인도주의적 입장에서 인권을
　심각하게 유린당하고 있다고 판단되는 다른 나라의 국민들의 해방을 위해 개입하
　는 경우, 분쟁지역의 평화와 재건을 위해 개입하는 경우 등이다. 필자는 논평자의
　지적에 동의하며 그 부분에 대해서는 추후에 보완연구를 시도할 예정이다.

국의 군대가 침입해서 전쟁이 벌어질 경우, 법행(法行: 善行)을 행하는 왕은 어떤 자세로 전쟁에 임해야 할지 말해준다. 우선 외교나 무력(힘)의 과시를 통해서 전쟁을 피할 것을 말하고 있다. 그것은 적군의 군사력이 아군의 군사력과 비교할 때 대등하거나 뛰어나다고 판단이 서면, 적국의 수뇌부에 영향을 줄 수 있는 '인사'를 통해서 화해를 모색하거나 '선물(경제적 지원)'을 통해서 화해를 추구하는 것이다. 그리고 비록 군사력에서는 적국에 비해 열세이더라도 적국이 두려움을 품게 만들어서 전쟁을 피하도록 한다는 것이다(두려움을 품게 만드는 것은 뒤에 소개할 현대의 핵 억지전략과 비슷한 점이 있다). 이 내용에 관한 인용문은 다음과 같다.

만약 반역의 왕을 보았다면 그때 다시 3가지 사유를 해야 한다. 첫째 사유의 내용은 다음과 같다. 저 반역의 왕이 가지고 있는 병사와 말이 아군과 대등한가? 아군보다 뛰어난가? 만약 아군과 대등한 전력인데 (반란군과 아군이) 함께 전투를 벌인다면 (반란군과 아군에게) 모두 손해이고 이익이 없을 것이다. 만약 반란군이 아군보다 (군사력이) 뛰어나면 반란군은 살 것이고 아군은 죽을 것이다. 이렇게 생각하고서 반역의 왕의 친구와 선지식을 찾아가서 (반역의 왕의 친구와 선지식을 통해서) 화해하도록 하여 이 싸움을 종식시켜야 한다. 둘째 사유의 내용은 다음과 같다. 법행法行을 행하는 왕이 저 반역의 왕을 보고 (반란군의 군사력이) 아군의 군사력과 대등하거나 아군의 군사력보다 뛰어나다면 마음속으로 스스로 생각하기를 (반란군과) 싸워서는 안 된다고 하고, 선물을

주어서 전쟁을 종식하는 길을 구한다. 셋째 사유의 내용은 다음과
같다. 반역의 왕을 보았는데, (반역의 왕이) 많은 병사와 권속과
붕당을 거느리고 있고, 코끼리·말·수레·보병의 군사력이 (아군보
다) 뛰어나다면, 비록 법행을 행하는 왕의 군사는 적지만 방편으로
용맹하고 상대하기 어려운 모습을 보여서 저 반역의 왕으로 하여금
경외하는 마음을 품도록 한다.[68]

그 다음으로 외교 전략과 무력과시를 통해서 전쟁을 피하려는 것이
통하지 않으면 전쟁을 하지 않을 수 없다. 이때에는 전쟁에 참여하는
왕은 3가지 마음자세를 유지해야 한다. 첫째, 반역의 왕은 자비의
마음이 없어서 많은 사람이 죽도록 할 것이지만, 법행法行을 행하는
왕은 살생이 벌어지지 않도록 하기 위해 전쟁에 참여한다는 것이다.
둘째, 방편으로 반역의 왕을 사로잡아서 병사들이 직접 전쟁에 참여하
지 않는 방법을 강구한다는 것이다. 셋째, 적군을 포로로 잡고 죽이지
않는 것이다. 이는 어쩔 수 없이 전쟁에 임한다 해도 살생을 최대한
적게 하려는 자세를 유지하라는 것이다. 이 내용에 관한 인용문은
다음과 같다.

---

68 『대살차니건자소설경大薩遮尼乾子所說經』(『대정장』 9권, 337下), "若見逆王, 爾時
復作三種思惟. 一者思惟, 此反逆王所有兵馬, 爲與我等, 爲當勝我? 若與我等,
共鬪戰者, 俱損無益; 若其勝我, 彼活我死, 如是念已, 應覓逆王所有親友及善知識,
當令和解滅此鬪爭. 二者 行法行王, 見彼逆王, 與己平等 及勝其力者, 心自思惟,
不應與戰, 當與其物, 求滅鬪爭. 三者 若見逆王, 多有士衆眷屬朋黨, 像馬車步兵力
勝, 行法行王, 士衆雖少, 能以方便現大勇健難敵之相, 令彼逆王, 生敬畏."

이와 같은 3가지 일(친우, 선물, 경외심)로도 저 싸우는 일을 없앨 수 없다면, 법행을 행하는 왕은 그때 다시 3가지 사유를 일으켜서 진영에 들어가 전쟁에 임한다. 첫째 사유의 내용은 다음과 같다. 이 반역의 왕이 자비의 마음이 없어서 스스로도 중생을 죽이고 다른 사람이 (중생을) 죽이는 것도 막지 못할 것이니, 나는 지금 이와 같은 살생이 벌어지지 않도록 해야겠다는 것이다. 둘째 사유의 내용은 다음과 같다. 방편으로 반역의 왕을 항복시키고 병사와 말 등이 전투에 참여하지 않도록 한다. 셋째 사유의 내용은 다음과 같다. 방편으로 (적군을) 포로로 잡을 것이고 살해하지 않는 것이다.[69]

위에서 말한 3가지 자비심의 자세로 전쟁에 참여해서 승리하기 위해 최고의 전술을 구사한다. 그것은 군사를 상·중·하로 구분하고, 상품上品을 다시 상·중·하로 구분한 다음에 제1줄에는 상품의 '중'과 '하'의 군사를 배치하고, 제2줄에는 중품中品의 군사를 배치하고, 상품의 상上의 군사는 제1줄과 제2줄에 분산해서 배치하는 것이다. 이는 보병의 무리가 전쟁에 두려운 마음을 갖지 않고 용감히 전쟁에 참여하기 위한 방안이다. 이 방안은 인도의 과거의 전쟁기술에 기초한 것이지만, 그 의미만을 취한다면, 현대의 전쟁에서도 이길 수 있는 최선의 전술을 구사해야 한다는 것으로 이해할 수 있다. 이 내용에 관한 인용문은

---

69 『대살차니건자소설경』(『대정장』 9권, 337下), "如此三事, 不能滅彼鬪爭事者, 行法行王, 爾時復起三種思惟, 入陣鬪戰. 何等三種? 一者思惟, 此叛逆王, 無慈悲心, 自殺衆生, 餘人殺者, 亦不遮護, 我今不令, 如此相殺, 此是初心護諸衆生. 二者思惟, 當以方便降伏逆王, 士馬兵衆, 不與鬪戰. 三者思惟, 當以方便活繫縛取, 不作殺害."

다음과 같다.

> 이 3가지 자비심을 일으킨 다음에 4종류의 병사의 무리를 장엄하고
> (병사에 맞추어서) 장교와 말을 분산하여 배치하고 구령을 외쳐
> 부르게 하고 (병사를) 3등급으로 구분한다. 상품에 속하는 병사를
> 다시 상上, 중中, 하下로 구분한다. 그리고 상품에서 용맹하기로
> 중中과 하下에 속하는 병사를 앞(1줄)에 배치한다. 그 다음으로
> 중품의 건강한 병사를 (2줄에) 배치한다. 그리고 나서 가장 건강한
> 상품의 병사를 제1줄과 제2줄에 분산해서 배치한다. 그리하여 (이들
> 로 하여금) 보병의 무리를 보호하게 해서 (보병의 무리가) 두려워하
> 는 마음을 내지 않도록 한다. 법행을 행하는 왕은 군사의 진 가운데
> 있을 때는 가장 뛰어난 코끼리·말·수레·보병의 용맹스런 무리와
> 함께 한다.[70]

위의 내용은 외국의 군대가 침입해 왔을 때에 외교나 무력의 과시를
통해서 전쟁을 피하고, 어쩔 수 없이 전쟁을 해야 할 경우라면 자비의
마음으로 전쟁에 임하고, 최고의 전술을 구사하라는 말이다. 이는
큰 틀에서 보면, 분쟁을 조정하고 전쟁에 임할 때 지혜에 기초한 방편을
활용할 필요가 있다는 것으로 요약된다. 이처럼 방편을 주장하는 것은

---

70 『대살차니건자소설경』(『대정장』9권, 337下~338上), "生此三種慈悲心已, 然後莊
嚴四種兵衆, 分布士馬, 唱說號令, 簡選兵衆, 分作三品. 於上品中, 有上中下, 以上
品中下勇猛者, 列在於前; 次列第二中品健者, 次列上品最健兵馬, 分在兩廂, 令護
步衆, 不生畏心. 行法行王, 處在軍中, 與最上品像馬車步猛健衆俱."

불교가 가지는 가치관의 주요한 특징이다. 그리고 위에 소개한 방편의
관점(적군이 두려움을 품게 하는 것)을 오늘날의 핵전쟁의 문제에 적용하
면, 핵 억지전략(경우에 따라서는 또 다른 핵전쟁 방지책)도 수용할 수
있다고 본다.[71] 그 내용을 자세히 알아보자.

1945년에 일본의 히로시마와 나가사키 두 도시에 떨어졌던 최초의

---

71 정천구 논문의 내용은 핵 억지전략을 제한적으로 인정하는 것이다. 정천구,
「붓다의 가르침과 세계평화」, 『붓다와 현대정치』, 232~233쪽: 현재의 핵무장
대치상황에서 핵 억지력이 핵전쟁을 방지하고 있는 한, 그 존재이유를 일단
용인할 수 있으나, 그것이 보복의 논리에 의존하고 있는 한, 올바른 도리에
근거한 것이 아니다. 핵문제의 근본적 해결을 위해서는 핵전쟁 발발의 원인이
될 수 있는 국가 간의 정치적 분쟁을 해결하는 데 최선의 노력을 기울여야
하며, 그러기 위해서는 인간의 탐욕심을 보시의 마음으로, 증오심을 자비심으로,
교만심을 지혜의 마음으로 바꾸는 노력이 선행되어야 한다. 그에 비해, 월폴라
라훌라의 주장은 핵 억지전략에 대해서 비판적이다. 월폴라 라훌라, 『불타의
가르침』, 『현대사회와 불교』, 100쪽: 세력균형을 통해서 또는 핵무기의 보복력의
위험을 통해서 평화를 유지하려고 하는 것은 어리석은 짓이다. 무기가 공포를
조성할 수는 있어도 평화를 가져올 수는 없다. 공포를 통해서 진정하고 지속적인
평화가 확보될 수는 없다. 공포를 통해서 증오·악의·적대감 등은 당분간 억압할
수 있을지 모르지만 언제라도 그것이 폭발하여 폭력을 초래하게 될지 모른다.
진정하고 참된 평화는 공포·의혹·위험이 없는 자비로운 분위기 속에서만 널리
행해질 수 있다. 그리고 이진우, 『도덕의 담론』, 221~223쪽에서는 위의 두 주장을
모두 비판한다. 인류의 생존을 위협하는 핵무기가 엄연히 존재하는 상황에서
인간의 폭력성과 전쟁가능성을 배제하는 절대적 평화주의는 진정한 평화의 정치
를 불가능하게 만든다. 반대로 핵방위전략도 인간이 본래 가지고 있는 비합리적
성격에 의해 좌초할 것이다. 이진우에 따르면, 핵무기를 통해 인류의 생존이
위험에 처해 있다는 인식을 할 때에, 비로소 우리는 도덕적 담론을 시작할 수
있는데, 그것은 인간이 가지고 있는 파괴적 본성을 억제할 수 있는 공동문화를
발전시킬 수 있다고 한다.

원자폭탄은 TNT 2만 톤에 해당하는 위력을 가진 것이었으며, 1961년에 소련이 폭탄실험을 했던 수소폭탄은 제2차 세계대전에 사용했던 모든 무기의 위력을 합친 것보다 더 많은 58메가톤(TNT 5천8백만 톤)의 위력을 가진 것이었다. 동서 냉전이 한참 진행되던 때에 미국과 소련 등의 핵보유국이 가진 핵탄두는 모두 2만여 개였는데, 이는 당시 세계인구 40억여 명 개개인에게 1인당 TNT 20톤의 폭발력을 배당할 수 있는 분량이다. 당시 미국무성 통계에 의하면, 미국과 소련 간에 핵전쟁이 일어나면 미국인 1억 5천만 명, 소련인 1억 명 정도가 사망할 것으로 추산하였다. 게다가 핵전쟁에서 살아남은 사람이 있다고 하더라도 방사능낙진으로 인한 지구의 전면적 오염이 벌어질 것이고, 결국 인류는 물론이고 지구의 생태계가 종말을 맞이할 것이라고 예상하였다.

그러면 인류는 핵의 위협에서 어떻게 벗어날 수 있는가? 핵무기의 전면적 폐기가 가장 상식적인 대안이지만, 이는 현실적으로 거의 가능성이 없는 것이다. 핵보유국들이 핵무기의 전면적 철폐를 합의할 만큼 서로 신뢰하고 존중할 수 있다면 핵무기는 존재하더라도 위협이 될 수 없을 것이다. 사실 핵보유국들이 합의를 이끌어낼 수 없기 때문에 핵무기를 보유하고 있는 것이다. 그렇다고 해서 핵무기 보유국의 어느 한편이 일방적으로 핵무기를 획기적으로 감축하는 방식은 가능하지도 않을 뿐더러 거기에는 위험한 측면도 있다. 왜냐하면 현재의 대치상황에서 어느 한 나라의 일방적인 핵무기 감축은 힘의 균형을 파괴하게 되고, 그러면 오히려 전쟁의 위험이 더 늘어나거나 상대방에게 일방적 굴복을 강요하는 상황으로 전개될 가능성이 있기 때문이다.

제2차 세계대전 이후 세계의 여러 곳에서 국지전은 많이 일어났지만 강대국의 대립이 다른 세계대전으로 이어지지 않고 기묘한 평화를 유지하였다. 이러한 평화는 핵무기에 의한 균형에 힘입은 바 큰 것이다. 현대세계에서 핵무기가 제기하는 근본적인 딜레마는 인류가 핵무기의 위협에서 벗어나려고 하면서도 동시에 핵무기의 위협이 있기 때문에 불완전한 평화를 유지한다는 점이다.

이러한 핵무기의 딜레마에서 벗어나기 위해 서방의 핵무기 전략가가 채택한 것이 핵 억지전략(nuclear deterrence)이다. '핵 억지전략'은 잠재적인 침략자가 자신의 공격행위로 인해서 핵무기 보복을 가져올 것이므로 그 전쟁의 결과 손실이 이익보다 훨씬 많다는 것을 인식시켜서 공격을 자제하도록 하는 것이다. 그러나 미국의 '핵 억지전략'은 핵전쟁의 방지에는 성공했지만 핵무기의 위협을 줄이지는 못했고, 핵무기의 군비경쟁을 방지하지도 못하였다.

'핵 억지전략'의 단점을 다른 방식으로 극복하고자 하는 것이 '별들의 전쟁'이라고 불리는 미국의 전략방위구상(SDI: Strategic Defence Initiative)이다. SDI는 오늘날 미사일 방어망(MD: Missile Defence)으로 발전했는데, 이는 적이 발사한 핵미사일이 자국의 영공에 도달하기 전에 레이저 광선무기와 입자粒子무기 등 초정밀 무기를 지구궤도의 전투정거장 등에서 발사하여 무력화시킨다는 것이다.[72]

---

72 정천구, 「붓다의 가르침과 세계평화」, 『붓다와 현대정치』, 221~228쪽.

4. 적극적 평화에 대한 불교의 입장

적극적 평화는 '구조적 폭력'과 '문화적 폭력'이 없는 것이다. 여기서는 두 단락으로 나누어서, 첫째, '구조적 폭력'에 대한 불교의 관점을 알아보고, 둘째, '문화적 폭력'에 대한 불교의 관점을 검토하고자 한다.

1) 구조적 폭력에 대한 불교의 입장

앞에서 소개한 대로, '구조적 폭력'은 사회구조의 결함으로 인해서 생긴 것이고, 그 대표적인 것으로 착취를 들 수 있다. 이러한 구조적 폭력에 대한 인식이 불교 쪽에서 철저하지 못하다는 주장이 있지만,[73] 불교경전에서 4성계급의 평등을 주장하고 있으므로 착취에 대해 반대하고 있음을 알 수 있고, 그리고 『구라단두경』과 『전륜성왕수행경』에서 구조적 폭력을 인식하고 있었다는 약간의 단서를 발견할 수 있다.

초기불교에서는 브라만, 크샤트리아(왕족), 바이샤(평민), 수드라(노예)로 구분되는 4성계급을 반대하고 4성계급의 평등을 주장하였다. 이는 『장아함경』에 속해 있는 『소연경小緣經』, 그리고 『숫타니파타』와 『증일아함경增一阿含經』 21권에서 확인된다. 그래서 초기불교교단에서는 출신계급이나 직업을 따지지 않고 출가한 뒤의 연륜年輪이나

---

73 심재룡, 「불교의 평화사상」, 『현대사회와 평화』(서광사, 1991), 170쪽: 구조적 폭력에 대해서 불교는 철저하지 않다. 개인의 직접적인 도둑질에 대한 경고와 규제는 철저한 반면에 '가진 자'와 '못 가진 자' 사이의 구조적 착취의 과정에 대해서 불교가 제대로 눈을 떴는지 의심스럽다; 이케다 다이사쿠·요한 갈퉁 대담집, 손대준 옮김, 『평화를 위한 선택』(신영미디어, 1997), 170쪽: (불교의 단점의 하나로서) 경제정책에서 구조적 폭력을 묵인하기 쉽다.

수행결과에 의해서 교단에서 새로운 서열이 정해진다(그렇지만 초기불교교단의 평등이념에는 한계가 있어서 초기불교의 가르침에 주로 동의한 쪽은 상층계급이다). 이 점에서 불교에서 구조적 폭력을 인식하고 있었고, 4성계급이라고 불리는 인도의 착취현상에 대해 시정하려고 노력하였음을 알 수 있다(물론 이러한 시도에 한계점이 있었다). 이러한 평등의 정신이 시간이 흐름에 따라 어느 정도 약화된 것은 사실이지만, 평등의 이념은 한국불교에서도 발견된다.[74]

그리고 『구라단두경』과 『전륜성왕수행경』에서도 구조적 폭력에 대해 간접적으로 언급하고 있다. 『장아함경』의 『구라단두경究羅檀頭經』은 석가모니와 구라단두 브라만이 대화하는 내용으로 이루어져 있고, 마침내 구라단두 브라만이 석가모니의 제자가 되었다는 내용이다. 그 대화의 내용 가운데 먼 과거의 왕王에 관한 이야기가 나오는데, 그 가운데 백성의 악한 마음을 없애고 잘못된 행동을 없애기 위해서는 물질적 조건을 갖추어 주어야 한다는 취지의 내용이 있다. 그 내용을 소개하면 다음과 같다.

다만 모든 백성과 중생이 대개 악한 마음을 품고 모든 비법非法을 익히고 있습니다. 만약 이때에 제사를 지낸다면, 제사의 목적을 이룰 수 없을 것입니다. 마치 도적을 보내어 도적을 쫓는 격이어서 사신의 임무를 완수하지 못하는 것과 같습니다. 대왕이시여! 이렇게 생각해서 다음과 같이 말하지 마십시오. "이 사람들은 나의 백성이

---

74 이병욱, 「불교사회사상의 현재적 의미」, 『한국교수불자연합학회지』 15권 제2호 (한국교수불자연학학회, 2009), 261~268쪽. 이 논문은 이 책의 1장에 실려 있다.

3장 불교의 평화관 133

다. 그러므로 (내가 이 사람들을) 죽일 수도 있고 꾸짖을 수도
있고 머무르게 할 수도 있다." 왕의 뜻을 따르는 자에게는 그들이
필요로 하는 것을 주어야 하며, 생산에 종사하는 사람에게는 재보財
寶를 주어야 하며, 농업에 종사하는 사람에게는 '소'와 '종자'를 주어
야 합니다. 그리하여 그들로 하여금 각각 스스로 살아가게 합니다.
왕이 백성을 핍박하지 않으면 백성은 편안히 지내고 자녀를 기르면
서 서로 즐거워할 것입니다.[75]

그리고 『장아함경』의 『전륜성왕수행경』에서는 전륜성왕이 되기 위
해서 어떻게 수행할 것인지 말하고, 왕이 되어서 그 의무를 다하지
못하면 사람의 수명이 단축되는데 그것이 4만 세에서 10세까지 줄어든
다고 한다. 이때 사람은 아주 극악한 일을 능히 저지른다. 그러다가
도병겁(刀兵劫: 칼로 사람을 죽이는 일)이 일어나서 사람들이 서서히
자신의 악행을 반성하기 시작한다. 그리하여 사람들이 선행을 닦으면
서 수명이 점점 늘어나서 8만 세로 늘어난다는 것이다.

이러한 신화적 이야기 속에서 도적질을 형벌로 처벌하면서부터 사람
들이 서로 해치고, 그로부터 가난이 생겨나서 도적질, 무기를 사용하는
일, 살해하는 일 등이 생겨난다는 설명이 있다. 이는 가난이 원인이
되어서 여러 도적질과 폭력과 살해하는 일 등이 생긴다는 점을 신화의

---

75 『장아함경』, 『구라단두경』(『대정장』 1권, 98下), "但諸民物, 多懷惡心, 習諸非法.
若於此時而爲祀者, 不成祀法, 如遣盜逐盜, 則不成使. 大王勿作是念, 言此是我
民, 能伐能殺, 能呵能止. 諸近王者, 當給其所須; 諸治生者, 當給其財寶; 諸修田業
者, 當給其牛犢種子, 使彼各各自營. 王不逼迫於民, 則民人安隱, 養育子孫, 共相
娛樂."

형태로 암시하는 것이라고 해석할 수 있다. 그 자세한 내용은 다음과
같다.

저 도적이 왕에게 잡히게 되어서 (왕이) 거리에 명령을 내려 들판에
서 (도적에게) 형벌을 내린다는 것을 나라사람이 모두 알았다.
당시의 사람이 우리도 도적이 된다면 또한 이렇게 되어서(형벌을
받아서) 저 도둑과 다름이 없게 될 것이라고 생각을 전개하였다.
이에 나라사람이 스스로를 보호하기 위해서 무기와 칼과 활과 화살
을 마침내 만들어서 번갈아서 서로를 해치고 위협하고 약탈하였다.
이 왕(전륜성왕으로서 의무를 소홀히 한 왕) 이후에 비로소 빈궁貧窮이
존재하게 되었고, 빈궁이 있은 다음에 도적이 존재하게 되었으며,
도적이 있은 다음에 비로소 무기가 있게 되었고, 무기가 있은 다음에
살해가 있게 되었다. 살해가 있고 나서 (사람의) 안색이 초췌해지고
(사람의) 수명이 짧아졌다.[76]

---

76 『장아함경』, 『전륜성왕수행경』(『대정장』 1권, 40下), "國人盡知 彼爲賊者, 王所收
繫, 令於街巷, 刑之曠野. 時人展轉 我等設爲賊者, 亦當如是, 如彼無異. 於是國人,
爲自防護, 遂造兵仗刀劍弓矢, 迭相殘害, 攻劫掠奪. 自此王來, 始有貧窮; 有貧窮
已, 始有劫盜; 有劫盜已, 始有兵仗; 有兵仗已, 始有殺害; 有殺害已, 則顏色顦顇,
壽命短促."
월폴라 라홀라, 『불타의 가르침』, 『현대사회와 불교』, 93~94쪽: 『장아함경』의
『전륜왕사자후경(전륜성왕수행경)』에서는 가난이 도둑질, 폭력, 증오, 잔인 등과
같은 부도덕과 범죄의 원인이 된다고 분명히 말하고 있다. 『장아함경』의 『구라단
두경究羅檀頭經』에서는 형벌을 통해서 범죄를 없애겠다는 것이 소용없는 일임을
말하고 있다. 범죄를 없애려면 경제적 여건이 개선되어야 한다고 제시하고 있다.
다시 말하자면, 곡식과 농사를 지을 설비가 농부와 경작자들에게 공급되어야

위의 내용을 종합하면, 불교경전에서 구조적 폭력에 대해 철저한 인식을 하지 못했다는 주장은 일면적인 것이고, 초기불교경전에서는 적극적으로 4성계급의 평등을 주장해서 4성계급으로 인한 착취현상을 반대하였고, 또한 『장아함경』에 속하는 두 경전, 곧 『구라단두경』과 『전륜성왕수행경』에서 구조적 폭력을 적극적으로 설명한 것은 아니지만, 구조적 폭력을 어느 정도 인식하고 있다는 단서를 확인할 수 있다.

2) 문화적 폭력에 대한 불교의 입장

요한 갈퉁에 따르면, '문화적 폭력'은 '직접적 폭력'과 '구조적 폭력'을 정당화하는 데 이용될 수 있는 것이다. '문화적 폭력'은 '직접적 폭력'과 '구조적 폭력'을 올바른 것으로 보거나 적어도 잘못된 것은 아닌 것으로 보게 만드는 것이다. 이 '문화적 폭력'은 종교, 이데올로기, 언어, 예술, 과학 등의 분야에서 나타난다. 이 항목에서는 불교사상을 통해서 '문화적 폭력'을 정당화할 수 있는 이데올로기를 어떻게 넘어설 수 있는지 알아보고, 나아가 한반도에서 '문화적 폭력'을 넘어서기 위해서 한국의 문화가 어떻게 바뀌어야 하고, 한국의 문화가 바뀌는 데에 불교사상이 어떤 역할을 할 수 있는지 그 가능성을 검토하고자 한다.

하고, 무역업자나 사업을 하는 사람들에게 자본이 제공되어야 하며, 고용원이나 노동자에게 적절한 임금이 지급되어야 한다. 이렇게 충분한 소득을 벌어들일 기회가 부여되면, 국민은 만족해하고 두려움이나 걱정이 없게 되고 따라서 나라는 평화롭고 범죄가 없게 된다. (월폴라 라훌라의 주장이 틀린 것은 아니지만, 『전륜왕사자후경』과 『구라단두경』에서 말하고자 하는 핵심은 다른 내용이고, 구조적 폭력과 관련된 주장은 주변적이라는 것을 명확히 지적하지는 않았다.)

(1) 이데올로기에 관한 불교의 입장

하와이 대학 럼멜(R. J. Rummel) 교수에 의하면 20세기 100년 동안
제1차 세계대전과 제2차 세계대전 등의 전쟁에 의해서 죽은 사람은
3천5백만여 명인데, 같은 기간에 주로 이념적 이유로 인하여 자국의
정부에 의해서 희생된 사람은 1억 7천만여 명이라고 한다. 여기에는
이념적 이유에서 희생된 사람이 제일 많고, 그 다음이 소수민족을
학살한 것이다. 따라서 전쟁보다 폭정에 의해 희생된 사람이 훨씬
많다.

그리고 이데올로기라는 말을 처음 쓴 사람은 트라시(Destutt de Tracy)
라고 알려져 있는데, 그는 이데올로기를 사회에 대한 '이념들의 과학'이
라고 정의하였다. 그 이후 마르크스(Karl Heinrich Marx),[77] 만하임(Karl
Mannheim),[78] 왓킨스(Frederick M. Watkins),[79] 사전트(L. T. Sargent)에

---

[77] 마르크스에 따르면, 이데올로기는 경제적 토대의 반영으로서 계급의 소유관계를
   옹호하는 관념이자 사상이라고 한다. 그렇지만 마르크스는 이데올로기가 경제적
   토대의 수동적 반영만은 아니라고도 한다. 예를 들면, 철학은 경제관계에서 직접
   창조된 반영물反映物이 아니며, 철학에 대한 경제의 규제도 간접적으로 이루어진
   다고 한다. (신일철, 「이데올로기 개념의 문제」, 『현대철학사상의 새흐름』, 집문
   당, 1987/1988, 235~236쪽)

[78] 만하임은 지식사회학을 주장하였는데, 이는 자기의 사상마저도 비판의 대상이
   되고 그 이데올로기적 성격을 인정하는 것이다. 그래서 모든 관념이나 사상의
   '존재구속성'을 밝히려는 것이다. 여기서 '존재구속성'이란 관념이나 사상은 외적
   인 조건에 의해서 제약을 받는다는 것이다. 만하임은 사상의 '존재구속성'을
   인정하면서도 그 진리성을 판정할 수 있다고 하는데, 그러한 역할을 할 수 있는
   사람이 '지식인'이라고 한다. (신일철, 「이데올로기 개념의 문제」, 『현대철학사상
   의 새흐름』, 238~241쪽)

[79] 왓킨스는 근대 이데올로기의 3가지 특징을 제시한다. 첫째, 근대 이데올로기가

이르기까지 이데올로기에 대한 정의는 다양하다. 여기서는 이데올로기가 '역사적으로 또는 사회적으로 또는 계급적으로 제약된 이념들과 이론들의 체계'를 의미한다고 받아들이고, 그 위에 바라다트(Leon Baradat)가 이데올로기에 대해 제시한 내용, 곧 다음의 5가지 의미를 추가하고자 한다.

첫째, 이데올로기는 기본적으로 정치적 용어이고(그렇지 않은 경우도 있지만), 역사적으로 정치적 관점에서 사용되어왔다. 둘째, 모든 이데올로기는 현재에 관한 견해와 미래에 관한 전망으로 구성되어 있으며, 원하는 미래가 이 세상에서 성취되리라는 희망을 제공한다. 셋째, 이데올로기는 더 나은 미래의 비전을 제시하는 데 그치는 것이 아니고 그러한 목표를 도달하기 위한 구체적 행동지침을 제공한다. 넷째, 이데올로기는 대중을 겨냥한 것이다. 히틀러 등의 이데올로기의 대가들이 지닌 공통된 특징은 대중에게 직접 호소하고 대중을 동원하는 데 관심을 두었다. 다섯째, 이데올로기는 대중적 성격 때문에 평범한 일반인이 쉽게 인식할 수 있도록 간단하고 평이한 용어로 표현되며, 대중의 동기를 이끌어내기 위해 선동적인 방법이 사용된다.[80]

지향하는 목표는 전형적으로 유토피아적이다. 둘째, '우리와 그들', '적과 동지'의 이분법을 도입한 점이다. 셋째, 인간의 진보에 대한 낙관주의이며, 이성에 의한 무한한 진보의 신념이다. (신일철, 「이데올로기 개념의 문제」, 『현대철학사상의 새흐름』, 226~227쪽)

80 정천구, 「불교와 이데올로기」, 『붓다와 현대정치』, 150~154쪽. 그리고 정천구는 이 논문에서 불교는 종교와 이데올로기가 담당하고 있는 목표설정과 합의형성촉진이라는 기능을 수행하면서도 갈등과 투쟁을 조장하는 역기능을 하지 않았다고 지적한다. 그리고 나서 '종말론과 미래상의 제시', '현실세계의 분석', '인간고苦에

그런데 불교의 공空사상은 이러한 이데올로기의 그물에서 벗어나는 기능을 한다. 공사상은 그 어떤 것에도 집착하지 않는다는 것이다. 이는 "어떤 것에도 집착함 없이 마음을 일으켜라"라고 말하는 『금강경』에서도 확인할 수 있다.

> "수보리여! 어떻게 생각하는가? 보살이 불국토를 장엄하는가?" "아닙니다. 세존이시여! 무슨 까닭인가 하면, 불국토를 장엄한다는 것은 장엄莊嚴이 아니니 이것을 장엄莊嚴이라고 이름하기 때문입니다." "그러므로 수보리여! 모든 보살마하살이 이와 같이 청정한 마음을 내야 할 것이다. 곧 빛깔(色)에 집착해서 마음을 일으키지 말고, 소리·향기·맛·촉각·법(法: 관념의 대상)에 집착해서 마음을 일으키지 말라. 다만 집착하는 바 없이 마음을 일으켜라."[81]

만약 그 어떤 것에도 집착하지 말라고 한다면, 그 집착하지 말라는

대한 처방'이라는 측면에서 불교와 이데올로기를 비교한다. 그리고 박경준, 『불교 사회경제사상』(동국대출판부, 2010), 275~289쪽: 무명無明이 범부중생의 근원적인 허위의식이라고 보고, 불교에서는 모든 도그마(dogma, 信條)를 배격하고 있다. 이처럼 불교는 반反이데올로기적 사상이다. 그렇지만 이데올로기의 도움이 없이는 한 사회의 통합이나 단결이 어려워지므로, 불교의 관점에 부합하는 최선 또는 차선의 이데올로기를 모색한다. 그래서 불교를 군이 이데올로기로 표현하자면, '동기론적 자유주의'이고, '결과론적 사회주의'라고 할 수 있다.

81 『金剛般若波羅蜜經(金剛經)』(『대정장』 8권, 749下) "須菩提, 於意云何? 菩薩莊嚴佛土不? 不也! 世尊. 何以故? 莊嚴佛土者, 卽非莊嚴, 是名莊嚴. 是故 須菩提, 諸菩薩摩訶薩, 應如是生淸淨心, 不應住色生心, 不應住聲香味觸法生心. 應無所住 而生其心."

가르침(불교)에 대해서는 어떤 입장을 취해야 할 것인가? 집착하지 말라는 가르침은 너무도 숭고한 것이기 때문에 그것을 마음속에 고이 간직해야 할 것인가? 이에 대해 불교에서는 집착하지 말라는 가르침에도 집착하지 말라고 가르친다. 그래서 공空도 공空하다고 주장한다. 따라서 이런 관점에서 볼 때, 불교에서는 자신의 이데올로기를 포함해서 그 어떤 이데올로기에도 집착하지 않는 개방성을 추구한다. 불교에서는 '불교'라는 이데올로기를 포함해서 그 어떤 것에도 집착하지 않을 때 진리의 눈을 얻을 수 있다고 주장한다.

불교에는 이런 가르침이 있었기에 '불교'라는 이름에 구애되지 않고 비교적 유연하게 불교를 전할 수 있는 전통이 이어졌고, 견해와 신념을 달리하는 사람과 비교적 덜 마찰을 일으키고 화해하고 포용할 수 있었다고 생각한다. 자기 자신은 누구보다도 불교이념을 열렬히 신봉하지만 동시에 그런 열렬한 신봉자가 '불교'라는 이름에 구애되지 않을 때 생기는 유연함과 관용은 상상하기 어려운 것이다. 적어도 이런 개방적 자세는 불교를 공부하는 엘리트층에서는 통용되고 계승된 것이라고 볼 수 있다.

이러한 주장은 대승불교에서 제시된 것이지만 초기불교에도 이미 그 싹은 있었다. 그 내용을 요약하면 다음과 같다. 어떤 사람이 바다를 건너서 평화의 땅으로 가려고 하였다. 그래서 뗏목을 만들어서 바다를 건넜다. 그리고 나서 '내가 바다를 건넌 것은 순전히 뗏목의 은혜이다. 따라서 이 뗏목을 짊어지고 가야겠다'라고 생각한다면 이는 어리석은 사람이고, '뗏목 때문에 무사히 바다를 건널 수 있었으니, 이 뗏목은 다른 사람이 이용할 수 있도록 물에 띄워 놓고 내 갈 길을 가야겠다'라고 생각하는 사람은 현명한 사람이다. 이와 같이 불타의 가르침을 배워서 그 뜻을 알면 거기에도 집착해서는 안 된다. 진리인 불타의 가르침에도 집착해서는 안 되는데 하물며 진리가 아닌 가르침에 집착하겠는가![82]
　이런 개방적 자세는 중국의 선종에서 가장 잘 나타난다. 중국 선종의 대표적 어록의 하나인 『임제록』에서는 "비록 금가루가 귀하지만 눈에 들어가면 병이 된다"라고 한다.[83] 이는 불타의 가르침이 비록 진리여서 금가루같이 귀한 것이지만, 만약 집착한다면 금가루가 눈에 들어가는 것과 같아서 그때는 병이 된다는 것이다. 그리고 불교의 공사상은 『임제록』의 다음 표현에서 가장 잘 나타난다.

　도를 닦는 이들이여! 그대들이 법(진리)다운 견해를 얻고자 한다면, 다만 사람에게 속지 말라. 그러므로 안에서나 밖에서나 집착의 대상으로 보이는 것은 모조리 즉시 죽여야 한다. 부처를 만나면 부처를 죽이고, 조사를 만나면 조사를 죽이며, 나한을 만나면 나한을 죽이고, 부모를 만나면 부모를 죽이며, 친척권속을 만나면 친척권속 을 죽여야 비로소 해탈하여 사물에 구속되지 않고 자재할 수 있게 된다.[84]

---

82 『남전南傳』, 『중부中部』, 제22 『사유경蛇喩經』, 247~248쪽; 『불교성전』(동국역경 원, 1972/1983), 121~123쪽.

83 이진오·김태완 역주, 『임제 100할』(장경각, 2004), 73쪽: "侍云 金屑雖貴 落眼成翳 又作麼生?"

84 이진오·김태완 역주, 『임제 100할』, 162쪽: "道流! 你欲得如法見解, 但莫受人惑. 向裏向外, 逢著便殺. 逢佛殺佛, 逢祖殺祖, 逢羅漢殺羅漢, 逢父母殺父母, 逢親眷 殺親眷, 始得解脫, 不與物拘, 透脫自在."(번역은 일부 수정하였음)

위 인용문의 내용처럼 집착의 대상이 된다면, 부처를 만나면 부처를
죽이고 조사를 만나면 조사도 죽여야 한다. 물론 이는 상징적 표현일
것이다. 실제로 죽인다는 것이 아니고 그만큼 집착하지 않는다는 것을
상징적으로 나타낸 것에 지나지 않는다. 그리고 그것이 바로 어떤
것에도 집착하지 말라는 불교의 가르침에 가까이 다가가는 길이다.
이런 입장에서 어떤 이데올로기에도 집착하지 않는 유연함과 개방성이
열리고, 관용의 자세를 취할 수 있게 된다.[85]

(2) 한국의 사회문화적 재구성에 대한 불교의 입장: 평화실현을 위한 관점에서

요한 갈퉁이 말하고 있는 문화적 폭력을 없애기 위해서 한국에서는

---

85 박영신, 「즐거운 유배자, 지성인의 삶」,『우리사회의 성찰적 인식』(현상과 인식,
　　1995)에서 『오리엔탈리즘』의 저자 에드워드 사이드(Edward W. Said)를 통해서
　　말하고자 하는 지성인의 삶도 문화적 폭력(이데올로기)과 관련 지어 이해할
　　수 있다: 지성인은 경직된 도그마와 정통과 논리를 생산하고 지키는 역할을
　　수행하는 것이 아니라 오히려 이것들에 맞부딪치고 도전한다. 지성의 삶을 사는
　　사람은 사이드가 말하는 유배의 삶을 살 수밖에 없다. 유배된 사람은 추방당한
　　과거의 땅과 오늘에 던져진 현재의 땅을 병존시켜, 어느 한쪽에서 보지 않고
　　두 곳을 함께 바라다볼 수 있는 사람이다. 그러한 점에서 지성의 사람은 '더
　　나은, 아마도 더욱 보편적인' 시각을 획득하게 된다. 그러기에 사이드는 팔레스티
　　나 해방기구의 미국 대변인격임에도 근본주의적인 아랍 민족주의를 수용하지
　　않았다. 이러한 변방의 지성인 사이드는 그 어느 문화나 사회도 영원히 정착하고픈
　　고향으로 삼을 수 없으며, 또 삼고자 하지도 않는다. 그 같은 행위가 지식의
　　이익에 대한 집착에서 해방된 지성의 참 자유요 자유로움이다. (변방의 지성인
　　사이드가 주장하려는 것과 불교에서 공사상을 통해서 불교를 포함한 모든 이데올
　　로기를 넘어서고자 하는 점에 공통점이 있다. 필자는 그 공통점이 바로 참된
　　지성을 이루는 하나의 요소라고 생각한다.)

어떤 사회문화적 조건을 만들어 내야 하는가? 일반적으로 보자면, 그 사회의 구조적 문제가 사회문화적 특징을 형성시키고, 이것이 그 사회의 개개인의 마음에 각인되어 다시 구조적 문제를 일으킨다. 이러한 악순환을 끊기 위해서는 총체적 인식이 필요하고, 이를 바탕으로 해서 제도개선, 문화형성, 의식개혁이 동시에 이루어져야 한다. 이러한 관점에서 한반도에서 평화가 실현되기 위해서는 어떠한 사회문화가 필요한지 강순원의 논문을 통해 알아보고, 아울러 그러한 문화형성에 불교사상이 어떤 역할을 할 수 있는지 검토하고자 한다.

첫째, '종속적 사대문화'에서 '상호의존적 지구촌 문화'로 바뀌어야 한다. 식민지를 경험한 한국인은 지배국가의 문화는 세계 보편적 문화로 보았고, 자국의 문화를 포함한 제3세계의 문화는 보잘것없는 것으로 바라보았다. 이러한 사대적 경향은 경제발전과 더불어 더욱 심화되었다. 1990년대에 들어서서 한국에 널리 퍼져 있던 미국 중심적 사고가 다소 변하여서 지금은 세계를 다원적 관점에서 보는 경향도 서서히 일어나고 있다. 그렇지만 한국사회에서는 아직도 다원적 관점이 부족하다고 할 수 있다. 그래서 미국 중심적 문화에서 상호의존적 세계문화로 전환해서 문화적 다양성을 인정하고 그 속에서 한국의 문화를 성숙시킬 필요가 있다.

둘째, '전쟁 의존적 반공이데올로기'에서 '평화 지향적 관용의 문화'로 변해야 한다. 한국의 근현대사는 전쟁과 대량파괴, 비인간적 잔혹행위의 역사라고 할 수 있다. 이러한 여건에서는 '적 아니면 동지'라는 이분법만이 존재한다. 이러한 이분법은 권위주의 정권 아래에서 더욱 강화되었다. 그러다가 민주화된 정권이 들어서면서 이분법적인 사고

방식은 현저히 약화되었다. 이제는 관용의 문화를 통해서 남북한의 군비경쟁을 지양하고 평화공존을 모색해야 한다.

셋째, '위계적 연고주의'에서 '실력주의 사회문화'로 바뀌어야 한다. 한국사회에서는 아직도 지연, 혈연, 학연이 중요하다. 이는 일종의 패거리문화이다. 이러한 패거리문화에서 벗어나서 아래로부터 열린 실력 위주의 사회문화로 나아가야 한다.

넷째, '강권적 군사문화'에서 '평등한 참여문화'로 변해야 한다. 한국사회에서는 아직도 군사문화의 유산이 남아 있다. 교수와 학생의 관계에서도 군사문화의 모습을 읽을 수 있고, 선후배라는 인간관계 속에서는 더욱 그런 모습을 읽을 수 있다. 이러한 군사문화의 핵심은 '성차별적 가부장주의'라고 할 수 있다. 그래서 이러한 군사문화의 유산에서 벗어나서 모두가 평등하게 참여하는 공생의 문화로 바뀌어야 한다.

다섯째, '경쟁적 차별문화'에서 '자연친화적·공존적 인권문화'로 바뀌어야 한다. 한국에서는 천민자본주의의 발달로 인해 '황금만능주의 사고'가 기승을 부리고 있다. 이런 상황에서는 사회적 약자에 속하는 비주류 세력(사회적 소수자)은 보호를 받지 못한다. 따라서 사회의 비주류 세력과 공존하는 '인권문화'를 형성해야 하고, 나아가 무분별한 생태계 파괴에서 벗어나서 '자연친화적 생태문화'로 변화해야 한다.

여섯째, '폭력의 문화'에서 '비非폭력의 문화'로 변해야 한다. 한국인은 식민지와 권위주의 정권시절에 국가권력이 휘두르는 제도적 폭력을 겪어왔다. 그리고 우리의 일상생활에서도 폭력성이 깊이 각인되어 있는 형편이다. 평화란 크고 작은 갈등을 비폭력적 방법으로 처리하는 능력이고, 이러한 비폭력적 노력을 확산하는 것이 '평화운동'이고 '평화교육'이라고 할 수 있다. 한반도에서는 이러한 비폭력적 노력이 더욱 요구되는데, 남한과 북한의 긴장을 힘이 아닌 것, 곧 평화적 노력에 의해 해결해야 할 필요가 있기 때문이다.[86]

이상으로 6가지 항목에 걸쳐서 한국사회의 문화에서 변화가 요구되는 사항을 알아보았다. 그 내용을 한마디로 정리하자면 합리적 사유방식에 근거하자는 것이고, 이러한 변화를 이루기 위해서는 합리적 사고방식을 이끌어낼 수 있는 사상체계면 충분할 것이라고 생각한다. 필자는 그 합리적 사고방식의 사상체계에 불교사상도 포함된다고 주장하고자 한다.

① '종속적 사대문화'에서 '상호의존적 지구촌 문화'로 바뀌어야 한다는 내용은 불교의 연기緣起와 밀접한 관련이 있다. '연기'는 만물이 서로 관계있음, 곧 상호의존하고 있음을 말해주는 것이므로 이런 관점에 설 때 상호의존적 지구촌 문화를 더욱 잘 수용할 수 있을 것이라고 생각한다.

② '전쟁 의존적 반공이데올로기'에서 '평화 지향적 관용의 문화'로 변해야 한다는 내용은 불교의 '자비'를 통해서 이루어질 수 있다. 더구나 한국불교의 특징의 하나인 화쟁(和諍: 會通)사상은 자신과 다른 이념을 수용하고자 한 것이었다. 이러한 화쟁사상을 통해서 자신과 이념을 달리하는 세력과 공존할 수 있을 것이다.

③ '위계적 연고주의'에서 '실력 위주의 사회문화'로 바뀌어야 한다는 내용은 불교의 '수행문화'와 관련이 있다. 불교는 '수행'을 통해서 부처

---

86 강순원, 「한반도 평화실현을 위한 사회문화적 재구성」, 『21세기 평화학』(풀빛, 2002), 449~455쪽.

가 되려는 종교이다. 이 수행에는 세속적 지위나 조건이 아무런 영향을 미치지 못한다. 자신의 철저한 노력에 의해서 부처가 될 수 있을 따름이다. 이러한 불교의 수행문화가 한국사회에 영향력을 행사한다면, 자연스럽게 한국사회의 문화도 실력 위주의 문화로 바뀔 것이라고 기대한다.

④ '강권적 군사문화'에서 '평등한 참여문화'로 변화해야 한다는 내용은 불교의 불성佛性사상과 관련이 있다. 불교에서는 모든 중생에게 부처가 될 수 있는 '불성'이 있다고 한다. 이는 사회적 지위나 조건과 상관없이 모든 중생에게 '불성'이 있다는 것이므로, 이런 관점에 서면 자연스럽게 평등한 참여문화를 이끌어낼 수 있을 것이라고 생각한다.

⑤ '경쟁적 차별문화'에서 '자연친화적·공존적 인권문화'로 바뀌어야 한다는 내용은 앞에서 말한 불교의 '불성' 그리고 '자연관'과 관련이 있다. 불교에서는 모든 중생에게 불성이 있다고 하므로 사회의 소수자라고 해서 차별받는 것을 당연히 용인하지 않는다. 또한 불교의 자연관에서는 수행자와 천지만물은 서로 구분되지 않고 한 몸이라고 강조한다. 이런 관점이 널리 퍼진다면, 불필요한 개발을 위해 자연을 황폐하게 하는 일이 자연스럽게 줄어들 것이라고 기대한다.

⑥ '폭력의 문화'에서 '비폭력의 문화'로 변해야 한다는 내용은 불교에서 '자비'와 '비폭력'을 강조하고 있으므로 불교문화가 한국에서 어느 정도 존중을 받는다면, 비폭력의 문화가 한국에서 어느 정도 정착이 될 것이라고 생각한다.

이런 내용에 근거해서 필자는 불교사상, 곧 연기, 자비, 비폭력, 수행문화, 불성, 자연관, 화쟁和諍사상 등이 한반도의 평화문화를 정착시키는 데 기여할 부분이 상당히 있다고 생각한다.

5. 결론

이 글에서는 불교의 평화관을 요한 갈퉁의 평화개념에 근거해서 다시 재구성하였다. 이제 그 내용을 요약하면서 필자의 견해를 간단히 첨가하고자 한다.

2절에서는 현실세계 속에서 불교의 평화관이 어느 정도 작동하고 있는지 검토하였다. 불교가 세간에 알려진 것처럼 완전한 '평화의 종교'라고 할 수는 없지만 대체적으로 보자면, 불교문화는 '이교도의 탄압'과 '종교재판'이 없는 관용적인 문화라고 할 수 있고, 또한 불교에서는 자신의 종교를 전파하기 위한 종교전쟁을 일으키지 않은 것도 분명한 사실이다.

3절에서는 '소극적 평화', 곧 '직접적 폭력'에 대한 불교의 관점을 살펴보았다. 널리 알려진 대로 불교에서는 평화, 곧 전쟁을 반대하는 입장을 취하고 있다. 그렇지만 반란군이 생기거나 외국의 군대가 침공해 오면, 그것을 방어하는 전쟁은 인정하고 있다. 여기서 불교의 방편정신이 잘 발휘된다.

전쟁의 국면에서 적군이 아군보다 군사력이 뛰어나다고 판단되면, 외교(영향력이 있는 인사와 경제적 지원)를 통해서 분쟁의 해결을 시도하거나 아니면 아군이 군사력에서 부족하지만 군사력이 뛰어난 것처럼 책략策略을 구사해서 상대방이 겁을 먹도록 만들어서 전쟁을 피한다. 이런 전략이 효과가 없을 때에는 전쟁을 하지 않을 수 없지만, 이때에도 되도록 설 ~~득~~ 하려는 자세로 전쟁에 임하고, 최선의 전술을 구사해서 아군의 병사를 단결시켜서 ~~전쟁에서~~ 승리하도록 한다. 이러한 내용은 현대의 전쟁에도 적용할 수 있는 것이 ~~다.~~

앞에서 소개한 대로, 공격적인 전쟁은 피해야 하~~며,~~ 상대방이 공격해왔을 때 방어는 해야겠지만, 외교적 노선과 무력과시를 ~~통~~해서 최대한 전쟁을 피하려고 하며, 어쩔 수 없이 전쟁에 임하였을 때에~~도~~ 최대한 살생을 피하려는 자세에서 최선의 전술을 구사하라는 내용은 어~~느 정도~~ 현대의 전쟁에서도 의미를 가진다. 게다가 현대에는 핵무기 위협이 세계를 짓누르고 있다. 그에 따라 서방의 전문가는 '핵 억지전략'을 제시하고 있는데, 이는 상대방이 두려움에 빠지게 만들어서 전쟁을 피한다는 『대살차니건자소설경』의 내용과 서로 통하는 점이 있다. '핵 억지전략'이 최선의 방안이 아닌 것은 분명하지만 현실의 세계에서 제한적으로 받아들일 수 방편이라고 생각한다(그밖에 핵전쟁을 피하는 다른 효과적인 방안이 있다면 그 방안도 방편의 관점에서 진지하게 고민할 필요가 있다).

4절에서는 '적극적 평화', 곧 '구조적 폭력'과 '문화적 ~~폭~~력'에 대한 불교의 관점을 알아보았다. '구조적 폭력'은 사회~~구조~~의 결함으로 인해 생긴 것이고 그 대표적인 것으로서 '착취'~~를 들~~ 수 있다. 초기불교에서는 4성계급의 평등을 주장했는데, 이~~는~~ 4성계급 사이에 일어나는 착취현상에 대해서 반대하고 비판한 ~~것~~으로 해석할 수 있다. 또한 『장아함경』에 속하는 『구라단두경』~~과~~ 『전륜성왕수행경』에서는 '구조적 폭력'의 문제점을 인식하고 ~~있~~다~~는~~ 단서를 발견할 수 있었다.

그리고 '문화적 폭력'은 '직접적 폭력'과 '구조적 폭력'을 올바른 것으로 보거나 잘못된 것이 아니라고 보게 하는 것인데, 주로 종교와 이데올로기 등에서 많이 나타난다. 불교에서는 어떤 것에도 집착하지 않는다는 공空사상을 통해서 '불교'라는 이데올로기에도 집착하지 말라고 가르치고 있다. 이런 입장에서 어떤 이데올로기에도 집착하지 않는 유연성과 개방성이 열리고, 관용의 정신이 발휘된다. 이 점에서 불교는 '문화적 폭력'에서 벗어나는 데 유효한 가르침을 전하고 있다고 판단할 수 있다.

나아가 한반도의 평화문화 건설을 위해서 6가지 항목을 제시할 수 있는데, 그 내용은 불교의 사상, 곧 연기, 자비, 비폭력, 수행문화, 불성, 자연관, 화쟁사상 등을 통해서 실현할 수 있는 것이다(물론 다른 사상체계를 통해서도 실현이 가능할 것이다).

불교의 평화관이 현대의 평화 건설에 기여할 수 있는 부분은 '문화적 폭력'에서 두드러질 수 있겠지만, '직접적 폭력'과 '구조적 폭력'에 대한 불교의 관점도 현대에서 여전히 호소력을 갖는다고 생각한다.

4장 불교의 폭력관

1. 서론

폭력暴力이라는 말은 폭暴과 력力이라는 두 음절로 이루어져 있다. 사전에서는 이 두 음절을 합해서 난폭한 힘이라고 풀이하고 있다. 폭음暴飮은 술이나 그 밖의 음료를 지나치게 많이 마시거나 또는 빨리 마시는 것이고, 폭식暴食은 음식을 지나치게 많이 먹는 것이며, 폭우는 비가 지나치게 많이 내리는 것이고, 폭주暴走는 자동차나 오토바이를 타고 지나치게 빠른 속도로 달리는 것이다. 이렇게 본다면 폭력은 지나치게 많이 사용된 힘이라고 볼 수 있다. 이는 파괴를 수반할 수 있는 강렬한 힘이다. 그렇기 때문에 폭력은 두려움의 대상이 된다.

그렇지만 사람들이 폭력을 동일한 정도로 느끼고 동일한 정도로 두려워하는 것은 아니다. 그러므로 폭력성을 판단하는 기준은 폭력의 사용자가 정하는 것이 아니라 폭력을 당하는 대상이 정하는 것이다.

그런데 폭력에는 '정당성을 갖춘 폭력'과 '정당성을 갖추지 못한 폭력'이 있다. 그래서 무엇이 폭력인지 묻는 것은 그 힘이 신체의 어떤 부위를 파괴할 것인지를 묻는 것이 아니라 그 힘이 정당성을 갖추었는지를 묻는 것이다.[87]

포피츠(Heinrich Popitz)는 폭력을 권력과 연결해서 구체적으로 검토하는데 여기서는 그 일부를 살펴본다. 포피츠는 폭력이란 타자에 대한 의도적인 육체적 상해를 위해 행사되는 권력행위라고 정의한다. 이 정의의 핵심적 요소는 의도성, 육체성, 권력이다. 또 폭력은 누구에 의해서도 행해질 수 있다는 것을 포피츠는 부각시킨다. 그래서 그는 "인간은 결코 폭력적으로 행동해서는 안 되지만, 언제나 폭력적으로 행동할 수 있다. 인간은 결코 살인해서는 안 되지만 언제라도 살인할 수 있다"고 한다.[88]

요한 갈퉁은 3가지 형태의 폭력을 구분한다. 첫째, '직접적 폭력'은 육체적 폭력과 언어적 폭력이다. 여기에는 살인, 곤궁, 소외, 억압 등이 포함된다. '곤궁'은 조용한 학살이라고 할 수 있고, '소외'는 정신적 죽음을, '억압'은 강제노동수용소에 잡혀 있음을 의미하는 것이다. 둘째, '구조적 폭력'은 사회구조의 결함으로 인해서 생긴 인간의 육체적 피해와 정신적 피해를 말한다. 그 대표적 예로서 '착취'를 들 수 있는데, 이는 사회적 강자가 그 사회구조 내에서 상호작용을 통해서 사회적 약자보다 더 많은 것을 얻어내는 것이다. 또한 착취에 대한 효율적

---

87 공진성 지음, 『폭력』(책세상, 2009), 17~21쪽, 26쪽.
88 신진욱, 「근대와 폭력-다원적 복합성과 역사적 불확정성의 사회이론」, 『한국사회학』 제38집 4호(한국사회학회, 2004), 14~15쪽.

투쟁을 방해하는 여러 가지 전술, 곧 사회적 약자의 '분할', '주변인화'도
구조적 폭력에 포함된다. 셋째, '문화적 폭력'은 '직접적 폭력'과 '구조적
폭력'을 정당화하는 것이다. 여기에는 문화의 요소, 곧 종교, 이데올로
기, 언어, 예술, 과학 등이 포함된다. '직접적 폭력'은 하나의 사건이고,
'구조적 폭력'은 오르내림이 있는 하나의 과정이며, '문화적 폭력'은
오랜 기간 동안 본질적으로 남아 있는 것으로 변하지 않는 측면이
있는 것이다.[89] (요한 갈퉁은 환경문제는 직접적 폭력, 구조적 폭력,
문화적 폭력의 맥락에서 바라보았다.)

부르디외Bourdieu는 두 가지 형태의 폭력을 구분한다. 하나는 '드러
나는 폭력'인데, 이는 가시적으로 인식되는 물리적 폭력과 경제적
폭력이다. 다른 하나는 '상징적 폭력'인데, 이는 인지할 수 없는 것이면
서 동시에 사회적으로 인정된 폭력이다. 이 둘은 공존관계에 있다.
상징적 폭력을 행사하는 권력은 세계의 의미에 대해 정의를 내리고,
자신의 힘의 기반이 되는 권력관계를 은폐해서 그 의미체계에 정당성을
부여할 수 있는 것이다.[90]

여기서 요한 갈퉁과 부르디외의 폭력이론을 소개하였지만, 이 글에
서 초점을 맞추고자 하는 개념은 아니다. 여기서는 일반적 의미의
폭력, 곧 육체적 손상을 가져오고 정신적이고 심리적 압박을 주는
물리적 강제력이라고 정의하고자 한다.

---

89 요한 갈퉁 지음, 강종일 외 옮김, 『평화적 수단에 의한 평화』(들녘, 2000), 414~420
쪽; 신진욱, 앞의 논문, 11~12쪽.

90 신진욱, 「근대와 폭력-다원적 복합성과 역사적 불확정성의 사회이론」, 『한국사회
학』 제38집 4호, 12~13쪽.

그리고 이 글에서는 불교에서 폭력을 어떻게 보고 있는지 검토하고자 한다.[91] 불교의 폭력관을 살펴보기에 앞서서 2절에서는 폭력의 정당성을 알아본다. 이는 어떤 경우에 폭력이 허용될 수 있는지 알아보고자 하는 것이다. 3절에서는 폭력에 대한 불교의 기본적 관점을 살펴보고, 4절에서는 폭력에 대해 불교에서 예외적으로 인정하는 경우를 검토한다.

2. 폭력의 정당성 검토

불교의 폭력관을 객관적으로 이해하기 위해서 여기에서는 폭력의 정당성을 먼저 검토하고자 한다. 우선 슬라보예 지젝의 견해를 검토해 보면, 지젝은 '시민불복종 형태의 폭력'을 인정하고 있다.

> 제가 유일하게 옹호하는 폭력이란 테러리스트의 폭력이 존재하거나 독재적인 정권과도 같은 상황에서 다소 급진적으로 들릴지도 모르겠지만, 시민불복종의 형태를 띠는 것입니다.[92]

그래서 지젝은 '물리적 폭력'과 '시민불복종 형태의 폭력'은 구분해서

---

91 戸頃重基, 「힘이 정의인가, 정의가 힘인가」, 여익구 편, 『불교의 사회사상』(민족사, 1980), 218~222쪽에서 불교의 폭력관에 대해 중요한 내용을 담고 있다. 이 논문은 이 내용을 더욱 발전시킨 것이다. F. Streng, 「자비와 폭력」, 여익구 편, 『불교의 사회사상』(민족사, 1980), 247~258쪽에서도 불교의 폭력관을 다루고 있다.

92 인디고 연구소 기획, 『불가능한 것의 가능성-슬라보예 지젝 인터뷰』(궁리, 2012/2013), 172쪽.

보아야 한다고 주장한다.

시민불복종과 같은 형태의 폭력과 잔혹한 물리적 폭력은 구분되어야
한다는 점입니다. 즉, 자신의 권리를 구현하고 사회적 요구를 관철시
키는 방식으로써 권력을 무시하는 방법을 이해할 수 있어야 합니다.
이는 아주 확실한 무기이며, 점점 더 강력한 무기가 될 것입니다.[93]

그리고 폭력의 행사에는 제한적인 효과가 있다고 할 수 있다. 이
점에 대해 한나 아렌트는 다음과 같이 주장한다.

폭력은 본성상 도구적이므로 그것을 정당화시켜야 하는 목적을
달성하는 데 효과적일 때까지만 합리적이다. 또한 우리가 행동할
때 우리가 행하는 것에 관한 가능한 결과들을 결코 확실하게 알
수 없기 때문에 폭력은 단기적인 목표를 추구하는 경우에만 합리적
일 수 있다.[94]

그런데 폭력을 제한적으로 사용한다고 해도 폭력의 위험성은 늘
존재한다. 그것은 폭력이 폭력을 낳을 가능성이 있다는 것이다. 이
점에 대해 한나 아렌트는 다음과 같이 지적한다.

더구나 폭력의 위험성은 심지어 그 폭력이 단기적인 목표라는 극단

---

93 인디고 연구소 기획, 『불가능한 것의 가능성-슬라보예 지젝 인터뷰』, 175쪽.
94 한나 아렌트, 김정한 옮김, 『폭력의 세기』(이후, 1999), 121쪽.

적이지 않은 범위 내에서 의식적으로 행해진다고 하더라도 항상 수단이 목적을 압도하는 결과를 낳을 것이다. 만일 목표가 재빨리 달성되지 않는다면, 그 결과는 단순히 패배를 불러올 뿐만 아니라 폭력실천을 정치체제 전체로 확산시킬 것이다. …… 폭력의 실천은 모든 행동과 마찬가지로 세계를 변혁시키지만, 더 폭력적인 세계로 변화시킬 가능성이 가장 많다.[95]

이처럼 폭력의 행사에는 제한적인 효과도 있고 또 위험성도 있는 것이므로, 폭력의 정당성에 대해서 검토할 경우에는 섬세하게 접근해야 한다. 따라서 폭력이 어떤 경우에 제한적으로 수용될 수 있는지는 상황의 구체성에 달려 있는 것이다. 이 부분에 대해 피터 싱어(Peter Singer)는 다음과 같이 자세히 분석하고 있다. 피터 싱어는 결과주의 입장(행위의 결과를 도덕의 기준으로 삼는 것)에서 폭력을 두 가지로 나누어서 검토하는데, 첫째는 사람을 죽이는 경우이고, 둘째는 재산을 파괴하는 경우이다.[96]

첫째, 사람을 죽이는 경우를 살펴보면, 여기서 정당화하기 어려운 폭력은 특정 테러리스트의 폭력이다. 이 내용에 대해 피터 싱어는 다음과 같이 밝히고 있다. 곧 북아일랜드에서 20년 이상 아일랜드 공화국군(IRA: Irish Republican Army)이 폭탄을 터뜨려 수천의 사람이 죽고 다쳤지만 무엇을 이룰 수 있었는가? 이는 오직 극단적인 개신교

---

95 한나 아렌트, 김정한 옮김, 『폭력의 세기』, 122~123쪽.
96 피터 싱어 지음, 황경식·김성동 옮김, 『실천윤리학』(철학과 현실사, 1997/2003), 363~366쪽.

단체들이 벌인 또 다른 테러행위였을 따름이다. 독일의 바더-마인호프 단(Baader-Meinhof Gang)이나 이탈리아의 붉은 여단(Red Brigades)에 의해 야기된 헛된 죽음과 고통을 생각해 보라. 팔레스타인 해방 기구 (PLO)가 테러행위로 무엇을 얻었던가? 그들이 투쟁을 시작했을 때보다 덜 타협적이고 더 무자비한 이스라엘 외에 무엇이 있는가? 이 가운데 특정집단이 투쟁하는 목적에 대해서 공감할 수도 있다. 그러나 그들이 사용하는 수단을 가지고는 그들의 목적을 달성할 가능성은 없다.

특히 테러리스트의 폭력에서 종종 나타나는 것처럼, 폭력이 일반대 중에게 무차별적으로 행해질 때 폭력에 대한 반대 견해는 더욱 강해진 다. 이러한 종류의 폭력은 정당화되기 힘들다. (그러나 김구 선생이 독립운동을 위해 테러활동을 한 것을 한국사람으로서 부정적으로 볼 수 없는 것처럼, 피억압민족의 테러에 대해 선진국 학자들이 제대로 이해하지 못하는 점도 있다.)

그에 비해, 피터 싱어는 폭군을 암살하는 경우에는 몇 가지 조건이 갖추어지면 긍정적일 수 있다고 주장한다. 곧 살해를 일삼는 폭군을 암살하는 경우, 살해를 일삼는 정책이 폭군이 장악하고 있는 제도의 일부분에서 나온 것이 아니고 폭군의 개성에서 나온 것이라면, 이때 폭군을 암살하는 것은 엄격히 제한된 폭력이다. 이 경우 폭력의 목표는 더 큰 폭력을 그치게 하는 것이다. 또한 이러한 폭력이 한 번의 폭력행위 에 의해 성공할 개연성이 매우 높을 수도 있고, 폭군의 통치를 종식시킬 다른 방법이 없다고 한다면, 폭군의 암살이 더 많은 폭력을 가져올 것이라고 주장하기는 힘들다.

둘째, 재산을 파괴하는 경우를 살펴본다. 이는 사람을 죽이는 것이 아니고 재물에 손상을 주는 것이므로, 그 정도가 덜한 것이다. 그러나 이 경우에도 재산의 파괴를 정당화하기 위해서는 충분한 이유가 있어야 한다. 그래서 피터 싱어는 재물에 손상을 주는 것이 사람의 생명에 지장을 주는 경우에는 찬성을 하지 않는다.

피터 싱어는 베어질 예정인 숲의 나무들에 '못박기'를 하는 경우를 검토한다. 한 숲의 몇 그루 나무들에 금속못을 박아 놓으면 그 숲에서 목재를 베어내는 것이 위험해진다. 왜냐하면 제재소에서 노동자들의 톱이 못을 쳐서 톱이 부러지고 작업장 여기저기로 날카로운 금속파편을 날려 보낼 때까지 그것을 알 수 없기 때문이다. 못박기를 지지하는 환경활동가들은 목재회사에 어떤 지역의 나무에 못이 박혔다고 경고했는데, 목재회사에서 일을 진행해서 숲을 베어낸다면, 생길 수 있는 모든 상해의 책임은 결정을 내린 목재회사 지배인에게 있다고 말한다. 그러나 다치는 것은 지배인들이 아니고 노동자들이다. 환경활동가들은 이러한 방식으로 자신의 책임에서 벗어날 수 있는가? 더 정통적인 환경활동가들은 이러한 전술을 사용하지 않는다고 한다.

그에 비해, 동물해방을 위해 동물을 실험하는 실험실과 장비를 파괴하는 행위는 주변상황과 연결해서 보아야 한다고 피터 싱어는 주장한다. 다시 말해서, 동물을 보호하기 위해서 한 행위가 결과적으로 동물을 보호하는 데 도움이 되는지 여부를 검토해야 한다는 것이다. 예를 들면, 동물해방전선의 구성원은 동물을 가두고 다치게 하고 죽이는 데 사용된 실험실과 우리와 장비를 파괴하였다. 그러나 이들은 인간이든 동물이든 간에 생명체에 대한 폭력행위는 피하였다.

이러한 행위가 결과론자의 관점에서 정당화할 수 있는지 여부는 실제상황의 세세한 내용에 달려 있다. 실험기구를 파괴하고 한 무리의 동물을 해방시킨 결과가 더 많은 실험기구를 사들이고 더 많은 동물을 사육하는 결과가 되지는 않는가? 해방된 동물들을 어떻게 처리할 것인가? 이러한 집단행위가 정부에 나쁜 영향을 주어서 동물실험과 관련된 법률개정에 부정적 영향을 주지는 않는가? 따라서 동물 실험실을 파괴하기 이전에 이러한 질문에 만족할 만한 대답을 내놓아야 할 것이다.

참고로, 기독교 윤리의 관점에서 폭력을 극복하는 방법의 하나를 살펴보자면, 폭력을 당하고도 보복의 차원에서 접근하지 않는 사람은 정신적으로 성숙하고 도야된 사람이고, 이러한 사람은 가해자와 피해자의 관계에 대해 전체적 조망을 할 수 있다. 이러한 조망을 통해서 직접적 보복을 가하려는 보통 사람의 한계를 넘어선다.[97] 그렇지만

---

[97] 폭력은 '비추임(Spiegelung)의 논리'에 의해 해결된다. 이는 피해자가 자신 속에서 가해자를 바라보고, 가해자가 자신 속에서 피해자를 비추어볼 때, 폭행에 대한 보복 그리고 보복에 대한 반보복의 악순환이 끝난다는 것이다. "눈에는 눈, 이에는 이"의 논리에는 선악의 이분법이 근간을 이루고 있지만, 모순의 논리와 비추임의 논리에는 분리된 양자에 대한 통합이 토대를 이루고 있다. "오른편 뺨을 치거든 왼편도 돌려대라"는 기독교의 정언명법은 선악의 이분법을 넘어선 차원에 있다. 이와 같은 '비추임의 논리'는 정신적으로 성숙하고 도야된 사람에게만 적용될 수 있다. 이렇게 도야된 사람은 그야말로 '하나님의 마음'을 소유한 사람으로서 폭력의 문제를 폭행자와 동일한 차원에서가 아니라 보다 상위의 차원에서 해결할 수 있다. 그래서 중요한 것은 자연적 인간을 '정신적 인간'으로 변형하고 도야하는 일이라고 할 수 있다. 그러므로 '정신적 인간'은 자연적 인간의 직접성을 반성함으로써 그것이 만들어 내는 폭력을 넘어설 수 있다.(최신한, 「폭력과 도야-폭력문제 해결의 한 가능성」, 『철학연구』 106집, 대한철학회, 2008, 393~395쪽)

폭력의 피해자가 공권력에 호소할 수는 있다.[98] 그러므로 기독교에서 선으로 악을 이기라는 것과 공권력에 호소하는 것은 상호 보완적이라고 할 수 있다.

3. 폭력에 대한 불교의 기본적 관점

폭력에 대한 불교의 기본적 입장은 폭력에 대해 반대하고, 폭력에 대해 폭력으로 맞서지 말고 사랑과 자비로 승화하고, 인욕忍辱의 자세로 대하라는 것이다.

그는 나를 욕했고 그는 나를 때렸다. 그는 나를 이겼고 그는 내 것을 앗아갔다. 이렇게 생각하고 있는 사람은 미움으로부터 길이

---

[98] 슐라이어마허(F. D. E. Schleiermacher)에 따르면, 기독교는 자연의 상태에서 일어나는 폭력에 맞서서 자신을 지키고 보호하는 것을 금하지 않는다. 그러나 다른 사람의 관계 속에서 물리적 폭력을 행사하는 것은 금한다. 그것이 설사 불의를 선으로 만드는 것이라고 해도 기독교에서는 단호하게 금한다. 다른 사람의 도덕적 상태를 변경할 목적으로 행사하는 외적 폭력도 전혀 허용되지 않는 것이다. 이 문제와 관련해서 슐라이어마허는 네 가지 척도를 제시한다. 첫째, 폭력의 피해자는 억울하게 당했다 해도 결코 보복행위를 해서는 안 된다는 것이다. 둘째, 폭력의 피해자는 자신에게 가해진 불의에 대해 인내해야 한다. 셋째, 폭력의 피해자가 불의를 참는다고 하지만, 그 불의가 다른 사람에게 가해지는 것까지 참아서는 안 된다는 것이다. 그래서 폭력의 피해자는 가해자를 교회공동체에서 참회하도록 유도하고, 그래도 문제가 해결되지 않을 때에 공권력에 호소해야 한다는 것이다. 넷째, 폭력의 문제에서 '선으로 악을 이기라는 것'과 '형사재판권에 의지하는 것'은 서로 모순되는 것이 아니고 보완적이라는 것이다.(최신한, 「폭력과 도야-폭력문제 해결의 한 가능성」, 『철학연구』 106집, 398~400쪽.)

벗어날 수 없다.(『법구경』 1장, 3게송)
미움은 미움으로 정복되지 않나니 미움은 오직 사랑으로써만 정복되
나니 이것은 영원한 진리이다.(『법구경』 1장, 5게송)

위의 『법구경』 게송은 널리 알려진 것이다. 미움은 미움으로 정복되
지 않고 사랑으로써만 정복된다는 입장은 폭력을 반대하는 불교의
기본적 입장을 잘 보여주는 것이다. 이처럼 폭력을 반대하는 불교의
입장은 『법구경』의 다음 게송에서도 확인할 수 있다.

모든 생명은 폭력을 두려워한다. 모든 생명은 죽음을 두려워한다.
이를 깊이 알아서 죄 없는 생명을 함부로 죽이거나 죽이게 하지
말라.(『법구경』 10장, 129게송)
모든 생명은 폭력을 두려워한다. 모든 생명은 삶을 지극히 사랑한다.
이를 깊이 알아서 죄 없는 생명을 함부로 죽이거나 죽이게 하지
말라.(『법구경』 10장, 130게송)

위에서 제시한 『법구경』의 내용은 석가모니의 행적에서도 확인된
다. 석가모니는 이유 없이 욕설을 듣는 봉변을 당하는데, 그에 대해
석가모니는 욕설로 대응하는 것이 아니라 지혜에 근거해서 인욕의
자세로 대응한다. 이러한 내용을 경전에서는 다음과 같이 전한다.

젊은 바라문인 빈기라는 어느 날 석가모니 불타를 찾아가서 별
이렇다 할 이유 없이 온갖 욕설을 퍼부었습니다. 석가모니는 그저

묵묵히 듣고만 있었습니다. 욕을 해도 상대방이 대꾸를 하고 반응을 보여야 더 신명이 나서 할 텐데, 석가모니가 반응을 보이지 않고 묵묵히 듣고만 있으니까, 빈기라는 제풀에 그만 지쳤습니다. 그때 석가모니는 조용히 물었습니다. "너는 길일吉日에 친척이나 집안사람을 만난 적이 있는가?" "있습니다." "그때 너의 친척 중에 식사를 하지 않은 사람이 있으면 너는 어떻게 하는가?" "먹지 않은 사람이 있으면 그 밥은 남을 뿐입니다." "빈기라, 여래如來에게 욕을 하고 비방을 해도 내가 그것을 받아들이지 않는다면, 그 욕은 누구에게로 돌아가겠는가?" "아무리 받아들이지 않으려 해도 한 번 욕을 한 이상, 받지 않을 수 없습니다." "그러나 그것은 주었다 할 수 없다." "그러면 어떤 것을 주었다 하고, 어떤 것을 주지 않았다고 합니까?" "욕을 들을 때 욕으로 보답하고, 분노에는 분노로 갚으며, 때리면 같이 때리고, 싸움을 걸면 함께 싸운다. 이것이 준 것을 받았다고 하는 것이다. 그러나 아무리 욕을 하고 화를 내며 때리고 싸움을 걸어도 잠자코 있는 것은 주었지만 받지 않은 것이다." "그렇다면 당신은 아무리 비방을 들어도 화를 내지 않는다는 말씀입니까?" 석가모니는 게송으로 답하였습니다. "지혜로운 사람은 화내지 않는다네. 화를 내는 자 앞에 항복하는 것은 어리석은 일. 적정寂靜의 수면 위로 거센 바람이 불어도 마음속 깊은 곳에 물결은 일지 않는구나."[99]

---

[99] 무샤고지 사네아츠 지음, 박경훈 옮김, 『붓다』(현암사, 1963/1999 개정초판), 215~216쪽.

이러한 석가모니 불타의 인욕정신은 그의 제자 중에서 설법說法을 제일 잘한다는 부루나富樓那존자에게 그대로 이어진다. 이 부루나 존자가 석가모니를 찾아와서, 서쪽에 있는 수로나국輸盧那國에 가서 석가모니의 가르침을 펴겠다고 말하였는데, 수로나국은 그곳 사람들이 사납기로 소문이 난 곳이었다. 이런 부루나존자에게 석가모니는 다음과 같이 질문을 던지고 부루나존자는 답을 한다.

"수로나국 사람들은 마음이 거칠고 성품이 흉악하며, 욕을 잘한다. 만약 그들이 그대를 모욕하고 비방한다면, 그대는 어떻게 하겠는가?" "수로나국 사람이 저를 비방할지 모르나, 그들이 저를 때리고 돌을 던지지 않은 것에 감사하겠습니다." "그들이 돌을 던지면 어떻게 하겠는가?" "그들이 돌을 던지면, 칼로 저를 해치지 않은 것에 감사하겠습니다." "그들이 칼로 해친다면 어떻게 하겠는가?" "그들이 칼로 해친다고 해도, 저를 죽이지 않은 사실에 감사하겠습니다." "그들이 그대를 죽이면 어떻게 하겠는가?" "그들이 나를 죽여주어서 이 육신의 속박에서 벗어나게 한 사실에 감사하겠습니다." 이에 석가모니는 부루나존자가 인욕을 잘 익혔다고 칭찬하고, 수로나국에 가서 석가모니의 가르침을 펼 것을 승낙하였다.[100]

이처럼 불교에서는 석가모니도 그의 제자 부루나존자도 폭력(욕설)에 대해 폭력(욕설)으로 맞서지 않고 인욕의 자세로 임하고 있다. 그리고 인욕의 자세는 『자타카』에서도 발견된다. 『자타카Jātaka』는

---

100 무샤고지 사네아츠 지음, 박경훈 옮김, 『붓다』, 220~221쪽.

석가모니의 전생이야기 혹은 이를 모아 놓은 문헌을 가리키는 것이고, 본생담本生談, 본생화本生話, 본생경本生經, 본생本生, 생경生經 등으로 한역漢譯된다. 이『자타카』는 석가모니가 깨달음을 얻은 것이 단지 이 생生의 수행에 의한 것이 아니고 과거 수많은 생生을 통해 선행을 닦아온 결과라는 생각 위에서 형성된 것이다. 인도사회에서 도덕적이고 교훈적인 내용의 설화나 우화가 퍼져 있었는데, 이것들을 불교교단에서 도입한 것이 바로『자타카』이다. 이러한『자타카』는 기원전 3세기 말에서 2세기 중엽 사이에 형성된 것으로 추정된다.[101]

이러한『자타카』의 313화「인욕론자 전생이야기」에서는 인욕행, 곧 석가모니가 전생에서 고행자로 수행하고 있을 때에 두 손, 두 발, 두 귀가 잘리는 엄청난 폭력을 당하였지만 그 가해자에게 조금의 원한도 품지 않았다는 것을 밝히고 있다. 그 내용을 살펴본다.

이『자타카』는 석가모니 부처님이 제타숲에 있을 때에 화를 잘 내는 어떤 수행승에 대해 말한 것이다. 이 이야기는 과거생에 부유한 바라문의 아들로 태어난 보살이 고행자가 되어 유행생활을 하면서 겪은 내용이다.

보살은 어느 날 베나레스의 성문 옆에 있는 왕의 정원에서 명상을 하고 있었다. 마침 이 날 과음을 한 왕은 왕비와 함께 이 정원에 나와서 춤과 음악을 즐기다가 깜박 잠이 들었다. 그러자 무희와 연주자들은 연주와 춤을 중단하고 왕비와 함께 정원 주변을 거닐다가 정원에서 명상 중이던 보살을 보았다. 이들 일행은 보살에게 가르침을 들었다.

101 이자랑,「자타카 및 불전문학에 나타난 보살사상」,『우리의 가장 위대한 유산 대승불교의 보살』(씨아이알, 2008), 12쪽.

그런데 마침 잠에게 깬 왕은 자신의 주위에 사람이 없다는 것을 알고는 화가 치밀었고, 결국 명상 중이던 보살에게 화를 내었다. 왕은 "이 위선자가 뭐라고 말하고 있는가?"라고 위협하였고, 보살은 "인내에 대해 말하고 있습니다"라고 하였다. 왕이 "인내는 무엇인가?"라고 묻자, 보살은 "자신을 굴욕하거나 때리는 자에게도 결코 화를 내지 않는 것입니다"라고 하였다. 이에 왕은 "내가 너를 시험해 보겠다"고 하면서 하인을 불러서 보살을 때리도록 하였다. 그래서 피부가 만신창이가 되도록 때렸다. 그러고 나서 왕은 다시 물었는데, 보살은 "인내는 피부의 표면에는 없으며, 피부의 내부 깊은 곳에 뿌리를 내리고 있습니다"라고 말하였다. 그러자 왕은 화를 내면서 보살의 두 손, 두 발, 두 귀를 모두 자르게 하였다. 그러나 보살은 전혀 동요하지 않고 왕에게 원한을 품는 일도 없었다. 결국 왕은 포기하고 돌아섰다. 그런데 왕이 보살에게서 눈을 떼자마자 땅이 갈라지면서 땅속에서 불길이 치솟고 왕은 지옥으로 떨어졌다. 그와 반대로 보살의 몸은 기적적으로 원래의 상태로 돌아왔다고 한다.

이처럼 『자타카』에서 말하는 인욕행은 다른 사람에 대한 철저한 관용과 완전한 자비를 의미하는 것이다. 자신을 해치려고 하는 자에게도 원한을 갖지 않는 보살의 자비의 마음은 결국 보살 자신을 보호하는 길이기도 하다.[102]

또한 이러한 인욕의 자세는 대승불교에서 발견된다. 『금강경』에서는 공空의 관점에서 신체가 조각조각 절단당하더라도 성냄과 원한을

102 이자랑, 「자타카 및 불전문학에 나타난 보살사상」, 『우리의 가장 위대한 유산 대승불교의 보살』, 17~18쪽.

일으키지 않는다고 밝힌다.

> 예컨대 내(여래)가 과거에 가리왕歌利王이었을 때에 신체가 절단되
> 었는데 그때에 내(여래)가 아상我相도 없고 인상(人相: 사람은 동물과
> 다르다고 집착하는 것)도 없고 중생상(衆生相: 중생으로 생존해 있음에
> 집착하는 것)도 없고 수자상(壽者相: 태어나면서 일정한 목숨이 있다고
> 집착하는 것)도 없었다. 무슨 이유인가? 내가 과거에 몸이 조각조각
> 절단되었을 때에 만약 아상我相과 인상人相과 중생상衆生相과 수자
> 상壽者相이 있었다면 성냄과 원한을 일으켰을 것이기 때문이다.[103]

또 『법화경』에서도 상불경常不輕보살이라는 이상적 인간상을 통해
서 인욕의 자세를 잘 보여주고 있다. 상불경보살은 만나는 모든 사람을
다 공경한다. 그 이유는 이 모든 사람이 다 부처가 될 것이기 때문이다.
그런데 이 상불경보살은 여러 사람에게 핍박을 받는다. 그러나 상불경
보살은 이러한 핍박에도 아랑곳하지 않고 꿋꿋하게 모든 중생을 공경한
다. 이러한 상불경보살을 폭력의 관점에서 보면, 폭력에 대해 폭력으로
맞서지 않고 인욕으로 승화시키는 인물이라고 할 수 있다. 『법화경』에
서는 상불경보살에 대해 다음과 같이 말하고 있다.

> 그때 한 보살이자 비구가 있었는데, 상불경常不輕이라 하였다. 득대
> 세여! 무슨 인연으로 상불경이라 하는가? 이 상불경보살이 만나는
> 모든 비구와 비구니와 우바새와 우바이에게 예배하고 찬탄한다.

---

103 이기영 역주, 『금강경』(한국불교연구원, 1978/1983), 95쪽.

그리고 말하기를 "나는 그대들을 깊이 공경한다. 왜냐하면 그대들은 보살도를 행하여 미래에 부처가 될 것이기 때문이다"라고 한다. 이 상불경보살은 경전을 읽는 데에 매달리지 않고, 예배만을 실천할 뿐이다. 그리하여 심지어 멀리서 사부대중을 보더라도 애써서 가서 예배하고 찬탄한다. 그리고 말하기를 "나는 그대들을 가볍게 여기지 않는다. 왜냐하면 그대들은 부처가 될 것이기 때문이다"라고 한다. 사부대중 중에 화를 내어 마음이 청정하지 못한 사람이 있었다. 그가 욕을 하기를 "이 지혜 없는 비구는 어디에서 왔기에 스스로 말하기를 '나는 그대들을 가볍게 여기지 않는다'고 하고서 '우리들에게 수기를 주어 미래에 부처가 될 것이다'고 말하는가? 우리들은 이와 같이 허망한 수기를 받지 않겠다"고 한다.

그런데 이와 같이 몇 년 동안 (상불경보살은) 항상 욕을 먹지만 화를 내지 않는다. 그리고 항상 말하기를 "그대들은 미래에 부처가 될 것이다"고 하니, 상불경보살이 이 말을 할 때에 여러 사람이 몽둥이로 때리고 돌을 던지면, 멀리 도망가서 거기에서 큰 소리로 말하기를 "나는 그대들을 가볍게 여기지 않으니 그대들은 미래에 부처가 될 것이기 때문이다"라고 한다. 이러한 말을 항상 하므로 증상만의 비구와 비구니와 우바새와 우바이는 그를 상불경이라 불렀다.[104]

---

104 『묘법연화경』 6권, 「상불경보살품」(『대정장』 9권, 50下~51上), "爾時有一菩薩比丘, 名常不輕. 得大勢! 以何因緣. 名常不輕? 是比丘凡有所見, 若比丘·比丘尼·優婆塞·優婆夷. 皆悉禮拜讚歎, 而作是言, 我深敬汝等不敢輕慢. 所以者何? 汝等皆行菩薩道, 當得作佛. 而是比丘, 不專讀誦經典, 但行禮拜, 乃至遠見四衆, 亦復故往禮拜讚歎, 而作是言, 我不敢輕於汝等, 汝等皆當作佛. 四衆之中, 有生瞋恚心

4. 폭력에 대한 불교의 예외적 관점

앞에서 소개한 대로 불교에서는 폭력에 대해 찬성하지 않고 폭력에 대해 폭력으로 맞서 싸우지 말라고 한다. 그렇지만 불교에서는 예외적으로 폭력을 인정하는 경우가 있다. 여기서는 그것을 크게 두 가지로 구분하고자 한다. 하나는 높은 수행의 경지에서 자비의 하나로서 발휘되는 폭력이고,[105] 다른 하나는 폭력의 사용이 인정되는 예외적 상황이

不淨者, 惡口罵詈言. 是無智比丘, 從何所來自言, 我不輕汝, 而與我等授記, 當得作佛. 我等不用如是虛妄授記. 如此經歷多年, 常被罵詈, 不生瞋恚, 常作是言, 汝當作佛. 說是語時, 衆人或以杖木瓦石, 而打擲之, 避走遠住, 猶高聲唱言, 我不敢輕於汝等, 汝等皆當作佛. 以其常作是語故, 增上慢比丘·比丘尼·優婆塞·優婆夷, 號之爲常不輕."

105 그런데 자비가 높은 수행의 경지에서 나온 것인지 아니면 보통 사람도 가능한 경지인지에 대해서는 불교의 입장이 분명한 것은 아니다. 안성두, 「보살윤리의 성격」, 『우리의 가장 위대한 유산 대승불교의 보살』(씨아이알, 2008), 266~267쪽 에서는 높은 수행의 경지를 강조하기보다는 대자비를 동기로 해서 살생을 하는 경우를 소개한다. 그 내용은 다음과 같다. 티베트어로 번역된 『대방편경大方便經』에서는 부처의 『본생담』을 중심으로 살생 등의 행위가 어떤 한계상황 속에서 허용되고 있는지 서술하고 있다. 이 경전에서는 대비大悲라고 불리는 부처의 전생보살 때의 이야기를 담고 있다. 보살은 배의 선장으로서 5백 명의 상인을 운송하고 있었다. 어느 날 천신天神이 한 상인은 도둑이며 다른 사람을 죽이고 그들의 재물을 약탈하고자 한다는 것을 보살에게 알려주었다. 만약 도둑이 살생을 한다면 그 도둑은 억겁億劫 동안 지옥에서 고통을 받을 것이다. 그러나 만일 보살이 다른 상인들에게 그 상인이 도둑이라는 것을 알려준다면 그 상인들은 그 도둑을 죽일 것이고 따라서 살생의 죄로 인해서 그 상인들이 지옥에 갈 것이다. 그래서 보살은 도둑과 상인을 위해 자신이 살생죄를 범해서 그 도둑을 죽였다. 따라서 보살은 대비大悲의 마음과 선교방편에 의해 자신은 지옥의 고통을

다. 여기에는 불법을 보호하기 위한 상황과 방어전쟁이 포함되는데,[106] 이 항목에서는 불법을 보호하기 위한 상황만을 다루고자 한다.

1) 높은 수행 경지의 사람의 폭력은 인정함

불교에서는 높은 수행의 경지에 이른 사람이 제한적으로 폭력을 행사하

받았지만, 도둑을 그 고통에서 구할 수 있었다고 한다. 위의 이야기에서는 보살은 살생의 죄로 인해서 자신이 지옥에 떨어질 것을 알면서도 도둑에 대한 자비의 마음으로 인해 도둑을 죽인다. 그런데 보살이 자신의 살생으로 인해 지옥에 떨어지는가에 대해서는 판본에 따라 내용이 달라진다. 어떤 판본에서는 보살이 지옥에 떨어지기는 하지만 곧 좋은 세계로 다시 가게 된다고 하며, 다른 판본에서는 보살의 행위가 대비大悲라는 동기에 의해 이루어진 것이기 때문에 전혀 죄가 되지 않는다고 한다.

106 불교의 방어전쟁에 대해서는 『대살차니건자소설경』(『대정장』 9권, 337下~338上); 이병욱, 「불교의 평화관의 재구성-요한 갈퉁의 평화개념을 중심으로」, 『대동철학』 51집(대동철학회, 2010), 32~37쪽을 참조하기 바람. 이 논문은 이 책의 3장에 실려 있다. 그리고 안성두, 「보살윤리의 성격」, 『우리의 가장 위대한 유산 대승불교의 보살』, 271쪽: 국가가 외적에게 침입을 받아서 그 지역과 그 지역에 사는 사람을 보호해야 할 상황이 있다. 이때 선교방편을 사용하는 대승의 보살은 무기를 잡았을 것이다. 한국의 역사에서는 조선시대에 임진왜란과 병자호란 때에 승병의 활동을 제시할 수 있다. 방어전쟁에서는 보살이 국토와 인민을 무차별한 파괴와 살생에서 보호하기 위해서 손에 무기를 들고 적에 맞서는 것이 허용되었고, 이는 보살의 의무이기도 하였다. 그렇지만 이 경우에도 상대방에 대한 증오심 대신에 연민감을 가지고 싸워야 한다는 점이 일반의 전쟁 상황과 다르다.

안성두, 같은 논문, 271쪽: 또 후대(약 10세기)에 저술된 문헌인 『칼라탄트라』에서는 삼발라의 왕이 불법을 보호하기 위해서 이슬람 침입자를 정복하고 물리치는 전쟁을 묘사하고 있다. (이는 불교의 방어전쟁과 불법을 보호하기 위한 상황이 결합된 경우로 생각할 수 있다.)

는 것에 대해 인정한다. 이것을 살펴보기 위해서 먼저 원효의 무애행無
礙行의 근거부터 살펴보고, 그 다음에 선종에서 말하는 폭력관을 검토
한다.

(1) 원효의 무애행의 근거

원효는 『범망경』의 10중계 가운데 '자신을 칭찬하고 다른 사람을 낮추
는 경우(自讚毀他)'에 대해 새롭게 해석하고, 그것을 자신의 무애행의
논리적 근거로 삼은 것으로 보인다. 원효의 무애행의 근거는 행위의
겉모습에 현혹되지 말고 그 내면에 흐르는 깊은 뜻을 강조함에 있다.

원효는 '자신을 칭찬하고 다른 사람을 낮추는 것'을 이해하는 방법에
크게 두 가지가 있다고 한다. 얕게 이해하는 방법(淺識持犯過: 계를
지키고 범하는 것을 얕게 아는 허물)과 깊게 이해하는 방법(深解持犯德:
계를 지키고 범하는 것을 깊게 아는 덕)이다.

먼저, 계를 얕게 이해하는 것부터 살펴본다. '계를 얕게 이해하는
경우', 그 행위의 내면을 살피지 않고, 그 결과만을 가지고 복이다,
죄이다, 라고 이해하므로 오히려 복보다는 죄를 더 많이 짓는다. 이
내용에 대한 인용문은 다음과 같다.

하사下士가 이 말을 듣고서 말과 같이 이해해서 자기는 낮추고 다른
사람을 칭찬하는 것(自毀讚他)은 반드시 복업福業이고, 자기를 칭찬
하고 다른 사람을 낮추는 것(自讚毀他)은 결정코 죄를 짓는 것이라고
한다. 이와 같이 한결같이 말의 자취를 좇아서 이해한다. 그러므로
그 복은 닦으려고 하지만 복행福行은 적고 죄업罪業은 많으며, 그

죄를 버리려고 하지만 하나의 죄를 버리고는(善行을 하고) 오히려 3개의 복을 버리는 꼴이 된다. 이것이 계를 지키고 범하는 것을 얕게 아는 허물이다.[107]

이에 대해 '계를 깊이 이해하는 경우'에서는 겉모습에 구애되지 않고 그 내면을 따지는 데 그 특징이 있다. 원효는 자신을 칭찬하고 다른 사람을 낮추는 것(自讚毀他)의 의미를 4가지 경우로 나누어서 분석한다. 자기 마음의 진실에서 우러나오는 경우에는 ① 자신을 낮추고 다른 사람을 칭찬하는 경우(自毀讚他), ② 자신을 높이고 다른 사람을 낮추는 경우(自讚毀他), ③ 위의 두 가지(①과 ②)를 종합한 경우, ④ 위의 두 가지(①과 ②)를 모두 하지 않는 경우를 가릴 것 없이 모두 복福이 되는 경우다. 그에 비해서, 자기 마음의 진실에서 우러나는 것이 아니고 간교한 계산에서 출발하거나 무지無知에서 나온 것일 경우는 위의 4가지 경우에 모두 다 죄罪라고 한다.[108]

(2) 선종에 나타난 폭력관

원효의 무애행의 경우처럼, 불교에서 중요한 것은 겉의 행동이 아니고 내면의 세계이다. 그래서 선종에서는 제자를 이끌기 위해서 폭력을

---

107 『보살계본지범요기』(『한국불교전서』 1권, 584中), "下士聞之, 齊言取解, 自毀讚他, 必是福業; 自讚毀他, 定爲犯罪. 如是一向隨言取故, 將修其福, 福行少而罪業多; 欲捨其罪, 却罪一而除福三. 是謂淺識持犯過."

108 이병욱, 「원효 무애행의 이론적 근거」, 『원효학연구』 6집(원효학연구원, 2001), 336~337쪽.

제한적으로 사용하는 경우도 있다. 임제(臨濟, ?~867)가 스승인 황벽(黃檗, ?~850년경 입적)에게 불법佛法의 분명한 대의를 3차례 물었는데, 황벽은 3차례에 걸쳐서 모두 3대를 때렸다. 임제는 황벽의 문하에서 나와서 대우大愚화상에게 가서 황벽에게 자신이 왜 맞았는지 물었고, 대우화상의 답변을 듣고서 비로소 깨달음을 얻었다.[109] 여기서 황벽이 임제에게 사용한 것은 형식적으로는 폭력이 분명하지만, 이는 제자의 안목을 열어주기 위한 자비의 마음이 드러난 것으로 해석된다.

또한 임제는 가르침을 구하는 제자 정상좌定上座에게 가르침의 하나로서 멱살을 잡고 손으로 한 대 때렸는데, 그 제자는 주위에서 가르침을 받았으니 절을 하라는 말에 임제에게 절을 하다가 깨달음을 얻었다는 내용이 있다.[110] 여기서도 임제가 제자에게 폭력을 행사하였지만, 그것은 제자의 안목을 열어주기 위한 것으로 해석된다.

또한 선종의 하나인 우두종牛頭宗 계열의 저술인 『절관론絶觀論』에서는 "보살이 도道 아닌 것(非道: 비윤리적인 행동)을 행하지만 그것이 불도佛道에 통달하는 길이다"라는 것을 설명하고, 그 구체적 예시의 하나로서 살생에 대해 말하고 있다. 그래서 공空의 마음에서는 살생을 해도 죄가 되지 않는다고 한다. 그것은 곧 들판의 불길이 산을 불태우는 것과 같고, 맹렬한 바람이 나무를 부러뜨리는 것과 같으며, 벼랑이 무너져서 짐승이 그 속에서 압사당하는 것과 같고, 물이 범람해서 곤충이 물결에 휩쓸려 죽는 것과 같다는 것이다.[111]

---

109 이진오·김태완 역주, 『임제 100할』(장경각, 2004), 17~19쪽.

110 야나기다 세이잔, 일지 옮김, 『임제록』(고려원, 1988/1991), 263쪽.

111 혜원 역주, 「절관론」, 『선가어록』(운주사, 2000), 47~48쪽. 그리고 『절관론』의

『절관론』에서는 이러한 자연적 현상에는 분별의 마음이 없기 때문에 죄를 물을 수 없는 것처럼, 공空의 마음에서 살생을 한다면 죄가 성립되지 않는다고 주장한다. 그에 비해, 만약 조금이라도 머뭇거리는 마음이 있다면 마음에 미진한 구석이 있을 것이고, 그렇다면 작은 벌레를 죽인다고 해도 그것이 그 사람의 운명에 장애가 될 것이라고 주장한다.[112]

2) 폭력이 수용되는 객관적 상황 -『열반경』을 중심으로-

대승의 『열반경』에서는 폭력이 허용되는 경우를 제시한다. 그것은 계를 지키는 비구를 보호하기 위해서는 제한적으로 폭력을 행사해도 좋다는 것이다. 다만 이 경우에도 상대방을 죽이는 일은 금하고 있다. 그 자세한 내용을 살펴본다.

우선, 『열반경』에서는 계를 지키는 비구를 보호하기 위해서는 폭력을 사용해도 좋다는 입장을 취한다.

또 다른 번역서로서 박건주, 『절관론역주』(운주사, 2012), 59~149쪽과 김태완 역주, 「절관론」, 『달마어록』(침묵의 향기, 2012)이 있다.

112 혜원 역주, 「절관론」, 『선가어록』, 48쪽. 그리고 티베트 불교에서는 위의 주장보다 한 걸음 더 나간다. 안성두, 「보살윤리의 성격」, 『우리의 가장 위대한 유산 대승불교의 보살』, 270~271쪽: 12세기 티베트 승려였던 라마 상은 밀교에 통달한 수행자였다. 그는 자신의 종파에 반대하는 다른 종파의 승려를 죽여도 좋다고 했는데, 왜냐하면 그 승려의 잘못된 행동에서 구제하기 위해 그 승려를 죽이는 것이 보살로서 자신의 의무이기 때문이다. 그는 보살은 정치적 야망을 군사적 방식으로 달성할 권리를 가지고 있다고 선언하였다.

선남자여! 바른 법을 보호하고 지키는 사람은 (비록 자신들이)
오계를 받지도 않고 위의威儀를 닦지도 않았지만, 칼과 활과 화살과
창을 가지고서 계를 지키는 청정한 비구를 보호해야 한다.[113]

그리고 『열반경』에서는 폭력의 정당성을 인정하는 근거로서 다음의
두 가지를 거론한다. 하나는 자신을 보호해주는 사람이 없으면 비구가
자신의 역할을 제대로 할 수 없다는 것이고, 다른 하나는 계를 깨뜨린
사람 쪽에서 바른 법을 말하는 비구에게 오히려 폭력을 행사하고 적반하
장 식으로 자신의 행동을 정당화한다는 것이다. 이를 막기 위해서
바른 법을 말하는 비구를 보호해야 한다는 것이다. 그 내용을 좀 더
알아본다.

첫째, 『열반경』에서는 비구가 자신을 수호하는 사람이 없으면 그
비구가 경전을 독송하고 좌선하며 사람들에게 불법을 전해준다고 해
도, 나쁜 비구를 제대로 제어할 수 없기 때문에 실제로 보자면 쓸모없는
사람이라고 주장한다. 이런 점에서 비구는 자신을 수호하는 사람이
필요하다는 것이고, 바로 이 점에서 『열반경』에서는 폭력의 정당성을
인정한다고 해석된다.

만약 어떤 비구가 이르는 곳마다 헌신하고 가는 곳마다(趣足) 경전을
독송하고 좌선을 통해서 사유하고 어떤 사람이 와서 법을 물으면
곧 그를 위해서 (가르침을) 말해준다. (그 가르침의 내용은) 이른바

---

113 『대반열반경』(『대정장』 12권, 383中), "善男子! 護持正法者, 不受五戒, 不修威儀,
應持刀劍弓箭鉾槊, 守護持戒淸淨比丘."

보시와 지계와 복덕과 소욕지족이다. 비록 (이 비구가) 이와 같이 여러 가지로 법을 말할 수 있지만 그러나 (이 비구가) 사자후를 제대로 할 수 없어서 사자에게 둘러싸이지 못하고(다른 사람의 보호를 받지 못하고) 그래서 법이 아닌 (것을 행하는 사람) 곧 악한 사람을 항복하게 하지 못한다. 이와 같은 비구는 스스로 이롭지 못하고 중생을 이롭게 하지 못한다. 마땅히 알라! 이러한 비구가 게으르다는 것을. 그래서 이러한 비구는 비록 계율을 지키고 청정한 행을 수호하지만, 이러한 비구는 (스스로 이롭고 중생을 이롭게 하는 데에) 할 수 있는 것이 없다는 것을 알아야 한다.[114]

둘째, 이번에는 바른 가르침을 말하는 비구가 계를 깨뜨린 사람에게 위해危害를 당해서 이 비구가 죽음을 당한다고 해도, 계를 깨뜨린 사람 쪽에서 오히려 자신의 행동을 정당화해서 자신이 계를 지켜서 스스로 이롭고 다른 사람을 이롭게 한다고 주장한다. 이러한 사태를 막기 위해서 『열반경』에서는 국왕과 여러 신하와 우바새가 바른 가르침을 말하는 사람을 보호할 필요가 있음을 인정하였다. 이는 바른 가르침을 전하는 사람을 보호하기 위해서 폭력의 정당성을 수용한 것이라고 해석된다.

---

114 『대반열반경』(『대정장』 12권, 383中~下), "若有比丘, 隨所至處供身, 趣足 讀誦經典思惟坐禪, 有來問法, 即爲宣說. 所謂布施・持戒・福德・少欲知足. 雖能如是種種說法, 然故不能作師子吼, 不爲師子之所圍遶, 不能降伏非法惡人. 如是比丘, 不能自利及利衆生. 當知! 是輩懈怠懶墮. 雖能持戒, 守護淨行, 當知! 是人無所能爲."

만약 어떤 비구가 이와 같이 사자후를 할 때에(바른 가르침을 펼때에) 계를 깨뜨린 사람이 이러한 말(바른 가르침)을 듣고서 모두화를 내고 이 법사를 해치고자 한다. 설령 이 설법자가 (이 일로인해) 목숨을 마친다고 해도 (계를 깨뜨린 사람은 자신의 행동을)계를 지켜서 스스로 이롭고 다른 사람을 이롭게 하는 것이라고한다. 이러한 인연 때문에 나(부처)는 국왕과 여러 신하와 우바새가설법인說法人을 보호하는 것을 인정하였다. 만약 바른 법을 보호하고자 한다면 이와 같이 배워야 할 것이다.[115]

또한 『열반경』에서는 바른 법을 말하는 비구를 보호하기 위해서폭력을 행사해도 좋다는 입장을 더 보강하기 위해 과거의 사례를 제시하고, 나아가 과거의 사례에서 비구를 보호해서 얻은 이익에 대해 말하고있다. 구체적으로 말하자면, 바른 법을 말하는 비구가 있는데, 이일로 인해서 나쁜 비구들에게 이 비구가 핍박을 받는다면, 이 나쁜비구들과 격렬하게 싸워도 좋다는 것이고, 이때의 싸움에서 상처를입어도 조그마한 상처도 남지 않고 이때의 싸움으로 인해 미래의 법기(法器: 불도를 수행할 수 있는 사람)가 될 것이라고 한다.

그때 한 명의 계를 지키는 비구가 있었는데 각덕覺德이라고 하였다.많은 무리의 권속에게 둘러싸여서 사자후를 잘하였고 9부경전을

---

115 『대반열반경』(『대정장』 12권, 383下), "若有比丘, 能作如是師子吼時, 有破戒者,
聞是語已, 咸共瞋恚, 害是法師. 是說法者, 設復命終, 故名持戒, 自利利他. 以是緣
故, 我聽國主群臣宰相諸優婆塞護說法人. 若有欲得護正法者, 當如是學."

널리 말하였다. 그래서 여러 비구들을 제어하여 (비구들이) 노비와
소와 양과 같이 불법佛法에 저촉되는(非法) 물건을 두거나 기르지
못하게 하였다. 그때 계를 깨뜨린 비구가 많이 있었다. 이러한 주장을
듣고 (이들이) 악한 마음을 내어서 칼과 막대기를 들고서 이 법사를
핍박하였다. 이때 국왕이 있었는데 유덕有德이라고 이름하였다.
이러한 일(나쁜 비구가 각덕비구를 핍박한 일)을 듣고서 법을 보호하기
위해서 법을 설하는 사람이 있는 곳으로 곧 가서 계를 깨뜨린
여러 악한 비구들과 격렬하게 싸웠다. 그리하여 (왕은) 법을 설하는
사람(각덕비구)이 위해危害를 면하게 하였다. 왕이 이때에 몸에 칼과
창과 화살을 맞아 상처가 생겼는데 몸에는 겨자씨만큼의 상처(完處:
치료한 흔적)도 없었다. 이때 각덕비구가 왕에게 칭찬하기를 "잘하였
다. 잘하였다. 왕은 이제 진정코 바른 법을 보호하는 사람이다.
미래에 그대의 몸은 헤아릴 수 없는 법기法器가 될 것이다"라고
하였다. 왕이 이때 법을 듣고 나서 마음이 크게 기뻤다.[116]

나아가 불법을 보호하기 위해서는 폭력을 사용하는 것이 대승이라고
까지 『열반경』에서는 밝히고 있다.

---

116 『대반열반경』(『대정장』 12권, 383下~384上), "爾時有一持戒比丘, 名曰覺德.
多有徒衆眷屬圍遶, 能師子吼, 頒宣廣說九部經典, 制諸比丘, 不得畜養奴婢牛羊
非法之物. 爾時多有破戒比丘, 聞作是說, 皆生惡心, 執持刀杖, 逼是法師. 是時國
王, 名曰有德. 聞是事已, 爲護法故, 卽便往至說法者所, 與是破戒諸惡比丘極共
戰鬪, 令說法者, 得免危害. 王於爾時, 身被刀劍箭槊之瘡, 體無完處, 如芥子許.
爾時覺德尋讚王言, 善哉善哉. 王今眞是護正法者, 當來之世, 此身當爲無量法器.
王於是時, 得聞法已, 心大歡喜."

선남자여! 그러므로 법法을 보호하는 우바새 등은 칼과 막대기를
들고 이와 같이 법을 지키는 비구를 보호해야 할 것이다. 만약
오계를 수지한 사람이 있다 해도 대승인이라고 이름할 수 없다.
그렇지만 오계를 받지 않았지만 바른 법을 보호하기 위해 (행동한다
면) 대승이라고 이름할 것이다. 바른 법을 보호하려는 사람은 칼과
무기를 들고 설법자를 호위해야 한다.[117]

『열반경』에서는 위의 내용처럼 불법을 보호하기 위해 불가피한 경우
에는 폭력을 행사하는 것을 인정하지만, 그러나 상대방의 생명을 끊지
는 말라고 한다.

선남자여! 그러므로 내가 지금 계를 지닌 사람이 칼과 막대기를
지닌 여러 재가자(白衣)에게 의지해서 그들과 도반(伴侶)이 될 것을
허락한다. 만약 여러 국왕과 대신과 장자와 우바새 등이 법을 보호하
기 위한 까닭에 칼과 막대기를 들었다면, 나는 이러한 사람들(칼과
막대기를 든 사람들)이 계를 지닌 것이라고 이름한다. (그러나) 비록
(이들이) 칼과 막대기를 지니더라도 생명을 끊어서는 안 된다.
만약 이와 같을 수 있다면 제1의 계를 지킴(第一持戒)이라고 이름한
다.[118]

---

117 『대반열반경』(『대정장』 12권, 384上), "善男子! 是故護法優婆塞等, 應執刀杖,
　擁護如是持法比丘. 若有受持五戒之者, 不得名爲大乘人也. 不受五戒, 爲護正法,
　乃名大乘. 護正法者, 應當執持刀劍器仗, 侍說法者."

118 『대반열반경』(『대정장』 12권, 384中), "善男子! 是故我今聽持戒人 依諸白衣持刀
　杖者, 以爲伴侶. 若諸國王 · 大臣 · 長者 · 優婆塞等, 爲護法故, 雖持刀杖, 我說是等

5. 결론

이 글에서는 불교에서 폭력을 어떻게 보는가에 대해 살펴보고자 하였다. 그 내용을 정리하면 다음과 같다. 불교에서는 폭력을 반대하고 폭력에 대해서 폭력으로 대응하지 않고 지혜롭게 인욕의 자세로 대하라고 한다. 이것이 폭력에 대한 불교의 기본적 관점이라고 할 수 있다.

그렇지만 예외적으로 폭력을 용인하는 경우도 있다. 여기에 두 가지 경우가 있다. 하나는 높은 수행의 경지의 사람이 자비의 마음으로 인해서 폭력을 사용하는 것이고, 다른 하나는 바른 가르침을 말하는 비구를 보호하는 경우이다. (그리고 방어전쟁도 폭력을 인정하는 경우이지만, 이 글에서는 다루지 않았다.)

따라서 불교의 폭력관은 기본적으로는 폭력을 철저하게 부정하면서도 예외적인 상황으로 폭력에 대해 긍정적인 관점으로 보는 것이라고 할 수 있다. 이러한 불교의 유연한 사고방식은 현대사회에도 시사해주는 점이 있다고 생각한다. 물론 2절에서 거론한 현대의 철학자 가운데 폭력의 긍정적인 측면을 주목한 사람도 있다. 그러나 이러한 현대의 철학자들이 불교의 주장처럼 폭력에 대해 철저한 인욕(인내)을 말하면서도 동시에 폭력에 대해 열린 자세를 취한 것은 아니다. 한편 일반적으로 폭력과 자비(사랑)를 이분법적으로 구분하는 경향이 있는데, 이는 폭력에 대한 온전한 성찰이라고 할 수 없다. 불교의 유연한 사고방식은 이러한 구분법을 넘어설 것을 말해주고 있다.

名爲持戒. 雖持刀杖, 不應斷命. 若能如是, 卽得名爲第一持戒."

물론 불교의 폭력관에 이러한 긍정적 메시지가 있다고 해도, 불교의 폭력관에 문제의 소지나 부족한 점이 없는 것은 아니다. 우선 현대와 같은 민주주의 시대에는 높은 수행의 경지의 사람이라고 해서 그들이 행사하는 폭력에 대해 긍정적 시선을 던지는 것에는 한계가 있을 수밖에 없다. 현대의 법치국가에서 어떤 한 사람의 행위에 대해 특별히 예외적 의미를 부여하기는 곤란할 것이다. 예를 들면, 거의 모든 대학에서 성적을 평가할 때 상대평가제를 도입하고 있으므로, 과거에 아무개 교수님의 강좌는 F만 면하면 된다는 전설적 이야기는 이제 사라질 수밖에 없는 것과 비슷하다. 이제는 어떤 한 강의만 상대평가제에서 벗어날 수 없게 되었다. 따라서 높은 수행 경지의 사람의 예외적인 행위로 인해서 전체의 윤리와 질서를 흔들 필요는 없다고 본다. 현시대 (현대한국)에서는 높은 수행 경지의 사람이라고 해서 그들의 행동이 예외적인 것이라고 인정해 주기는 어려울 것이다. 과거에 그들의 행위가 예외적이라고 인정받은 것에는 민주주의가 제대로 시행되지 않은 당시의 시대상황과도 어느 정도 관련이 있다고 생각한다.

또 대승의 『열반경』에서는 불법을 보호하기 위해서 제한적으로 폭력을 행사하는 것에 대해 긍정적 입장을 취한다. 이는 그 시대상황과 관련이 있는 것으로 보인다. 현시대(현대한국)에서는 더 많은 경우에서 제한적으로 폭력을 행사하는 것에 대해 긍정적인 입장을 취할 수 있다. 2절에서 지젝의 주장을 소개한 것처럼, 사회정의와 관련해서 시민불복종 형태의 폭력에 대해서는 전향적으로 접근할 필요가 있다. 그렇게 되면, 2절에서 피터 싱어의 주장을 소개한 것처럼 구체적 상황 하나하나에 대해 좀 더 섬세하게 성찰해야 할 것이다. 그러므로 불교의 현대화를

위해서는 열린 관점에서 과거의 사례에 구애받지 말고 창조적 재해석을
해나갈 필요가 있다.

3부

불교의 자연관과 자본주의 문화 비판

5장 불교의 자연관

1. 서론

환경문제에 대한 불교 쪽의 대안은 무엇인가? 윤호진은 환경문제를
해결하는 데 도움을 줄 수 있는 불교사상으로서 연기법(공존의 원리),
욕망이론과 욕망을 극복하는 실천원리, 업사상(자업자득의 원리)을
제시한다.

첫째, 만물은 서로 밀접한 관계 속에서 존재하고 있기 때문에 어떤
한 존재의 생성이나 소멸은 그 존재에게만 한정되는 것이 아니고 수많은
다른 존재에게 영향을 미친다. 의미가 거의 없어 보이는 바다 속의
플랑크톤이나 땅속의 박테리아도 지구 위에 살고 있는 수많은 생물에
절대적 영향을 미친다. 환경문제의 해결을 위해서는 연기법적인 사고
가 절대적으로 필요하다. 모든 존재는 상호관계 속에서 존재하고 있다

는 것을 인식해야 한다.

둘째, 욕망을 최대한으로 충동질하고 부추기는 생활방식과 물질 우선의 가치관으로는 현재 인류가 당면하고 있는 환경문제를 해결할 수 없다. 이러한 욕망의 문제를 다스리는 데 불교가 도움을 줄 수 있다.

셋째, 업業은 인간이 행하는 모든 행위를 지칭하는 것이다. 이 업業의 원리는 자업자득自業自得의 원리이다. 이는 자신이 행위하고 그 결과를 자신이 받는다는 것이다. 이 업사상을 환경문제에 대입할 수 있다. 환경문제는 인간이 만든 것이다. 현재 인간이 받고 있는 환경오염에 따른 피해는 과거에 인간이 환경에 대해 행위를 한 결과이다.[119]

한편, 이 글에서는 환경문제를 해결하기 위한 대안을 모색하기 위해 불교의 자연관에 대해 알아보고자 한다.

불교의 자연관을 연구하는 데에는 두 가지 흐름이 있다. 하나는 경전을 통해서 접근하는 것이고, 다른 하나는 불교의 전통을 통해서 접근하는 것이다. 슈미트하우젠(L. Schmithausen)은 역사학적이고 문헌학적인 관점을 중시하면서 원전에 대한 비판적 분석을 통해 환경윤리의 대안을 모색해야 한다고 주장한다. 그에 비해, 해리스(I. Harris)와 캔트웰(C. Cantwell)은 환경윤리의 대안을 불교의 전통 속에서 찾고자

---

119 윤호진, 「환경문제의 불교적 조명」, 『21세기 문명과 불교』(동국대학교, 1996). 그리고 비슷한 관점이 데이비드 킨슬레이, 「아시아의 종교적 전통에 나타난 불교생태학」, 『불교평론』 15호(2003년 여름호)에서도 나타난다: 비폭력, 명상을 통한 자아통제, 모든 존재의 상호의존성, 소비문화에 대한 반대(반문화), 자연에 대해 존경하는 태도(돌과 나무에도 불성이 있다)를 제시한다.

한다.[120]

　따라서 이 글에서는 자연관을 연구하는 두 가지 흐름을 모두 수용하고
자 한다. 다시 말해서 불교의 자연관을 경전, 곧 사상을 통해서 접근하
고, 또한 불교의 전통, 곧 한국불교사찰의 역할과 구조 속에서 자연친화
적 측면이 있음을 살펴보고자 한다. 글의 전개순서에 대해 말하자면,
2절에서는 한국불교문화에 나타난 자연관의 이중적 모습을 살펴보고,
3절에서는 불교사상, 그 가운데서 허응당 보우의 사상에 나타난 자연관
을 검토하고, 4절에서는 전통사찰의 역할과 구조에 나타난 자연친화적
모습을 알아보고자 한다.

2. 한국불교문화의 자연관의 현주소

현재의 한국불교문화에는 환경을 파괴하는 모습도 있고, 자연친화적
인 모습도 있다. 신문에 불교사찰에서 쓰레기를 무단으로 버리고 산림
을 훼손한 사례가 적지 않게 보도되고 있다. 그와 반대로 한국불교문화
속에서는 환경을 적게 오염시키고 자연을 보존할 수 있는 여러 가지
덕목과 시설이 남아 있다.

1) 한국사찰의 환경파괴 사례: 부정적 모습

현재의 불교사찰을 보면 자연환경을 보호하고 보존하기보다는 훼손하
는 부정적 모습도 있다. 그것은 자연림을 훼손하는 것, 수질을 오염시키

---

120 류승주, 「불교생태학의 현주소」, 『불교학보』 42집(불교문화연구원, 2005), 196~
　　198쪽.

는 것, 쓰레기 문제 등이다. 그 자세한 내용을 살펴본다.

첫째, 국립공원 안에서의 자연림 훼손과 환경파괴이다. 국립공원관리공단을 비롯한 정부의 공원화정책과 개발정책으로 인해서 오랜 역사와 아름다움을 간직한 국립공원 안에서 사찰 주변의 환경이 훼손되고 있다. 또한 도로와 터널 건설 등의 건설공사로 인해서 사찰은 순환도로의 정거장으로 변하고 있는 형편이다. 도로가 개발되면서 관광객이 밀려들고, 그 관광객을 맞이하기 위해서 시설도 집단화되고 대형화되고 있다. 아울러 그로 인해 사찰지역에 있는 나무와 화초의 훼손도 심각하다. 그와 동시에 사찰 쪽에서도 반성할 점이 많다. 사찰의 대형불사는 더 많은 위락시설을 개발하게 하는 요인이 되고, 불교의 수행기풍도 흐려놓을 가능성이 높다. 사찰의 불사는 오랜 시간을 두고 점차적으로 진행되어야 할 것이다.

둘째, 사찰 주변의 수질오염이다. 한국의 유명사찰의 대부분이 산속에 있기 때문에 관광지나 유원지의 기능도 아울러 하고 있다. 그러다 보니 사찰 주변에 관광객이 몰려들고, 이들의 불법취사로 인해 인근 계곡과 하천이 심하게 오염되고 있다. 또한 사찰 안에서 발생하는 생활하수와 분뇨정화조 유출수, 그리고 여관과 음식점 등 사하촌을 형성하고 있는 시설물에서 나온 생활하수 등으로 인해서 수질 오염이 점점 심해지고 있다.

셋째, 늘어나는 쓰레기 문제이다. 사찰 지역에서 발생하는 쓰레기 문제로 인해서 심각한 환경문제를 일으키고 있다. 쓰레기의 대부분은 이용자들의 음식물 찌꺼기와 비닐봉투와 빈 병과 깡통 등인데, 특히 주말이나 휴일의 경우 쓰레기 양이 더욱 늘어난다고 한다.[121]

이러한 환경훼손의 원인으로 다음의 6가지를 생각해 볼 수 있다.

첫째, 관광지로서 사찰의 환경이다. 한국의 대표적인 사찰이 대표적인 관광지의 역할을 하고 있다. 최근의 사찰운영과 관리체계가 대량의 소비적이고 환경파괴적인 일반사회의 관리체계로 변화되었기 때문에 사찰의 환경훼손은 이미 돌이킬 수 없는 지경이 된 것이 아니겠냐는 자성의 목소리가 있다.

둘째, 사찰 관계자들(사찰의 소임스님과 종무소 종사자)이 환경훼손과 관련된 문제에 대해서 전문적 지식이 없으며, 많은 경우 무관심하다는 것이다. 특히 해당 사찰이 직접적인 관련이 없는 경우에는 그 정도가 두드러진다.

셋째, 무분별한 사찰의 불사佛事이다. 사찰의 주변 환경과는 무관하게 규모가 너무 크거나 어울리지 않는 건물이 들어서고 있다. 주변의 자연환경과 전체적인 조화를 이루어야 하는데도 무계획적인 건물의 배치가 이루어지고 무계획적으로 건물이 세워지고 있다. 전통적으로 한국의 사찰환경에 관한 기본적 원칙은 자연과 조화를 이루는 것이었다. 현재 이러한 원칙이 무너지고 있다.

넷째, 관리의 부실이다. 사찰 내부의 물리적 공간과 사부대중과 탐방객 등의 인원은 환경적으로 보아서 환경오염을 배출하는 오염원이다. 그렇다면 사찰에서 환경오염물질을 적절히 관리하는 환경시설물을 설치하고 관리해야 한다. 그러나 많은 사찰의 경우, 적절한 관리가 이루어지지 않아서 사찰환경을 악화시키고 있다.

---

121 박석동, 「생명살림·생태적 삶을 위한 불교의 역할」, 『불교평론』 6호(2001년 봄호), 69~73쪽.

다섯째, 사찰환경문제에 대한 참여와 연대의 부족이다. 불교가 종교의 하나로서 사회적 책임과 의무를 등한시하고 있고, 일반 시민과 시민단체가 불교계에 기대하는 수준에 미흡하게 반응하고 있다는 반성의 목소리가 있다. 평상시에는 주위에 벌어지는 여러 환경문제에 대해서는 무관심하다가, 외부의 개발로 인해서 해당 사찰이 직접적인 피해를 당할 때는 적극적인 관심을 나타내고 환경단체와 연대해서 환경문제에 참여한다. 그리고 해당 사찰의 환경문제가 해결되면, 일부 불교단체와 스님을 제외하고는 다시 현재의 불교계의 모습으로 돌아가는 경향이 있다.

여섯째, 환경교육과 홍보의 부족이다. 사찰의 환경문제에 대해서 체계적인 교육프로그램의 개발과 지속적인 교육이 이루어져야 하는데, 현실에서는 일시적이거나 일회성의 행사로 끝나는 경우가 대부분이다. 또한 사찰 주위의 주민과 단체를 상대로 해서 사찰환경문제에 대해 이해를 구하고 홍보하는 것이 상당히 부족하다.[122]

2) 자연친화적인 불교전통문화

한국의 불교전통문화에서 자연친화적인 '덕목'과 '시설'로서 채식문화, 음식쓰레기를 남기지 않는 발우공양, 자연순환형 문화에 속하는 사찰의 전통화장실인 해우소, 방생법회를 들 수 있다. 이것이 점차 사라지거나 변형되는 추세인데, 원래의 취지를 살려서 자연친화적인 측면을 복구할 필요가 있다. 그 내용에 대해 살펴본다.

---

122 이병인, 「사찰환경의 종합적 관리방안」, 『한국불교학결집대회논집』 2집 하권(한국불교학결집대회조직위, 2004), 1407~1417쪽.

(1) 채식문화: 불살생不殺生의 생명운동

'불교' 하면 대표적으로 떠오르는 것이 채식이지만, 초기불교에서는 육식을 금하지 않았다. 초기불교에서는 다음의 3가지 조건을 갖추면 육식을 허락하였다. 그것은 자기를 위해 죽이는 것을 보지 않았고, 자기를 위해 죽였다는 소리를 듣지 않았으며, 자기를 위해 고의로 죽였다는 의심이 없는 것이다. 그렇지만 대승불교에서는 엄격히 육식을 금지한다.[123]

현재 한국불교(조계종)에서는 육식을 대승불교의 전통 속에서 금지하고 있다. 사람의 먹을거리로 도살되는 동물(가축)의 생명의 개체수는 매년 200억에 이른다. 또한 이 동물을 기르는 과정과 도축하는 광경을 보게 되면 아주 비참하기 이를 데 없다.[124] 게다가 이러한 동물을 기르기 위해서 베어지는 삼림은 매년 한반도의 남한 정도의 크기라고 하며, 나무가 베어진 숲은 몇 년 뒤에는 사막화된다. 또한 베어지는 삼림으로 인해서 사라지는 생물종은 매년 최소 1천 종에서 최대 1만 종에 이른다고 한다.

이처럼 육식은 채식을 하는 것보다 훨씬 많은 자원을 낭비한다. 사료로 사용되는 곡물을 생산하기 위해서 열대의 우림이 파괴되고, 더불어 환경도 파괴되고 있다. 따라서 육식의 소비문화는 생명에 대단

---

123 마성, 「불교는 육식을 금하는 종교인가」, 『불교평론』 19호(2004년 여름호), 238~239쪽: 불교에서는 무엇을 먹느냐 하는 것은 중요하지 않다고 하면서 음식은 신체를 유지하기 위한 수단에 지나지 않는 것이므로 채식만을 고집하는 것은 또 다른 유형의 집착이라고 지적한다.

124 사육당하고 도축당하는 동물의 비참한 상태에 대해서는 허남결, 「육식의 습관과 동물의 권리」, 『불교평론』 37호(2008년 겨울호)를 참조하기 바람.

히 반대되는 것이라고 할 수 있다.[125]

그러나 육식에 여러 문제가 있다고 해서 모두 완벽하게 채식을 할 수는 없을 것이다. 현실적으로는 채식 위주의 식사를 하면서 축산기업에서 사육한 고기를 거부하고 자연환경에서 기른 고기를 먹는 것이 대안이 될 것이다.[126] 또한 채식은 단순히 고기를 먹지 말라는 계율의 의미만이 아니라 생명을 죽이지 않는 것, 곧 생명살림운동의 적극적인 모습의 하나로 승화될 수 있다. 만약 불교도의 상당수가 앞장서서 고기를 먹지 않아도 되는 문화를 만들어가는 데 동참할 수 있다면, 채식이 환경문제를 해결하기 위한 불교적 대안으로 떠오르게 될 것이다.[127]

(2) 발우공양: 음식물 쓰레기에 대한 해결

사찰에서 전통적으로 유지해온 발우공양은 '발우'라는 밥그릇을 사용하여 밥을 먹는 식사법이다. '발우'는 자기의 몸에 알맞도록 적당한

---

125 박석동, 「생명살림·생태적 삶을 위한 불교의 역할」, 『불교평론』 6호(2001년 봄호), 75쪽. 그리고 채식을 그 목적에 따라 구분하면 환경을 위한 채식, 동물보호를 위한 채식, 식량과 기아해결을 위한 채식, 건강을 위한 채식 등이다. 자세한 내용은 현현, 「채식하는 서양인, 육식하는 동양인」, 『불교평론』 36호(2008년 가을호), 64~71쪽을 참조하기 바람.

126 육식이 갖는 정치적 의미와 사회적 의미에 대해서는 이도흠, 「육식의 정치학 그리고 사회학」, 『불교평론』 36호(2008년 가을호)를 참조하기 바람. 이 논문에서는 고기는 남성을 의미했고, 권력이었으며, 고기를 먹는 '중심'이 채식을 하는 '주변'을 수탈한다고 주장한다.

127 박석동, 「생명살림·생태적 삶을 위한 불교의 역할」, 『불교평론』 6호(2001년 봄호), 75쪽.

양을 담는 그릇이라는 의미이고, '공양'은 공급하여 기른다는 의미이다. 발우공양에서는 먹을 만큼의 분량을 자신의 그릇에 담아서 먹고, 남겨 놓은 김치나 무 조각으로 깨끗이 그릇을 닦은 다음 뜨거운 숭늉을 부어서 마시고, 다시 깨끗한 물을 이용해서 깨끗이 닦아낸 뒤에 발우 수건으로 닦는 과정을 거친다. 이러한 발우공양은 철저히 위생적인 청결공양이고, 조금도 낭비가 없는 절약공양이다.

또한 식사는 혼자 하는 것이 아니고, 반드시 대중과 함께 하므로 반찬이 모자라면 서로 반찬을 주고받아서 반찬이 모자란 사람과 공평하게 나눈다. 공양을 마친 뒤에는 공동체 성원들 사이에 의견을 나누거나 알리는 대중공사를 한다. 이처럼 발우공양은 공동체를 단결시키고 화합시킬 수 있는 성스러운 의식이다.

일반사회에서 식기세척 과정에서 하루 1인당 수십 리터 이상의 물이 소모되고 오수(더러워진 물)가 발생하지만, 발우공양을 하면 21명이 사용하고 버리는 물의 양이 하루 1인당 1.05리터이며(일반가정에서는 32.6리터), 수질도 일반가정의 오수보다 훨씬 양호하다. 발우공양을 하고 몇 차례에 걸쳐 수질검사를 한 결과 유기물에 의한 오염도를 나타내는 BOD와 COD가 평균 14mg/L과 13mg/L 정도이고(일반가정의 경우 207.6mg/L, 160.3mg/L), 부유물질(SS)은 8.01mg/L이며(일반가정의 경우 241.2mg/L), 영양물질인 총질소(T-N)가 1.98mg/L이고(일반가정의 경우 26.38mg/L), 총인(T-P)이 0.04mg/L이며(일반가정의 경우 1.62mg/L), 합성세제는 전혀 사용하지 않았음을 알 수 있다(일반가정의 경우 2.04mg/L). 이처럼 발우공양은 일반식사법과 비교하면 낮은 수질 오염부하, 음식쓰레기가 발생하지 않는다는 점, 물 절약의 측면에서 현저한 장점이 있다.

또한 환경문제는 연관되어 있는 모든 것이 단절되어 있다고 보는 데서 생긴다. 따라서 서로 연관되어 있고 은혜에 감사하는 내용을 담은 오관게五觀偈를 발우공양 전에 외우는 일은 환경문제를 인식하는 출발점이 된다. 음식은 태양과 바람, 물과 풀벌레, 새와 사람의 수많은 노고의 결정체이다. 현재 살고 있는 모든 중생의 노고가 바로 이 음식에 들어 있는 것이고, 시간적으로는 과거의 모든 중생의 기술과 노고가 쌓인 것이다. 그래서 음식에 대해 감사하지 않을 수 없고, 거룩하게 여기지 않을 수 없다. 그리고 그릇을 깨끗하게 닦아서 먹고 수질오염을 일으키지 않는 청결한 공양이 바로 발우공양이다.

한편 젖은 쓰레기의 대표라고 할 수 있는 음식물 쓰레기는 쓰레기 매립에 큰 문제가 되고 있고, 그 처리비용으로 1년에 5조 원이 들어간다고 한다. 발우공양을 하면 음식쓰레기가 발생하지 않지만, 일반가정의 경우 하루 1인당 0.24킬로그램의 음식쓰레기가 발생한다. 또한 가난한 나라의 사람은 굶고 있고, 북한에서도 많은 사람이 굶주림으로 고통받고 있는 상황임을 기억한다면, 음식을 남겨서 버린다는 것은 도덕적인 관점에서도 문제가 된다.

음식물 쓰레기를 걱정하는 사람과 단체에서는 음식물을 남기지 않는 운동을 전개하고 있다. 나아가 불교계에서는 발우공양의 정신을 이어받아 '그릇을 닦아 먹는' 운동을 전개할 필요가 있다. 이것을 통해서 음식물을 낭비하지 않고, 또한 그릇을 닦을 때 세제를 절약해서 사용하거나 쌀뜨물이나 다른 자연세제를 사용하게 된다(유해한 세제를 사용하지 않는다). 또한 김치로 그릇을 닦아 먹은 후에, 그것을 설거지한

쌀뜨물은 화초나 나무에 주어도 좋다. 그리고 발우공양의 뜻을 현대화한 다음의 게송을 외우고 식사를 하는 것도 의미 있는 일이 될 것이다.

한 방울의 물에도 천지의 은혜가 깃들어 있고
한 톨의 밥에도 만인의 노고가 깃들어 있으며
한 올의 실타래 속에도 직녀의 피땀이 서려 있다.
이 물을 마시고 이 음식을 먹고 이 옷을 입고
부지런히 수행정진 하여
괴로움이 없는 사람, 자유로운 사람이 되어
일체중생의 은혜에 보답하겠습니다.[128]

(3) 해우소: 생태적 삶의 순환고리

사람의 배설물은 오염원汚染源이 아니고, 생태순환의 중요한 고리이며, 자연 질서를 유지시키는 중요한 에너지원이다. 그런데 물질문화를 강조하는 서구적 가치체계가 현대사회의 지배이념이 되면서부터 인간의 배설물 처리도 생태적인 것에 역행하게 되었다.

현재의 가정하수와 분뇨의 처리체계는 가정에서 배출되는 오수와 분뇨(수세식 화장실 유출수)를 하수도를 통하여 하수처리장으로 이송한

128 이병인, 「환경친화적 불교생활양식의 환경성 평가-발우공양과 전통화장실을 중심으로」, 『한국불교학결집대회논집』 제1집 하권(한국불교학결집대회 조직위, 2002), 723~731쪽; 박석동, 「생명살림·생태적 삶을 위한 불교의 역할」, 『불교평론』 6호(2001년 봄호), 76~78쪽. 그리고 발우공양의 전체적 과정에 대한 설명은 남궁선, 「발우공양법의 수행 및 생태적 고찰」, 『불교학연구』 21호(불교학연구회, 2008)를 참조하기 바람.

다. 그 다음에 하수처리장에서 하수와 분뇨의 오염물질을 슬러지(산업
폐기물의 일종) 상태로 제거한다. 최종적으로 슬러지를 소각하거나
일부는 재활용하고, 남는 것은 매립지에 매립하고 있다.

이러한 가정하수와 분뇨의 처리과정에서 가정하수와 분뇨 안의 유용
한 자원들이 폐자원으로 버려지고 있다. 이는 자원의 순환을 차단하는
폐쇄형시스템이라고 볼 수 있다. 이런 의미에서 도시지역에는 문제점
이 발생한다고 할 수 있다. 그러나 농촌지역이나 산간지역의 경우,
분뇨를 퇴비로 만들어서 사용하는 것은 인근의 토지를 활용하고 토지의
자생력을 회복하는 것이다. 이 점에서 전통식 화장실이 자원을 절약하
는 환경친화적 처리시스템이라고 볼 수 있다. 이는 단순한 처리의
문제가 아니고 자원의 자연 순환을 촉진함으로써 자연 순환형 사회를
촉진시키는 계기가 된다는 점에 주목할 필요가 있다.

이런 관점에 서면, 사찰의 전통화장실인 해우소는 물 절약과 자원재
활용 등 순환형 사회의 구체적 실례라고 할 수 있다. 전통화장실인
해우소는 수세식 화장실의 용수가 필요하지 않으므로 일반가정에 비해
20~30퍼센트 정도 용수 사용량을 절약할 수 있으며, 나중에 분뇨를
퇴비하여 쓰면 토지의 지력地力을 회복하게 하는 기능을 한다.

이처럼 오랫동안 사찰의 해우소는 생태적인 뒷간의 좋은 본보기였
다. 사찰에서 직접 농사를 지었던 때에는 그것이 가능하였다. 하지만
지금은 찾아오는 방문객이 늘어나고, 그에 따라 수세식 변기를 이용한
화장실이 설치되었다. 더러움과 멀리 떨어져 있는 것이 문명적 삶의
잣대가 되고, 내 눈에 보이지 않는 것에 대한 무책임이 환경문제를
더욱 나쁘게 만드는 원인의 하나이다.[129]

(4) 방생법회: 생명살림의 기원

방생은 본래 묶여 있고 갇혀 있는 생명을 해방시켜 준다는 불교의식의
하나이다. 그런데 요즘 불교의 방생의식은 강물에 물고기를 풀어주고
복덕을 비는 의식儀式 정도로 이해되고 있는 형편이다. 방생할 장소의
생태적 특징을 고려하지 않은 채, 그곳에 적합하지 않은 물고기 종류를
풀어 놓아서 결국에는 생태계를 어지럽히고 환경을 파괴하기조차 하는
지경에 이르렀다(하지만 외래종이라고 해도 생태계는 자연적 개체조절
능력이 있다는 입장도 있다). 경우에 따라서는 방생법회가 대규모로
행해지면서 음식물이나 기타 오염물질들이 하천에 들어가 수질을 오염
시키기도 한다. 게다가 강의 상류에서 물고기를 놓아주면 하류에서
낚시꾼이 다시 잡아들이는 상업주의도 한 몫을 하고 있다.

따라서 이러한 문제점을 넘어서기 위한 방생법회에 대해 진지하게
고민할 필요가 있다. 첫째, 방생 지역의 특성을 잘 따져보아서 생태계의

---

129 이병인, 「환경친화적 불교생활양식의 환경성평가-발우공양과 전통화장실을
중심으로」, 『한국불교학결집대회논집』 제1집 하권(한국불교학결집대회 조직
위, 2002), 723~731쪽; 박석동, 「생명살림·생태적 삶을 위한 불교의 역할」, 『불교
평론』 6호(2001년 봄호), 78~81쪽. 그리고 헬레나 노르베리 호지 지음, 양희승
옮김, 『오래된 미래-라다크로부터 배우다』(중앙books, 2007/2009), 76쪽: 사람
의 배설물까지도 그냥 버리는 일이 없다. 라다크의 가정에는 수직으로 된 수로
위쪽으로 1층 높이의 재래식 화장실이 있는데, 화장실에서 모은 배설물에 흙과
화로에서 나온 재를 섞으면 악취가 제거되고 화학적 분해가 활발해져 아주
좋은 퇴비가 만들어진다. 그렇게 해서 만들어진 퇴비를 1년에 한 번씩 수거하여
비료로 활용하는 것이다. 라다크 사람들은 그런 식으로 아주 오랜 세월 모든
것을 재활용해 왔다. 말 그대로 아무것도 그냥 버려지지 않는 것이다. 그렇게
열악한 자원만을 가지고 라다크의 농부들은 거의 완벽한 자립을 이룰 수 있었다.

질서를 어지럽히지 말아야 할 것이다. 둘째, 물고기를 놓아주는 것만이 아니라, 야생 동물이나 조류에게 먹이를 주는 일 등으로 방생법회의 다양화를 추구할 필요가 있다. 특히 겨울철 산에는 야생 동물의 먹이가 부족한 실정이므로 이때 먹이를 나누어주는 방생법회는 상당한 의미가 있을 것이라고 기대한다. 요즘에는 나무 심기, 꽃씨 뿌리기 등으로 방생법회를 하기도 하고, 사찰 주변의 산야山野에서 생태관찰 프로그램을 실시하기도 한다. 이처럼 방생법회의 다양화가 요청되고 있다.[130]

3. 불교사상에 나타난 자연관: 허응당 보우의 사상을 중심으로

앞에서 현재 한국불교문화 속에서 자연에 관한 태도에 두 가지 모습이 있음을 알아보았다. 여기서는 친환경적인 측면을 부각하기 위해서 불교사상에 나타난 자연관에 대해 살펴보고자 한다.

그러면 불교사상의 자연관은 무엇인가? 김종욱은 법성法性과 법계法界의 개념을 구분하고서 불교사상의 자연관을 이끌어낸다. 그것은 연기가 불교사상의 자연관이라는 것이다. 법성法性은 법의 본성을 말하는 것인데 이는 연기緣起를 의미하는 것이다. 법계法界는 두 가지 의미가 있는데, 하나는 법성의 경우처럼 연기를 의미하는 것이고, 다른 하나는 연기의 이치에 의해 이루어진 모든 존재를 의미하는 것이다. 불교에서 말하는 자연은 법성, 곧 연기가 그 원리이고, 그리고 법계, 곧 연기의 이치에 의해 이루어진 모든 존재를 범위로 해서 모든

---

130 박석동, 「생명살림·생태적 삶을 위한 불교의 역할」, 『불교평론』 6호(2001년 봄호), 80~81쪽.

존재가 서로 의존적 관계를 이루고 있으면서 한 생명의 바다를 이루는 것이다. 그래서 불교에서는 "천지는 나와 한 뿌리이고 만물은 나와 한 몸이다(天地與我同根 萬物與我一體)"라고 하고, "마음과 대상세계는 둘이 아니다(色心不二)"라고 한다. 이러한 불교사상의 자연관은 오늘날 생태학의 입장과 통하는 것이다.[131]

이러한 김종욱의 견해는 불교의 자연관을 잘 표현한 것이다.[132] 3절에서 필자는 김종욱의 견해를 받아들이고, 허응당 보우의 사상을 통해서 불교의 자연관을 다시 확인해볼 생각이다. 허응당 보우의 사상이 한국 불교를 대표하는 것은 아니지만, 그의 사상에서 불교의 자연관을 살펴보는 데 의미 있는 관점을 읽을 수 있다.

그리고 앞에서 소개한 김종욱의 견해는 화엄종의 일즉일체一卽一切를 다르게 표현한 것이라고 할 수 있다. 화엄종의 '일즉일체'는 초기불교

---

131 김종욱, 「자연과 인간의 바람직한 관계는 무엇인가」, 『불교에서 보는 철학, 철학에서 보는 불교』(불교시대사, 2002), 158~170쪽. 그리고 김종욱, 「불교생태학과 포스트모더니티」, 『불교평론』 16호(2003년 가을호)에서 불교의 자연관을 더욱 발전시켜서 불교생태학으로 연결시킨다.

132 다음의 논문은 김종욱의 주장에 다른 자료를 추가해서 더욱 발전시키고 다듬은 것이라고 판단된다. 고영섭, 「불교의 자연관」, 『연기와 자비의 생태학』(연기사, 2001); 박경준, 「불교적 관점에서 본 자연」, 『불교학보』 40집(불교문화연구원, 2003); 배상환, 「기독교 자연관과 불교의 자연관」, 『학제적 연구로서의 불교생태학』(동국대출판부, 2007); 이중표, 「불교에서 보는 인간과 자연」, 『불교학연구』 2호(불교학연구회, 2001): 인간과 자연, 나와 남이 상호의존적이고 하나의 전체를 이루고 있음을 자각해서, 인간과 자연이 한 몸이라고 보는 동체자비同體慈悲를 실천하는 것으로 이어진다. 그리고 이러한 관점은 이중표, 「자비의 윤리」, 『불교학연구』 12호(불교학연구회, 2005)에서 구체화된다.

의 가르침인 무상無常·고苦·무아無我와 밀접한 관계에 있는 것이다.
무상·고·무아의 가르침은 다음과 같다. 모든 사물은 변하는 것이고,
변하는 것을 변하지 않는 영원한 것이라고 잘못 판단하는 것은 결국
고통을 일으키고, 고통을 일으키는 것은 진정한 자아가 아니고, 자아가
실현될 대상이 될 수 없다는 것이다. 그래서 변화하는 대상 어떤 것에도
집착하지 말 것을 초기불교에서는 전하고 있다. 이 점이 대승불교에
와서는 공空의 가르침으로 바뀌고 있지만, 모든 것에 집착하지 말라는
기본 정신은 초기불교와 맥이 닿아 있다.

　이러한 공空의 가르침을 인식구조의 차원에서 설명하면, 보는 주관
과 보이는 객관이 서로 떨어져 있는 것이 아니고, 근원에서 사무쳐
본다면 하나라는 것이다. 그래야만 어떤 대상에도 집착하지 않을 수
있는 힘이 생겨난다. 이처럼 주관과 객관의 일치를 체험한 사람은
시간과 공간의 한계를 넘어설 수 있고, 그런 사람에게 열리는 세계가
바로 일즉일체一卽一切이다. 다시 말해서, 공간의 한계를 넘어섰으므로
가장 큰 산인 수미산이 가장 작은 대상인 겨자씨에 들어가는 일이
생길 수 있고, 시간의 한계를 벗어났으므로, 가장 긴 시간인 영겁永劫이
가장 짧은 시간인 찰나刹那와 같아질 수 있다는 것이다.

　허응당虛應堂 보우(普雨, ?~1565)는 조선시대에 불교의 세력을 복원
하기 위해 노력하다가 순교한 인물인데, 그는 그의 저술 「일정론一正論」
에서 화엄종의 '일즉일체'를 독자적 관점으로 재해석한다. 「일정론」에
서는 불교에서 말하는 '천지와 내가 하나가 되는 경지'가 유교에서도
가능하다는 전제 위에서 그것을 유교의 언어와 관점으로 다시 풀이하고
있다. '일一'은 천지만물의 근거이면서 변화의 중심인데, 이는 유교의

천리天理 곧 이理에 해당하는 것이다. 그리고 '정正'은 사람의 마음이 바르고 순수해서 잡됨이 없다는 것인데, 이는 유교에서 말하는 마음의 올바른 상태를 말하는 것이다. 이 일一과 정正이 같다는 것은 천지만물과 내가 하나임을 말하는 것이다. 왜냐하면 '일'은 천지만물을 관통하고 그것을 변화하게 하는 것이고, '정'은 사람의 마음이 바르다는 것인데, 이 둘이 같다면 사람의 마음과 천지만물이 같은 것이 되기 때문이다.[133] 그러면 「일정론」의 구체적 내용을 알아보자.

우선 '일一'은 천지만물이 존재하고 변화하는 근거이다. 유교의 논리로 보자면 '천리天理'라고 볼 수도 있다. 이 세상의 모든 만물도 '일一'을 얻어서 존재하고, 봄·여름·가을·겨울의 변화와 낮과 밤의 변화도 이 '일一'로 인해서 생겨나는 것이다. 이 점을 허응당 보우는 이렇게 말한다.

'일一'은 '둘'도 아니고 '셋'도 아니어서 성실하여 허망함이 없는 것을 말함이다. 하늘의 이치(理)는 그 이理가 비고 조용하여 조짐이 없지만 만 가지 모습이 빽빽이 들어서서 어떠한 사물도 갖추지 않음이 없다. 그런데 그 체體가 되는 것은 하나(一)일 따름이다. 어떤 사물도 '둘'이 되고 '셋'이 된 적이 없었다. 그래서 일기一氣의 움직임은 봄에는 (만물을) 태어나게 하고 여름에는 자라게 하며 가을에는 결실을 맺게 하고 겨울에는 간직하게 하며, 낮에는 밝고 밤에는 어둡게 하였다. (이러한 움직임이) 과거에나 지금에나 계속되어

---

133 이병욱, 「허응당 보우의 사상구조」, 『한국선학』 12호(한국선학회, 2005)/이병욱, 『한국불교사상의 전개』(집문당, 2010) 재수록, 207~214쪽 참조.

일찍이 한순간도 어긋남이 없었다. 그리고 천하의 크고 작고 높고
낮은 것과 날고 잠수하고 움직이고(동물) 서 있는 것(식물)과 네모지
고 둥글고 길고 짧은 것도 이 일一을 얻어서 생기지 않음이 없지만,
일찍이 조그마한 차이도 있지 않았다. 이것이 천리天理가 항상 하나
여서(一) 성실하여 허망함이 없는 이유이다.[134]

'정正'은 사람의 마음이 본래부터 바르고 순수하여 섞임이 없다는
것이다. 그래서 마음의 성품에서 측은지심惻隱之心, 수오지심羞惡之心,
사양지심辭讓之心, 시비지심是非之心이 생기는 것과 희로애락喜怒哀樂
의 거친 감정이 일어나는 것이 마치 거울에 물건을 비추는 것과 같아서
한 치의 오차도 없다는 것이다. 여기서 측은지심, 수오지심, 사양지심,
시비지심과 희로애락의 용어는 유교에서 사용하는 말이다. 이 점에서
「일정론」은 유교의 용어와 관점에서 불교의 내용을 서술하고자 하는
것임을 짐작할 수 있다. 이러한 내용을 허응당 보우는 이렇게 말한다.

'정正'은 치우치지도 않고 간사(邪)하지도 않아서 순수하여 잡됨이
없다는 것을 말함이다. 사람의 마음은 그 마음이 고요하고 생각함이
없어서 천지만물의 이理가 (마음속에) 갖추어지지 않음이 없고,

---

134 『나암잡저懶庵雜著』, 「일정一正」(『한국불교전서』 7권, 581中), "一者, 非二非三,
而誠實無妄之謂也. 天之理也, 其理沖漠無朕, 而萬象森然, 無物不具. 然其爲體,
則一而已矣. 未始有物, 以二之三之也. 是以 一氣之行, 春生夏長, 秋實冬藏, 晝明
夜暗, 亘古亘今, 未嘗有一息之謬. 天下之洪纖高下, 飛潛動植, 靑黃赤白, 方圓脩
短, 亦莫不各得其一以生, 而未嘗有一毫之差. 此天理之所以爲常一, 而誠實無妄
者也."

(마음은) 신령스럽고 어둡지 않아서 천지만물의 사事가 응하지 않음이 없지만, 치우치게 하거나 간사(邪)하게 만드는 한 생각의 사사로움(私)도 일찍이 없었다. 그러므로 하나의 성품(一性)에서 불쌍히 여기는 마음(惻隱)과 부끄러움을 아는 마음(羞惡)과 양보하는 마음(辭讓)과 옳고 그름을 가리는 마음(是非)이 일어나고, 나아가 희喜·노怒·애哀·낙樂(과 같은 거친 감정)에 이르러서는 모든 일에 응應하는 것이 마치 거울이 물건을 비추는 것과 같아서 한 가지 일도 어긋남이 일찍이 없었다. 이것이 사람의 마음이 본래 바르고 (正) 순수하여 잡됨이 없는 이유이다.[135]

허응당 보우는 '일一'과 '정正'의 의미를 앞에서와 같이, '일'은 천리로서 모든 존재와 변화의 근거이고, '정'은 사람의 마음이 바르고 순수하여 잡되지 않은 것이라고 지적한 뒤에 이 둘이 하나라고 말한다. 그래서 천지만물과 내가 하나임을 주장한다. 이렇게 되면 사람의 근본이 천지의 근본이 되고, 사람의 마음이 천지의 마음이 되며, 나아가 나의 마음이 바르게 되면 천지의 마음도 바르게 되고, 나의 기氣가 순조로우면 천지의 기氣도 순조롭게 된다고 말한다. 이 내용에 대한 인용문은 다음과 같다.

---

135 『나암잡저』, 「일정一正」,(『한국불교전서』 7권, 581中), "正者, 不偏不邪, 而純粹無雜之謂也. 人之心也, 其心寂然無思, 而天地萬物之理, 無所不該, 靈然不昧, 而天地萬物之事, 無所不應, 而未曾有一念之私, 以偏之邪之也. 是故一性之發 惻隱·羞惡·辭讓·是非, 以至喜怒哀樂, 隨應萬事, 如鏡照物, 而未曾有一事之錯. 此人心之所以本正, 而純粹無雜者也."

이理라고 하고 심心이라고 하여 비록 이름에는 차이점이 있지만
그 하늘(天)과 사람(人)의 이치(理)와 일一과 정正의 의미에는 일찍
이 다름이 없었다. 그러므로 하늘이 곧 사람이고 사람이 하늘이며
하나(一)가 바름(正)이고 바름(正)이 하나(一)이다. 그리고 사람의
근본(體)이 천지의 근본(體)이고 사람의 마음(心)이 천지의 마음
(心)이며, 사람의 기氣가 천지의 기氣이다. 천지의 상서로운 구름(慶
雲), 서기가 감도는 별(景星), 다사로운 날씨에 부는 바람(光風),
비가 갠 날의 달(霽月)은 사람의 마음과 사람의 기氣가 드러나지
않음이 없는 것이다. 이것이 이른바 천지만물과 본래 내가 한 몸(一
體)이고, 따라서 나의 마음이 바르면 천지의 마음도 바르고, 나의
기氣가 순조로우면 천지의 기氣가 순조롭다고 하는 것이다.[136]

한편 루벤 L. 하비토는 위에 말한 천지만물과 하나가 되는 체험을
생태학적 문제의식과 연결시킨다. 그는 선禪수행을 통해서 자연환경과
모든 중생에 대한 자신의 근본적인 태도를 변화시킬 수 있다고 한다.
다시 말하자면, 자신을 산하대지山河大地와 분리되지 않은 존재로 바라
보게 된다. 산하대지가 더 이상 자신과 분리되어 '외부에 무관심하게
내팽개쳐진' 존재물로 보이지 않고 자기가 지니고 있는 진정한 자아의
구현으로 경험된다.

---

136 『나암잡저』, 「일정一正」(『한국불교전서』 7권, 581中-下), "曰理曰心, 雖有名言之
有殊, 其天人之理, 一正之義, 則未嘗有異. 故天卽人, 人卽天; 一卽正, 正卽一;
而人之體, 卽天地之體, 人之心, 卽天地之心; 人之氣, 卽天地之氣也. 天地之慶雲
景星光風霽月, 莫非人心人氣之所出興也. 是所謂天地萬物, 本吾一體, 吾之心正,
則 天地之心亦正; 吾之氣順, 則天地之氣, 亦順者也."

이처럼 모든 존재를 자신의 진정한 자아로 간주하여 바라보는 방식은 파괴의 행위가 아니라 자신의 몸처럼 산하대지를 보존하고 숭배하며 축복하는 행위로 나아가게 해준다. 나아가 인간의 이기심과 탐욕과 근시안적인 사고방식으로 인하여 산은 황폐해지고 강물은 오염되며, 생명체는 멸종되는 일 등에서 지구의 모든 중생의 고통이 자신의 고통으로 느껴진다. 이러한 상황에서 수행자는 자신의 몸이 고통으로 찢겨지는 것처럼 느낀다. 이러한 체험이 우리의 삶의 방식을 바꾸는 주요한 원천이 될 수 있다.

한편 앞에서 말한 대로 산하대지와 내가 한 몸이라는 체험은 자비에 근거한 방편의 행위로 이어지게 한다. 이는 생태학적으로 중요한 지역적 문제를 구체화하기 위해 여러 가지 항의운동이나 고발운동 등에 참여하는 것으로 연결된다.[137]

---

137 루벤 L. 하비토, 「산하대지-선과 생태학」, 『불교와 생태학』(동국대출판부, 2005), 273~280쪽; 헬레나 노르베리 호지 지음, 양희승 옮김, 『오래된 미래-라다크로부터 배우다』, 174~175쪽: 그러나 그 가장 중요한 요인은 라다크 사람들은 자신이 자기 자신보다 훨씬 더 거대한 그 무엇인가의 한 부분이라고 생각한다는 점이고, 또 자신은 다른 사람들 그리고 주변의 환경과 분리될 수 없는 연결 속에 존재한다고 믿는다는 점이다. 라다크 사람들은 자신들의 땅에 속한 사람들이다. 그들은 친밀한 일상의 접촉관계를 통해 그리고 계절의 변화, 필요한 것들, 한정된 것들 등 환경에 관한 이해를 통해 자신이 살고 있는 곳과 연결되어 있다. 그들은 자신들이 속해 있는 생활의 흐름에 대해서도 잘 알고 있다. 별들이나 해와 달의 움직임은 그들의 일상생활에 영향을 주는 아주 친근한 리듬이 된다. 그리고 진교훈이 유교자연관에 대해 설명한 것은 이 글에서 설명하고자 하는 불교의 자연관의 내용과 큰 틀에서 일치한다. 진교훈, 『환경윤리』(민음사, 1998), 176~177쪽: 천지와 더불어 일체를 이룬다는 것은 이분법을 거부하는 것이다. 다시 말하자면, 우리로 하여금 주관과 객관을 구분하는 이분법과 자연과 인간을

4. 한국전통사찰의 자연조화의 측면

여기에서는 한국전통사찰이 자연과 조화를 이루고 있다는 점을 세
가지 측면에서 살펴보고자 한다. 첫째, 전통사찰이 동식물의 생태계와
조화를 이루고 있다는 점이고, 둘째, 전통사찰 건축이 주변의 자연환경
과 조화를 이루고 있고, 그 건축물이 가지고 있는 상징에 관한 점이며,
셋째, 전통사찰의 조경에 나타난 자연조화와 자연미에 관한 내용이다.
'조경'은 크게 보아 '건축'에 포함될 수 있겠지만, 이 글에서는 구분해서
서술하고자 한다. 이 세 가지 측면을 통해서 한국전통사찰이 자연과
조화를 이루고 있다는 점을 알아보고자 한다.[138]

1) 전통사찰의 생태계 조화 측면: 경관생태학적 측면

불교사찰은 한국의 경관요소 가운데 매우 특이한 성격을 지니고 있다.

구분하는 이분법을 자연에 적용하지 못하도록 하는 것이다. 자연을 한갓 구분된
대상으로 보는 것은 우리의 진정한 시각을 방해하고 자연을 안에서부터 체험하는
인간의 능력을 방해하는 인위적 장벽을 만들어 내는 것이다. …… 유교의 자연관
에서 인간과 자연의 상호관계에 대한 심미적 접근은 인간의 지속적인 자기수양의
결과이기도 하다. 인간은 우월한 지성이 있지만, 거대한 조화에 접근하는 데
어떠한 특권도 없다. 인간이 자연에서 그 생명력의 내적 공명에 참여하기 위한
조건은 바로 자신의 내적 변화이다. 자신의 느낌과 생각을 조화시킬 수 없다면,
우리는 천지의 정신과 합류하기는 고사하고 자연을 향해서도 마음의 준비가
되어 있지 않은 것이다. 우리는 자신을 이에 걸맞도록 만들어야 할 것이다.
138 서재영은 사찰 건축에서 읽어내야 할 중요한 대목은 소박함과 검소함이라는
견해를 제시하였다. 필자도 이 견해에 동의한다. 이 글에서는 이 문제에 대해
제대로 연구하지 못하였지만, 향후 심도 있는 연구가 요구된다.

그것은 사찰이 아주 긴 세월 동안 크게 바뀌지 않은 공간특성을 유지하고 있고, 또한 사찰은 전국적으로 분포하는 경관요소라는 것이다. 이처럼 사찰이 오래 유지되었고 전국에 분포한다는 점 때문에 생태계의 서비스에서 사찰이 중요한 역할을 하고 있다. 여기서는 그 역할에 대해 경관생태학적 입장에서 접근하고자 한다. 경관생태학은 공간유형(또는 큰 규모의 공간의 이질성)과 생태적 기능의 관계를 연구하는 생태학의 한 분야이다. 이도원의 논문에서는 2005년 7월에서 11월까지 22개의 사찰경관을 답사하고, 사찰림의 역할과 전통사찰의 비오톱(일종의 생태중심지)의 역할에 대해 서술하고, 현재에는 사찰의 경관이 생태계의 흐름을 보호하는 데서 생태계의 흐름을 차단하는 쪽으로 변화하고 있는 점을 서술하였다. 여기서는 그 내용을 간단히 소개하고자 한다.

(1) 사찰림은 전통적으로 사찰 주변의 자연환경과 경관을 보호해 주고, 또한 좋은 수행 분위기를 조성하는 역할을 한다. 사찰과 주변 숲에는 자연환경의 조건에 적응해서 나타나는 원래의 식생(식물의 집단)과 인공적으로 심은 식물 등이 있다. 이 점에서 볼 때, 사찰림은 한반도의 경관을 다양하고 독특하게 만드는 데 기여한다.[139]

---

139 숲의 기능 가운데 사람의 심리치료에 관해서 다음과 같은 지적이 있다. 탁광일 외, 『숲이 희망이다』(책씨, 2005), 188~189쪽: 숲에 가면 마음이 편안해지고 숲의 녹색은 우리의 마음을 순화시킨다. 숲이 가진 원시성이 일상에서 느낀 사소한 근심과 스트레스로부터 자유롭게 하며 또한 자신을 되돌아보고 자아를 찾는 계기를 마련해 준다. 같은 책 191쪽: 숲은 자기를 돌아보고 자아를 찾을 수 있는 특별한 장소이다. 일상에서는 그러한 여유를 찾을 수가 없다. 현대인들은 일상생활에서 거의 모든 일을 수동적으로 수행한다. 같은 책 192쪽: 인간과

(2) 전통사찰은 '비오톱'의 역할을 하고 있다. '비오톱'은 특정 동식물을 위한 서식지를 제공하는 곳이고, 동일한 환경조건을 가진 지역을 말하는 것이다. 한국에서 생태학자와 조경학자는 생태적으로 빈약한 도시지역에 특정생물의 생태를 기반으로 한 '비오톱'을 조성하기 위해 노력하고 있다. 전통사찰이 이러한 '비오톱'의 역할을 하고 있는 것을 수목, 연못, 마당과 풀밭, 건물로 구분해서 살펴보고자 한다.

① 사찰에는 사찰림만이 아니고 사찰 경내에 많은 나무가 심어져 있다. 이 사찰 경내에는 96종의 식물이 있다고 하는데, 그 가운데 36종은 야생동물의 먹이가 되는 견과(堅果, nuts) 또는 장과(漿果, berries)의 열매를 맺는 식물이다. 실제로 사찰에서 물까치와 어치, 직박구리가 열매를 먹는 모습을 볼 수 있었다. 또한 조류가 줄사철나무와 사철나무 등을 피난처 또는 먹이자원으로 이용하고 있다. 또한 사찰에는 오래되고 큰 나무가 많이 자라고 있어서 고사목도 많이 있다. 이 고사목은 야생 생물의 중요한 자원이 된다. 예를 들면, 고사목은 미생물과 함께 개미와 응애(진드기의 일종), 다른 소형 무척추동물의 먹이가 되고, 새는 이 곤충들을 먹는다.

② 사찰의 연못은 최근 서구에서 주목을 받고 있는 임시연못의 기능을 포함한다. 임시연못은 비가 많은 계절에는 저지대에서 일시적으로

숲과의 교류는 특히 숲과 교류하는 혼자만의 시간을 통해 침묵과 평화를 체험하고, 외롭거나 지루하지 않은 고적감을 통해 인간을 심리적으로 성숙시킨다. 따라서 숲은 자신에게 무엇이 중요한지를 깨닫고, 자신이 누구이며, 어떤 사람이기를 원하는지에 대한 명상의 기회를 가지게 함으로써 긍정적인 심리변화를 일으킨다.

나타나고, 건조기가 오면 보통 마르는 경우를 말하는 것이다. 이 임시연못은 크기는 작지만 생물학적으로는 역동적이다. 어떤 양서류는 임시연못에서만 번식한다. 또한 임시연못은 생물의 다양성을 증가시키는데, 노루와 딱새류와 뱀은 임시연못에서 먹이를 찾는다고 한다. 물론 사찰의 연못은 일 년 내내 마르지 않는 점에서 임시연못과 차별성이 있지만, 위에서 소개한 임시연못의 기능을 할 수 있는 중요한 '비오톱'이 된다. 연못은 육상동물에게 물과 먹이를 제공한다. 사찰의 연못에서 물총새가 연못의 나뭇등걸에 앉아서 잡은 물고기를 먹는 것을 볼 수 있다. 서산 개심사 입구의 연못에서는 소금쟁이와 잠자리와 같은 수생동물을 볼 수 있으며, 배롱나무의 붉은색 꽃이 아롱아롱 번진 연못에서 연꽃의 흰색은 연못의 아름다움을 잘 보여준다.

③사찰의 마당과 풀밭도 '비오톱'의 기능을 한다. 사찰의 마당에는 몇 그루의 나무와 풀밭, 맨땅이 있다. 지빠귀류(Thrushes)와 찌르레기류(Starlings)는 풀밭에서 주로 관찰되는데, 아마도 이 새들은 메뚜기·매미·지렁이 등의 먹이를 찾고 있었을 것이다. 양서류와 파충류는 적당한 피부의 습도를 유지하기 위해서 햇볕이 내리쬐는 마당과 풀밭을 주로 이용한다. 습기가 많은 7월에는 구렁이가 사람이 다니는 장흥 보림사 대웅전 앞에서 석탑의 맨땅과 풀밭에서 몸을 말리는 모습을 볼 수 있다.

그리고 최근 몇 십 년 동안 대부분의 주거지는 불투성재료(물 등이 통과되지 않는 재료)로 포장되었지만, 사찰 주변의 땅은 여전히 빗물이 땅속으로 스며든다. 그래서 문경 봉암사 마당가에서는 빗물에 침식된 흙 알갱이를 걸러주는 형식의 작은 풀밭을 볼 수 있었다. 작은 풀밭과

빈틈이 많은 자갈무더기는 빗물에 포함된 영양소를 제거하고 작은 생물이 깃들 수 있는 서식처를 제공하는 기능을 한다.

④또한 사찰의 건물도 '비오톱'의 역할을 한다. 대개 사찰의 건물은 목조건물이 많다. 이 목조건물은 야생동물이 혹독한 기후와 포식자로부터 몸을 피할 수 있는 피난처와 잠자리가 된다. 사람에게는 성가신 일이지만, 목조건물은 흰개미(termites)와 쌍실벌류(paper wasps)의 자원으로 이용된다. 목조건물은 극도의 더위와 습기를 줄이는 역할을 하기 때문에 많은 생물에게 좋은 환경조건을 제공한다. 또한 추운 지역에서 목조건물은 야생동물에게 따뜻한 커버가 된다. 목조건물의 꼭대기 지붕은 많은 조류에게 조망점이 되고, 또한 짝짓기 상대를 부르는 장소가 되며, 포식자를 살펴볼 수 있는 장소가 된다.

그리고 대부분의 사찰건물의 지붕은 기와로 되어 있다. 사찰의 지붕 아래에 있는 처마는 새, 벌, 다른 곤충의 양호한 서식처이다. 지붕 아래의 공간을 벌과 딱새는 둥지로 이용하고, 제비는 진흙과 짚을 이겨서 둥지를 만든다. 안동 봉정사 누각의 천장 아래에서 제비와 귀제비의 둥지를 볼 수 있었고, 구례 화엄사와 진부 월정사에서는 집비둘기가 배설물을 남겨서 사찰건물에 피해를 주기도 하였다.

(3) 이처럼 사찰림의 역할과 사찰의 '비오톱' 역할은 의미가 있는 것이지만, 현재 사찰의 경관이 변하고 있다. 일부 사찰의 관리책임자는 방문자가 쉽게 접근하고 청결함을 느끼게 하기 위해서 사찰의 주차장과 진입로를 만들고, 콘크리트포장을 하였다. 또한 스님과 방문객은 주요 진입로의 하나인 일주문을 비껴간다. 그래서 일주문을 통해서 부처님의 세계로 들어갈 준비를 하는 전통적 과정이 무시된다.

그리고 도로포장은 사람과 물건의 이동에는 도움이 되겠지만, 야생 동물의 서식지를 교란하고, 외래종의 전파를 일으키는 부작용을 일으킨다. 예를 들면, 어느 절 진입로에서 두꺼비 한 마리가 갈 길을 잃고 헤매는 모습을 볼 수 있었는데, 이는 길을 높인 공사가 생물의 삶을 교란시켰기 때문이다.

근래 새로운 방식의 토목행위가 사찰에 퍼지고 있다. 과거 사찰의 물길은 보통 돌로 쌓아 만든 작은 축대로 이루어졌고, 이 축대는 식물로 덮여 있었다. 근래에는 대부분의 농수로처럼 사찰의 물길도 바뀌고 있다. 그 결과, 무척추동물과 작은 포유류가 사찰에서 내몰리고 있다. 이러한 사찰 주변의 변화는 동물과 식물의 번식체(번식과 분포를 위한 기능적 구조)에 영향을 주고, 미기후(지표면 바로 아래에서 지표면 몇 미터까지의 기후)를 바꿈으로써 공기 흐름의 변화를 일으킨다. 더구나 대부분 사찰이 자리 잡고 있는 상류지역의 변화는 하천에 파급영향을 일으키기 쉬운 공간관계에 놓여 있다.[140]

2) 전통사찰 건축에 나타난 자연조화의 측면과 상징적 요소

한국의 전통사찰(산지가람: 정확하게는 전통사찰 가운데 산속에 위치한 사찰이겠지만 대체로 전통사찰이 산속에 위치하고 있으므로 통용함)이란 단순히 중심이 되는 불전佛殿을 대상으로 특정한 영역을 말하는 것이 아니고, 그 사찰 주위에 있는 산, 물, 길을 포함하는 것이다. 이는 주변의 자연환경과 조화를 이루면서 사찰이 건축되었음을 의미하는

---

140 이도원, 「전통사찰에 대한 경관생태학적 조망-분포와 토지이용, 식생, 그리고 야생동물」, 『지식기반사회와 불교생태학』(아카넷, 2006), 391~428쪽.

것이다. 또한 한국의 전통사찰에서는 불교사상을 활용해서 사찰을 건축하는 궁극적인 목표인 불국정토佛國淨土를 이루고 사찰이 곧 수행의 장소라는 의미를 갖도록 하였다. 또한 전통사찰의 조경문화도 자연과 조화를 추구하는 자연미를 추구하였다. 여기서는 조정식의 논문에 근거해서 전통사찰과 물, 산, 길의 관계를 몇 개의 대표적 사찰을 통해 알아보고자 한다.

(1) 전통사찰과 물의 관계

전통사찰을 구성하는 데 '물'을 이용하는 방법은 두 가지로 구분된다.

첫째, 자연의 물길을 따라서 긴 참배의 길을 만들어 참배객이 자연스럽게 경건한 마음을 갖도록 유도하는 것이다. 이는 대부분의 산지가람에서 공통적으로 사용된 것이다. 이 물길 위에 다리를 세워서 속세의 세계와 성스러운 세계(聖界)를 이어주는 역할을 하도록 하고, 이 다리를 건너는 사람이 몸과 마음을 경건히 하도록 한다.

둘째, 자연의 물길이 가람을 구성하는 요소로 활용되는 것이다. 이는 사찰의 내부에 자연의 물길을 적극적으로 끌어들여서 극적인 공간을 연출하는 것이다. 이 경우에 속하는 것이 마곡사, 쌍계사, 고운사 등이다.

그리고 물길을 사찰에 인접하도록 해서 사찰의 구성요소로 물길을 활용하기도 한다. 이 경우에 속하는 것이 송광사, 대흥사 등이다. 이 가운데 3개의 사찰(송광사, 쌍계사, 마곡사)에 대해 간단히 알아본다.

① 송광사를 찾는 참배객은 사찰의 초입부에서 한 번 물길을 건너면서 이미 사찰의 영역에 이르렀음을 알게 된다. 송광사 진입로에 세워진

다리 위의 각閣의 이름은 청량각淸凉閣이라고 한다. 그 뒤 기다란 진입로를 따라 걷는 동안 물의 존재를 느끼지 못하다가 다리 위에 있는 우화각羽化閣을 통하여 다시 물을 건너서 사찰의 경내로 들어오도록 구성되어 있다. '우화각'은 사찰의 초입부에서 경험하였던 '청량각'의 경험을 상기하게 해서 참배객이 부처의 공간으로 들어간다는 경각심을 일깨워주는 기능을 하며, 또한 '우화각'은 불국정토와 속세의 세계를 이어주는 가교의 역할을 한다.

②쌍계사는 사찰의 경내 진입로에 자연의 물길을 관통시키고, 사찰의 진입로는 이 물길을 2회에 걸쳐서 건너도록 되어 있다. 한 번은 우측에서 좌측으로, 또 한 번은 좌측에서 우측으로 흐르는 물길은 물길의 흐르는 방향을 알기 어렵게 한다. 이는 참배자가 '나는 누구인가?' '이곳은 어디인가?'를 물어보도록 하는 역할을 하고 있다. 참배객은 진입로에 세워진 2개의 다리를 건너는 동안, 마치 물위를 걷는 듯한 기분을 갖게 되고, 이 길을 따라 경건한 마음으로 부처의 세계로 들어간다는 생각을 하게 된다.

③마곡사는 계곡을 따라 흐르는 물길에 의해서 하나의 사찰이 둘로 나누어진 경우이다. 현재는 물의 북쪽을 북원北源이라 하고, 물의 남쪽을 남원南源이라고 한다. 마곡사는 초기에는 '남원'을 중심으로 한 가람이었는데, 고려 중기에 중건되는 과정에서 지금의 모습을 갖추게 되었다. 사찰의 전체적 구성에서 보자면, 대광보전과 대웅보전이 있는 '북원'이 제일 위계位階가 높은 것에 해당하겠지만, 이 마곡사의 공간적 중심은 역동적인 물길에 있다. 마곡사에서 물길은 다른 사찰에서 볼 수 있는 것처럼, 물의 정화기능을 하는 것 외에 사찰에 대한

물의 상징성을 극대화한 것이다. 마곡사에서 물이 차지하는 비중으로 볼 때, 물을 부처로 보았을 가능성도 있다.

(2) 전통사찰과 산의 관계

산지가람을 구성하는 데 '산'을 이용하는 방법은 두 가지가 있다. 첫째는 부석사와 같이 산세를 이용해서 상승감을 부여해서 직접 삼단 구성(범종각-안양문-무량수전)을 하는 것이며, 둘째는 비교적 평탄한 지형에서 산에 의존해서 가람을 조성하고, 그리하여 산의 경관과 조화되는 것이다. 여기서는 부석사, 백양사, 내소사에 대해 알아본다.

①부석사는 산지가람의 전형적인 모습을 볼 수 있는 사례이다. 부석사는 건축적으로는 진입로를 따라서 세워진 건축물의 절묘한 배치가 돋보이는 경우에 속한다. 일주문을 거쳐 무량수전에 이르는 진입과정이 10여 개의 석축으로 구성되어 있으며, 각각의 석축은 『화엄경』에서 말하는 10단계 수행과정을 상징한다. 이러한 10단계 수행과정을 거쳐 도달한 사찰의 중심공간(무량수전)에서 보이는 소백산의 장대한 경관이 부석사에서 강조하고자 하는 '산'의 의미다. 부석사에서 '산'은 가람의 배경이자 입지조건이다. 동시에 부석사에서 '산'은 수행의 도구이자 관조의 대상이 된다. 또한 이 '산'은 참배객에게 깨달음의 순간을 느끼게 하는 장치이기도 하다.

②백양사는 경관이 수려한 백암산 기슭의 평탄한 곳에 위치하고 있지만, 백양사 주변은 가파른 산으로 둘러싸여 있다. 백양사 건축의 가장 큰 특징은 대웅전이 사찰의 진입로에 대해서 직각으로 위치하고 있다는 점이다. 대개의 산지가람은 사찰의 진입로의 방향에 맞추어서

대웅전을 둔다. 그런데 백양사는 이런 산지가람의 일반적 모습과는 구분된다. 그 이유는 백양사를 주변의 산세와 조화되도록 지었기 때문이다. 그래서 백양사의 대웅전에 모신 부처님의 눈높이에서 보이는 경관은 끝없이 펼쳐지는 서방정토의 세계처럼 보인다. 백양사에서 대웅전의 배경이 된 것도 '산'이고, 대웅전에서 극적인 조망이 가능하게 한 것도 '산'이라고 할 수 있다.

③내소사는 사찰 내의 주요 전각이 사찰의 배경이 되는 뒷산과 유사한 형상을 하고 있다. 이는 전통사찰을 짓는데 산을 등지고 물을 마주 대하는 배산임수背山臨水의 풍수지리설을 존중한 것에 기인한 것이다. 부석사와 백양사에서는 '산'이 강조되었지만, 내소사에서는 사찰이 '산'의 일부가 되고자 하였던 옛 어른들의 자연에 대한 마음을 읽을 수 있다.

(3) 전통사찰과 길의 관계

한국의 전통사찰에서 '길'에는 두 가지 의미가 담겨 있다. 하나는 수행의 도구라는 점이고, 다른 하나는 속세의 세계와 불국정토佛國淨土를 연결하는 과정적 공간이라는 점이다. 특히 '길' 위에 세워진 산문山門은 '길'의 목표이면서 또 다른 수행의 시작이기도 하다. 여기서는 부석사, 화엄사, 범어사의 진입로에 대해 알아본다.

①부석사의 일주문에서 사찰의 중심인 무량수전에 이르기까지 진입로는 경전에서 말하는 수행과정을 건축한 것이다. 각각의 산문을 지날 때마다 새로운 세계가 전개되는 기쁨을 느끼도록 건축되었다. 부석사의 진입로에는 7개의 축대와 계단, 범종루와 안양문이 '길'의 목표가

되도록 건축되었다. 또한 '길'의 바닥은 주변의 환경과 어울리는 재료이면서 참배자에게 부담이 되지 않을 정도의 큰 돌을 사용하여 '길'의 가치를 높이고 있다.

②화엄사의 진입로에서 주목할 만한 특징은 일주문과 '길'의 관계이다. 일주문에 들어서면 '길'에 거친 바닥돌을 깔았다. 그리고 길의 한쪽은 크고 거친 자연석으로 쌓은 축대로 구성되어 있고, 길의 다른 한쪽은 개방되어 있지만 나무를 심어 놓았다. 이처럼 길의 양쪽이 서로 대비가 되도록 만들어 놓았다. 이는 참배자가 일주문을 통해서 2개의 시각적 목표를 동시에 경험하도록 하기 위한 것이다. 거친 자연석으로 된 축대는 고난과 번뇌로 가득 찬 세상을, 나무를 심어 놓은 금강문 쪽은 '불국정토'를 상징적으로 표현하고자 한 것이다.

③범어사의 일주문은 특이한 형상을 하고 있는데, 그것은 4개의 돌기둥으로 이루어져 있다. 일주문을 지나서 천왕문에 들어서면 '길'의 양쪽으로 낮은 담장과 나무, 길을 가로지르는 몇 단의 계단으로 이루어진 진입로가 전개된다. 이는 극도로 절제된 '길'의 미학을 보여주는 것이다. 진입로의 끝에 보이는 '불이문'은 이 '길'의 목표가 되는 것이지만, 사실은 '길'의 중간에 서 있다. 이는 '불이문'을 통해서 수행의 '길'이 영원히 이어진다는 것을 암시한다.[141]

3) 전통사찰의 조경문화: 청평산 문수원을 중심으로

전통문화는 인류가 오랜 세월을 살아오는 동안 수많은 시행착오를

---

141 조정식, 「한국불교건축과 경관의 생태학적 구조」, 『학제적 연구로서의 불교생태학』(동국대출판부, 2007), 251~269쪽.

겪으면서 이룩한 삶의 결정체이고, 그 민족에게 가장 익숙하고 자연스
러우며 저低엔트로피의 생태문화이다. 전통문화 가운데 조경문화도
인류의 역사와 함께 발전해 왔고, 그 역할에서 볼 때 귀중한 자산이다.
또한 조경문화는 시대와 장소의 독특한 표현이며, 문화의 부분이 아닌
종합적인 표현이라고 할 수 있다. 따라서 동양과 서양의 조경문화는
다를 수밖에 없고, 나라마다 장소와 기능에 따라 독특한 조경문화를
간직해 오고 있다. 그러나 강대국의 문화침략으로 인해 세계가 획일적
인 문화로 바뀌어 가고 있는 상황에서 전통문화에 기반을 둔 문화다양성
의 복원이 강력히 요청되고 있다.

　청평산 문수원 선원은 한국전통조경의 특징을 잘 보여주는 유적인
데, 이는 선禪생활에 적합한 무위자연의 기법으로 만들어진 것이다.
그러나 복원과정에서 그 가치와 의미를 제대로 찾지 못하고 일반적인
조경으로 복원해 놓은 아쉬움이 있다. 이자현(李資賢, 1061~1125)의
아버지 이의李顗가 청평산에 보현원普賢院을 지었는데, 이자현은 29세
때(1089) 청평산에 들어와서 보현원의 건물을 수리하고 '문수원'이라고
고쳐 불렀다. 이자현은 임종할 때까지 37년 동안 청평산에 살면서
10여 채나 되는 건물을 짓고 선禪수행을 하였다.

　문수원 선원의 유적에서 특히 주목할 대상은 두 가지인데, 그것은
영지(影池, 연못)와 영지 주변에 쌓아 놓은 자연석이다. 영지는 문수원
선원만이 아니고, 전국의 선원사찰의 입구에 만들어졌다. 그 대표적인
예는 청평사를 포함해서 해인사, 부석사, 불국사, 쌍계사 칠불암,
불영사, 대흥사, 유점사 등의 일주문 근처에 남아 있다. 대체로 영지의
크기는 200제곱미터 내외로 크지 않으며, 영지의 형태는 타원형이고,

수심은 30~50센티미터로 깊지 않고, 수중에는 수초나 물고기를 키우지 않으며, 맑은 물은 잠복수(드러나지 않은 형태의 물)로 입수되어 파랑이 생기지 않도록 하였다. 그리고 이 '영지'는 투영하는 대상에 따라 구분되는데, 그것은 탑이 투영되는 탑塔영지, 부처(佛)가 투영되는 불佛영지, 산이 투영되는 산山영지로 구분할 수 있다.

청평사의 '영지'는 산이 투영되도록 만든 산영지이다. 이는 '영지'라는 자연스러움을 통해서 산의 아름다움을 극대화한 것이다. 일본의 경우에는 한국의 '영지'에 대응되는 경지鏡池가 있는데, 그 기능은 '영지'와 비슷하지만, 형태가 곡선형이고 규모가 크며 연못 안에 수초나 물고기를 기르고 있는 점에서 차이가 있다.

문수원 선원에서 주목할 또 다른 유적은 '영지'의 북쪽 주변에 있는 크고 작은 자연석 수십 개이다. 이 자연석은 그냥 보면 자연 그대로 암석이 존재하는 것처럼 생각되지만, 자세히 보면 사람의 손길이 가해졌음을 알 수 있다. 이는 이자현이 꾸몄다고 전해지는 조경 가운데서도 가장 정교하다고 평가받는 첩석수법(疊石手法: 돌을 겹쳐서 쌓는 것)으로 꾸며진 것이다. 그것은 사람의 손길이 가해지지 않았고 산속에 자연스럽게 존재하는 것처럼 보이는 것이고, 무위자연無爲自然의 입장에서 만들어진 것이다. 이러한 기술은 명나라 계성計成이 쓴 세계적인 조경서 『원야園冶』에서 "사람에 의해 만들어진 것이라고 할지라도 완연히 하늘이 만들어낸 것과 똑같다"라고 말한 것이기도 하다.

이처럼 '무위자연'을 위해서 돌을 겹쳐서 쌓아 놓은 것은 삼국시대부터 한국에서 독자적으로 개발한 기법이다. 그 예는 고구려 안학궁安鶴宮의 궁원과 신라의 안압지반(雁鴨池畔: 안압지 근처의 땅)에서 발견되는

자연석이고, 이것이 문수원 선원에서 나타나는 것이다.[142]

5. 결론: 근본생태론과 불교자연관의 조화

이 글에서는 불교의 자연관을 살펴보기 위해서 세 단락으로 나누어서 서술하였다. 이제 그 내용을 요약하고, 불교 쪽에서 자연을 보호하고 보전하기 위해 제시할 수 있는 대안이 무엇인지 알아보고자 한다.

현재의 한국불교문화 속에서 자연환경에 대해 2가지 모습이 나타난다는 것을 2절에서 살펴보았다. 하나는 환경파괴적인 것이고, 다른 하나는 친환경적인 것이다. 환경파괴적인 모습에는 3가지를 거론할 수 있는데, 그것은 국립공원 안에서 자연림을 훼손하고 환경을 파괴하는 것, 사찰주변의 수질을 오염시키는 것, 쓰레기가 늘어나는 문제이다. 그에 반해, 친환경적인 덕목과 시설로서 불살생不殺生의 생명운동인 '채식문화', 음식물 쓰레기 문제를 해결할 수 있는 '발우공양', 사찰의 전통화장실인 '해우소', 생명을 해방시켜 주는 '방생법회'를 제시할 수 있다.

이처럼 현재의 한국불교문화에서는 자연환경을 훼손하는 측면과 친환경적 측면이 모두 포함되어 있다. 이 글의 3절과 4절에서는 불교문화의 친환경적 측면을 부각하기 위해서 불교사상에 나타난 자연관과 한국전통사찰의 자연 조화적 모습을 살펴보았다. 불교사상의 자연관은 천지만물과 자신이 하나라는 것이고, 3절에서는 이것을 화엄사상과

---

142 심우경, 「고려시대 조경문화와 청평산 문수원 선원의 특성」, 『한국동양철학회 2004년도 하계 학술대회 자료집』, 39~45쪽.

허응당 보우의 사상을 통해 알아보았다. 특히 허응당 보우는 「일정론」에서 유교의 표현을 빌려서 천지만물과 내가 하나라는 것을 주장한다. 이러한 체험은 지역에서 생기는 여러 환경문제를 개선하는 운동에 참여하는 원동력이 된다.

그리고 한국전통사찰에서도 자연조화의 모습을 읽을 수 있다. 4절에서는 이러한 내용을 3가지 점에서 서술하였다. 우선 전통사찰을 생태경관적인 측면에서 보면 일종의 '비오톱'의 역할을 하고 있다. 이것을 전통사찰의 수목, 연못, 마당과 풀밭, 건물에서 살펴볼 수 있다. 또한 전통사찰의 구성은 '물', '산', '길'과 조화를 이루는 것이고, 이 점에서 전통사찰의 자연 조화적 측면을 알 수 있다. 그리고 청평산 문수원의 조경에서 무위자연無爲自然의 기법을 발견할 수 있다.

이상의 내용을 정리하면, 불교의 자연관에는 자연과 하나 되는 측면과 조화되는 측면이 불교사상과 전통사찰의 역할과 구성 속에 존재하지만, 현재의 불교문화 속에서는 환경을 파괴하는 측면도 존재한다는 것이다. 이는 불교의 자연관이 불교구성원 사이에서도 아직 합의된 것이 아닐 가능성을 보여주는 것이다. 따라서 불교의 자연관이 환경문제의 대안이 된다고 주장하기에는 좀 주저되는 점이 있다. 물론 불교의 자연관이 환경문제를 해결하는 데 하나의 대안이 될 수 있는 것은 분명한 사실이지만, 그것은 하나의 가능성일 뿐 현실세계에서 호소력 있는 대안이라고 평가하기에는 아직 부족한 점이 존재한다. 그래서 필자는 서양의 근본생태론과 결합해서 불교의 자연관을 바라보고자 한다.

서양의 생태철학은 크게 5가지 흐름으로 나누어볼 수 있는데, 그것은 환경윤리(개체주의와 전일주의), 환경개량주의, 심층생태학, 사회생태학, 생태페미니즘이다. 우선 환경윤리는 개체주의적 입장과 전일주의적 입장으로 구분된다. 개체주의적個體主義的 입장은 개개의 동식물에 대해 도덕적 대우를 해주어야 한다는 것이고, 전일주의적全一主義的 입장은 개개의 동식물보다는 생태계나 지구생물권 전체의 보호를 위한 인류의 윤리의식을 강조하는 것이다. 그 다음, 환경개량주의는 점진적 개선을 통해서 환경문제를 해결하려는 것이다. 환경개량주의에서는 인간중심주의 입장을 취하면서 당면한 환경문제를 해결하고자 한다. 그리고 사회생태학(social ecology)에서는 인간에 의한 인간지배가 자연세계의 지배로 이어진다고 주장하고, 생태페미니즘(ecofeminism)에서는 앞에서 말한 인간에 의한 인간지배 가운데서도 중요한 것으로 가부장제를 지적한다. 다시 말하자면, 생태페미니즘에서는 가부장제를 통해서 여성과 자연이 남성에 비해 열등한 것으로 간주되고, 여성과 자연에 대한 착취를 정당화하고 있으므로, 따라서 이 가부장제가 성차별과 환경문제를 일으킨 주요 원인이라는 것이다.

한편 심층(근본)생태론(deep ecology)에서는 '생명평등의 원리'와 '큰 자아의 원리'를 말하고 있다. 큰 자아를 실현하는 것은 다른 사람과 일체화를 통해서 가능하다. 나아가 이것은 동물과 자연의 일반에도 자아의 영역이 확대될 때 가능한 것이다. 그리고 심층생태론에서는 위의 철학적인 문제만이 아니고, 그것에 기초해서 기술공학에도 관심을 갖고 있다. 심층생태론의 표어는 '지구를 부드럽게 밟자(to tread lightly on Earth)'는 것이고, 이는 기술공학 자체를 부정하는 것이 아니라, 부드러운(soft) 기술공학을 주장하는 것이다.[143] 필자는 불교의 자연관을 포함한 동양철학의 자연관이 어떻게 현대문명과 접목될 수 있는지 그 선구적 형태를 심층생태론에서 읽을 수 있다고 생각한다.

불교사상의 자연관에서 천지만물과 하나가 되는 체험을 말한 부분은 심층생태론에서 큰 자아를 실현하라는 것과 같은 내용으로 보인다.[144]

---

143 김명식, 「근본생태론에 대한 비판적 고찰」,『철학연구』19집(고려대학교 철학연구소, 1996), 326~344쪽 참조. 그리고 서양에 심층(근본)생태론이 있다면 한국에서도 그와 상응할 수 있는 개성 있는 환경윤리가 제기되고 있다. 그 가운데 하나가 한면희의 주장이다. 한면희,『환경윤리』(민음사, 1997), 242~268쪽에서는 기氣중심적 온가치론을 주장한다. 이는 한의학과 풍수지리의 영향을 받아서 생태학적 기氣를 주장하고, 이 생태학적 '기'가 갖는 가치를 '온가치'라고 말하는 것이다. '온가치'는 자연적 존재가 서로 얽혀 있으면서 에너지 흐름을 상보적으로 연결하고 있는 현상을 지칭하는 것이다. 다음의 문장이 기중심적 온가치론을 잘 표현해 준다. "생기生氣가 돋던 곳에 산업문명의 각종 설비가 들어선다. 산허리를 잘라내어 평지를 만들고 그곳에 도시나 공단을 건설한다. 그리고 이런 인조환경에서 각종 폐기물과 오염 물질이 배출된다. 지하수가 오염되고, 강이 죽고, 해양도 오염되며, 하늘의 공기가 오염된다. 과거 생기生氣가 돋았던 곳이 이제 사기邪氣가 들끓는 곳으로 변모된다. 온가치를 지니는 곳이 제대로 보존되지 않으면 사기가 가득 찬 온-반가치를 갖는 곳으로 바뀐다. 온산괴질이 들끓던 온산공단지역이 그런 사례에 해당한다."

144 송명규,『현대생태사상의 이해』(따님, 2004), 116쪽: 심층생태론을 처음 주장한 네스는 심층생태론에 참여하는 사람들의 종교적 신념이 기독교·불교·도교·바하이교 등이지만, 그 가운데서 특히 불교가 심층생태운동과 매우 가깝다고 본다. 왜냐하면, 불교의 기본정신인 비폭력, 자비, 생명존중 등이 심층생태학의 기본원칙과 일치하기 때문이다. 따라서 네스는 불교도가 기독교도보다 심층생태학을 더욱 친근하게 느낄 것이라고 주장한다. 그리고 자연보호에 대한 불교와 심층생태학의 관계는 Daniel H. Henning, 반기민 역, 「불교와 심층생태학-아시아에서 천연열대림에서 영적·문화적 가치의 보전」,『숲과 종교』(숲과 문학총서 7)(수문출판사, 1999)를 참조 바람.

물론 불교 쪽에서 심층생태론에 대해 비판한 연구가 없는 것은 아니지
만,[145] 전체적인 틀에서 보자면 불교의 자연관과 심층생태론의 '큰 자아
의 원리'는 같은 내용으로 볼 수 있다. 그런데 심층생태론이 현대적
내용을 가지고 있다고 하겠지만, 한국에서는 불교의 전통이 어느 정도
남아 있다고 할 수 있다. 따라서 이 글에서는 심층생태론의 주장(대안)
에 동의하면서도[146] 한국이라는 특수한 상황에 주안점을 두어 심층생태

---

[145] 남궁선, 「생태철학의 문제점과 불교의 업사상」, 『불교학연구』 10호(불교학연구
회, 2005), 123~124쪽: 남궁선은 심층생태학의 주장에 공감한다고 하면서도
다음의 3가지 점에서 비판한다. 첫째, 그 실천항목은 너무 포괄적이어서 구체성이
결여되어 있다는 것이다. 둘째, 내재적 가치와 공생을 강조하면서 인간의 특성을
낮게 평가하는 것에 문제가 있다는 것이다. 인간에 의해서 생태계가 파괴된
것도 사실이지만 동시에 이러한 사실을 염려하고 대책을 세우는 것도 인간이므로
인간의 측면에 강조점을 두어야 한다. 셋째, 네스가 주장하는 '대아의 실현'은
논리적으로 맞는 말이지만 모든 사람이 이런 경지를 이루기는 어렵다는 것이다.
그래서 실현하기 어려운 대전제를 내세우는 것은 생태문제의 초점을 흐리는
부정적 측면도 있다. 그리고 불교 쪽에서 심층생태론에 대해 비판한 글은 안옥선,
「심층생태학과 불교의 생태적 지혜-네스의 도덕 부정론과 불교의 자애의 윤리」,
『지식기반사회와 불교생태학』(아카넷, 2006); 이도흠, 「의상사상의 현재적 함의」,
『의상만해연구』 1집(만해사상실천선양회 부설 의상만해연구원, 2002), 106~108
쪽을 참조 바람.
[146] 심층(근본)생태론의 강령은 모두 8조항이다. 첫째, 인간과 지구상의 비인간
생명의 복지와 번영은 그 자체로서 가치를 가진다. 이러한 가치들은 인간의
목적을 위한 비인간세계의 유용성과 무관하다. 둘째, 생명형태의 풍부함과 다양
성은 이러한 가치들의 실현에 기여하며 또한 그것들 자체로서 가치이다. 셋째,
인간은 생명유지를 위해 필요한 경우를 제외하고는, 이러한 풍부함과 다양성을
축소할 권리를 가지고 있지 않다. 넷째, 인간의 생명과 문화의 번영은 인구의
실질적인 감소와 양립할 수 있다. 비인간 생명의 번영은 그러한 감소를 요구한다.

론의 주장을 불교의 환경운동을 통해 보완하고자 한다. 이를 위해
생태적 삶을 위한 사찰의 역할로서 다음의 5가지를 제시한다.[147]

첫째, 생태사찰을 만드는 것이다. 생태사찰은 주변 자연환경과 함께
살림의 문화가 넘쳐나는 사찰을 만드는 것이다. 지역 안에서 서로를
살려주고 반가운 얼굴을 만나는 쉼터의 공간으로 공동체를 회복하고,
사찰에서 이루어지는 모든 행위가 환경 친화적인 것이 되도록 해야
한다. 그리고 사찰 안에서는 환경위원회를 설치해서 자신이 살고 있는
지역과 사찰 주변의 동물과 식물에 어떤 것이 있는지 조사할 필요가
있다. 구체적으로 말해서 '우리 사찰 알기 운동'과 '우리 사찰 가꾸기
운동'을 전개하여 주변 생태계에 관심과 애정을 가져야 한다는 것이다.
지역의 사찰마다 만들어진 생태보고서는 훌륭한 사찰 안내 자료가
될 것이고, 나아가 생태계 이해의 자료가 될 것이다.

다섯째, 현재 인간은 비인간 세계에 지나치게 개입하고 있으며, 그러한 상황은
급속도로 악화되고 있다. 여섯째, 그러므로 정책들이 바뀌어야 한다. 이러한
정책들은 기본적인 경제적, 기술적, 이데올로기적 구조들에 영향을 미친다.
상황의 결과적 국면은 현재와는 매우 달라질 것이다. 일곱째, 이데올로기 변화는
점점 높아지는 (물질주의적) 생활 기준을 고수하는 것이 아니라, 주로 (본래적
가치의 상황에서 살아가는) 삶의 질을 올바로 인식하는 변화이다. 큰 것과
위대한 것 사이의 차이에 대한 깊은 깨달음이 있게 될 것이다. 여덟째, 앞서
말한 점들에 동의하는 사람들은 필요한 변화들을 이행하기 위해 직접적으로
혹은 간접적으로 노력할 의무를 가진다. (『세계관과 생태학』, 민들레책방, 2003,
247~248쪽)

147 박석동, 「생명살림·생태적 삶을 위한 불교의 역할」, 『불교평론』 6호(2001년
봄호), 81~87쪽; 송명규, 『현대생태사상의 이해』, 238~261쪽; 진교훈, 『환경윤
리』, 228쪽.

둘째, 사찰에서 쓰레기 제로(0)운동을 벌인다. 사찰의 공양간에서는 합성세제보다 쌀뜨물이나 밀가루 또는 무공해세제를 사용하고, 발우 공양의 정신을 살려 음식을 남기지 않고 접시를 닦아 먹는 것을 실천한 다면, 음식물 쓰레기 문제는 상당 부분 해소될 것이다. 예를 들면, 정토회관에서는 1999년 새 건물에 이주한 다음에 쓰레기 제로 운동을 벌였다. 음식물은 기본적으로 남기지 않고 먹기 때문에 음식물 쓰레기 문제는 없었지만, 여름철에 늘어나는 과일껍질이 문제였다. 그래서 음식물 찌꺼기를 분쇄한 다음에 옥상의 화단에서 썩히는 방법을 택하였 다. 건조기간과 썩히는 기간을 단축해서 음식물 쓰레기 문제를 해결할 수 있었고, 좋은 거름을 얻을 수도 있었다.

또한 분리배출과 수거함을 설치하여 재활용할 수 있는 자원은 충분히 재활용하고 재사용할 수 있는 문화를 만들어가는 것도 중요한 일이다. 예를 들어 정토회관에서는 가급적 일회용품을 사용하는 것을 자제하고 있다. 그 구체적 대안으로 '캔 음료수 반입금지'를 결정하였고, 두 달 정도 만에 정토회관 밖에서도 캔 제품을 취급하지 않게 되었다. 이 밖에도 화장지 사용금지, 비닐봉지 사용금지, 커피와 차 종류의 1회용 포장제품 사용금지가 실험적으로 운영되고 있다.[148]

셋째, 사찰에서 정기적인 알뜰시장과 유기농 생협매장을 운영하는

---

148 헬레나 노르베리 호지 지음, 양희승 옮김, 『오래된 미래-라다크로부터 배우다』, 75쪽: 우리가 어떤 물건에 대해 완전히 낡아버렸고 사용가치도 다 소진되었다고 생각하는 경우에도, 라다크 사람들은 분명히 그것을 다시 사용할 방법을 찾아낼 것이다. 그들은 어떤 것도 그냥 버리지 않는다. 사람이 먹을 수 없는 것이라면 동물의 먹이로 사용하고 연료로 쓸 수 없는 것들은 비료로 쓰는 것이 라다크 사람들이다.

데 어떤 역할을 하는 것이다. 우선 아껴 쓰고 나눠 쓰고 바꿔 쓰고 다시 쓰는 '아나바다'운동이 활발히 전개되어야 한다. 이 '아나바다'운동 은 단순히 물자절약을 위한 캠페인이 아니라, 사찰 안의 신도들이 적게 쓰고 작게 사는 수행운동으로 범위가 넓어져야 한다. 기술과 능력을 갖고 있는 신도가 참여하여 서로의 기술을 교환하는 자원재활용 운동을 한다면, 물자가 귀한 줄 모르는 어린이에게 교육효과도 있을 것으로 기대된다. '아나바다'운동은 사찰을 매개로 일반 시민에게도 문호를 개방할 필요가 있고, 이는 훌륭한 지역운동이 될 수 있다.

한편 유기농업은 단순히 안전한 먹을거리를 제공하고 고품질 농산물 을 생산하는 것에 그치는 것이 아니고 지탱 가능한 녹색사회를 향한 실천의 하나라고 할 수 있다. 또한 유기농법은 그 자체가 '대안기술'이 고, 생태위기의 시대에 부합하는 '적정기술'이다. 이는 유기농이 추구하 는 자급자족적인 공동체의 삶, 그리고 생산자와 소비자의 직거래를 통해 형성되는 자율적 협동체계 등으로 이어지는 것이다.[149]

따라서 유기농 생협매장은 우리의 먹을거리 문화가 위협 당하고 있는 현실 속에서 사찰이 담당할 수 있는 기능의 하나이다. 그리고 생활협동조합운동은 생산자가 소비자와 직접 유기농산물을 직거래하 는 것인데, 이는 생활인 스스로 자신이 살고 있는 지역사회의 문제를

---

149 헬레나 노르베리 호지 지음, 양희승 옮김, 『오래된 미래-라다크로부터 배우다』, 311쪽: 많은 라다크 사람들은 농업이 낙후된 산업이라는 인식을 갖게 되었고 실제 농업에 종사하는 사람들은 인공첨가물의 인체와 토양에 대한 장기적인 위험성을 알지 못한 채 그것을 사용하는 것이 현대화된 방법이라 믿고 있다. 우리는 다양한 형태의 모임과 뉴스레터를 통해 유기농법의 장점을 사람들에게 알리는 한편 농업의 위상을 더욱 끌어올리기 위해 최선을 다하고 있다.

해결하는 데 의의가 있다. 건강한 먹을거리 교환과 도시와 농촌을 잇는 유기농산물 직거래 운동을 중심으로 다양한 환경운동을 실천해 나가는 데 사찰이 어떤 역할을 할 수 있을 것이다.

넷째, 사찰에서 환경교육을 하는 것이다. 최초의 국제환경교육학회 (1977)에서는 환경교육의 기본목적을 모든 사람이 다양한 형태의 자연 환경과 인위적 환경의 복잡한 상호관련성을 알게 하는 데 두었다. 이 환경교육에서 가장 중요한 것은 인간과 자연(자연환경)의 올바른 관계를 잘 이해하는 데 있다. 왜냐하면, 인간의 환경을 구성하는 요소들 이 서로 관련되어 있고 서로 작용하고 있기 때문이며, 인간도 자연의 일부분이기 때문이다. 따라서 인간은 자연의 군림자가 아니고 자연의 파수꾼에 지나지 않는다.

이런 관점에서 사찰에서도 환경교육을 할 필요가 있으며, 또한 사찰 단위로 환경보존운동을 전개해 나가는 데 무엇보다 지속적으로 일하는 사람이 필요한 점을 감안해야 한다. 그러므로 환경운동에 종사할 사람 을 교육하는 것이 중요하다고 하겠다. 환경교육은 어린이, 청소년, 주부, 승려 등을 대상으로 하는 다양한 방식으로 전개되어야 한다. 단순히 불교의 가르침을 전달할 수도 있겠지만, 환경과 생태의 관점에 서 불교의 가르침을 재조명한다면 더 효과적일 것이다. 예를 들면, 한국불교환경교육원에서는 '생태학교'와 '생명운동 아카데미'를 운영 하고 있다. '생태학교'는 대중강좌이고, '생명운동 아카데미'는 새로운 문명의 대안을 찾기 위한 작업을 벌이는 것이다.

다섯째, 사찰이 지역운동의 중심이 되어야 한다. 특히 환경운동을 위해서 지역의 사찰이 중심이 되어야 한다. 불교의 환경운동의 일반적

모습은 앞에서 말한 것처럼, 지역사찰과 직접적인 관계가 없으면 관심
조차 없다가, 해당 사찰과 관련된 환경문제에는 적극적으로 참여하지
만, 그 문제가 해결되면 다시 무관심으로 돌아가는 것이었다. 이제는
이 모습에서 벗어나서 사찰 안에 환경위원회를 구성하고, 지역 안에서
활동하는 시민단체·종교단체·환경단체와 함께 지역환경위원회를 만
들어서 적극적으로 참여할 필요가 있다. 거의 전국적으로 분포하고
있는 사찰이 지역과 네트워크를 마련함으로써 전국적이면서도 세부적
인 네트워크 운동을 전개할 수 있을 것이다.

6장 불교의 자본주의 문화 비판

-자발적 가난과 느림의 삶

1. 무엇을 이야기할 것인가

"빨리빨리"가 세계 식당가의 공용어라는 우스갯소리를 들은 적이 있다. 요즘 한국사람도 세계여행을 많이 다니는데, 한국사람은 성질이 급해서 잘 참지 못하고 외국의 식당에 가서도 음식이 빨리 나오기를 독촉한다는 말이었다. 또 언제부터인지 "부자 되세요"가 자연스럽게 덕담으로 정착되었다. 1980년대 초반만 해도 더치페이도 잘 관행화되지 않았다. 그때만 해도 아직 유교문화가 우리 의식에 어느 정도 작용을 하고 있었다고 볼 수 있다. 또한 얼마 전까지만 해도 생일선물로 상품권을 주었지 돈을 직접 건네지는 않았다. 물론 직접 받고 싶은 것은 돈이었지만, 얼굴을 맞대고 돈으로 달라는 말을 차마 하지 못하였다. 그것은 유교문화의 체면이 있어서였기 때문이다. 그러던 것이 언제부터인지

받는 사람도 드러내놓고 선물하지 말고 돈으로 직접 달라고 하고, 주는 사람도 이것저것 고민할 것 없이 돈으로 주는 것이 간편해서 좋다고 한다.

이러한 현상 뒤에 '경제제일주의'라는 우리의 의식이 감추어져 있다. 물론 이를 반드시 좋지 않은 현상이라고만 볼 수는 없을 것이다. 과거에도 추구하던 것은 경제적 가치였지만 그때에는 차마 드러내놓고 말하지 못했던 것을 이제는 솔직하게 말하는 것이라고 이해할 수 있다. 그러니까 공연히 체면이니 뭐니 하면서 다른 사람의 이목에 신경을 쓸 것이 아니고 내가 원하는 것을 당당하게 말하는 것이 나쁠 게 없다는 주장이다. 이 말이 틀린 것은 물론 아니다. 그럼에도 "부자 되세요"라고 덕담을 주고받는 한국사회에서 경제적 가치에 대한 지나친 쏠림현상이 일어나는 것은 아닌가 하는 생각이 든다. 돈을 위해서 사람을 인신매매하는 나라, 돈을 위해서 다른 가치는 모두 희생할 수 있다는 문화, 이는 결코 정상이 아니고 나아가 한국경제의 발전에도 걸림돌로 작용할 것이라고 본다. 왜냐하면, 모두가 경제적 가치만을 추구하면 경쟁이 지나쳐서 건전한 경쟁관계를 형성할 수 없기 때문이다.

따라서 이 글에서는 지나친 '경제제일주의'와 뭐든지 빨리빨리 이루려는 '속도지상주의'에 대한 반성으로 자발적 가난과 느림의 삶에 대해 서술하고자 한다. 우선은, 한국의 자본주의가 경제적 가치만 추구하는 '천민자본주의'임을 밝히고, 그에 대한 대안으로 가치의 다원화에 대해 언급하고자 한다. 더불어 불교문화의 현주소에 대해 살펴보고자 한다.

그 다음으로, 경제적 가치만을 추구하는 경향에 대하여 마조馬祖의 가르침인 즉심즉불卽心卽佛의 가르침을 통해서 대안을 모색하고자 한다. 이는 관점을 바꾸면 그만한 경제적 효용은 마음속에 깃들어 있다는 의미이다. 그 다음으로, 가다머Gadamer의 철학적 해석학을 응용해서 '돈'의 문제에 접근하고자 한다. 그리고 그것을 통해서 상대적 박탈감을 넘어설 수 있는 길을 모색하고자 한다.

그 다음으로, 느리게 가는 것이 오히려 빨리 가는 것임을 화엄종華嚴宗의 일즉일체一卽一切를 통해서 드러내고자 한다. 마지막으로 팔정도八正道의 재해석을 통해서 천천히 기초를 쌓아 가는 것이 불교수행이나 인생에서 매우 중요한 점이라는 것을 밝히고자 한다.

2. 천민자본주의와 가치의 다원화, 불교문화의 현주소

중국 윈난 성(雲南省)에 9박 10일 정도 여행을 다녀온 적이 있다. 윈난 성은 한국으로 치면 강원도 산골에 해당하는 곳이다. 처음 이틀은 학술발표회였고, 나머지 기간은 윈난 성을 답사하는 것이었다. 여러 가지 좋은 체험을 했지만, 그중에 가장 인상에 남는 것은 윈난 성의 사람들이 천천히 느릿느릿 산다는 것이었다. 무엇하나 급한 것이 없고 그저 유유히 살고, 달리 보면 느려터지게 살아가는 것이었다. 9박 10일은 길다면 길고 짧다면 짧은 시간이다. 그동안 나도 윈난 성 사람이 사는 방식에 약간이라도 영향을 받았던 모양이다.

내가 김포공항에 처음 발을 내딛었을 때 제일 처음 느꼈던 것은 2가지였다. 나도 한국사람이지만, 한국사람은 바쁘다는 점이었고, 그리고 한국인의 눈에서 돈에 대한 열망을 느낄 수 있었다. 물론 나도 한국인의 삶에 이내 동화되었겠지만 말이다. 그러면서 삶의 질을 생각해 보았다. 윈난 성 사람처럼 가난하지만 느리게 사는 것과 한국사람처럼 경제적으로 윤택하지만 바쁘게 사는 것 가운데 어느 것이 삶의 질이 높은 것일지 생각해 보았다. 나는 지금도 윈난 성 사람이 삶의 질에서는 한국사람에 비해서 높다고 생각한다. 무엇을 위해서 그렇게 바쁘게 살고 무엇을 위해 그렇게 경제적 부유함을 추구하는지 다시 한 번 돌이켜볼 필요가 있다고 생각한다.

한편 한국의 자본주의를 '천민자본주의'라고 부르는 학자도 있다. 이 '천민자본주의'는 건전한 자본주의 문화를 만들어 내지 못하고 폐쇄적이고 퇴폐적인 자본주의를 만드는 여러 가지 상황을 말하는 것이다. 바꾸어 말하자면, 이는 같은 자본주의 국가 가운데서도 유독 한국의 자본주의가 도덕적 가치를 무시하고 경제적 가치만을 최고로 보고 추구한다는 점에서 나온 말이다. 자본주의 국가에서는 다 경제적 이익을 추구하겠지만 유독 한국은 다른 선진 자본주의국가에 비해서 그 정도가 심하다는 것이다. 나는 이 천민자본주의가 한국경제 발전에 장애가 될 것이라고 감히 말하고 싶다. 모두가 추구하는 것이 경제적 가치라면 결국 한국사회는 경쟁이 치열해질 것이고, 처음에는 공정한 경쟁이 될지 모르겠지만, 경쟁이 치열해지면 결국은 물불을 가리지 않는 혼탁한 경쟁이 되기 쉽다. 만약 과정을 무시하고 결과만을 추구한다면, 공정한 경쟁을 할 필요가 없을 것이다. 수단과 방법을 가릴 것 없이 이기면 될 것이고, 나머지 이야기는 패자의 넋두리에 지나지 않을 것이기 때문이다. 만약 이렇게 된다면 지나친 경쟁으로 인해 오히려 한국사회는 경제발전도 제대로 하지 못할 것이라고 예측한다.

역사에서 교훈을 배운다고 한다. 조선 왕조 역사에서 우리는 교훈을

얻어야 한다. 조선 왕조 역사에 장점도 많겠지만 여기서는 단점을
부각하고자 한다. 조선 왕조의 통치계급은 양반이었고, 이들의 출세수
단은 과거에 합격해서 관리가 되는 것이었다. 그런데 관직은 한정되어
있고 양반의 숫자는 늘어났다. 따라서 관직을 향한 암투가 벌어질
수밖에 없는 상황이 된 것이다. 게다가 양반이 추구하는 가치는 오로지
입신양명立身揚名, 곧 과거에 급제해서 관리가 되는 것이고, 다른 것은
크게 부각되지 않았다. 모든 양반이 관리가 되길 원하고, 그 관리의
숫자는 제한되어 있는 상황이다. 그러면 자연히 서로 경쟁하게 되어
있고, 처음에는 게임의 룰이 제대로 작동되었는지 모르겠지만, 시간이
지나면서 서서히 게임의 룰은 지켜지지 않았고, 결국은 세도정치勢道政
治라고 하는 왕실의 일부 외척세력 손에 권력이 들어가는 현상이 일어났
다. 이는 크게 보면, 모두가 한 가지 가치만을 추구한 결과 생겨난
현상이다. 조선의 세도정치의 병폐가 한국의 자본주의 사회에서 다시
일어나지 말라는 보장이 없다. 모두가 경제적 가치만을 우선시 한다면
결국에는 게임의 룰이 무너질 것이다.

따라서 한국사회에서 가장 시급한 것은 '가치의 다원화'라고 본다.
경제적 가치가 중요한 것은 물론이겠지만, 어느 정도 경제적 가치가
충족되었다면 인생의 의미를 다른 가치에서 찾는 다원적 가치관이
한국사회에서 빨리 뿌리내릴 필요가 있다. 경제적 가치가 어느 정도
충족이 되었으면 인생의 의미를 종교, 예술, 철학 등의 영역에서 추구할
수는 없는 것일까? 나는 '가치의 다원화'가 이루어져야 지나친 경쟁이
완화될 것이고, 그래야 한국경제도 더 발전할 것이라고 생각한다.

그리고 한국자본주의가 천민자본주의라는 오명을 듣게 된 원인 가운

데 하나는 급격한 산업화이다. 급격한 산업화를 통해서 전통사회의 문화가 송두리째 사라지게 되었는데, 이 전통문화 속에는 부정적인 측면도 있겠지만 긍정적인 요소도 포함되어 있다. 전통문화가 사라지게 되자 한국사회에서는 정신적 귀족문화도 아울러 자취를 감추었다. 조선시대 양반문화가 근대화에 부정적 기능을 했다고 평가하는 것이 일반적이지만, 그러나 양반문화에는 순기능의 측면도 있다. 금전적 가치에 의해서 움직이기보다는 도덕적 가치와 정신적 가치를 높이 평가하는 측면도 양반문화에는 분명히 있었다. 그런 순기능을 하는 측면이 산업화가 이루어지면서 급속하게 한국사회에서 사라져버렸다.

이런 터전 위에 경제발전이 이루어지고, 졸부문화가 등장하게 되었다. 이들은 경제적으로는 부유하지만 정신적으로 우월한 위치에 있지 않다. 그래서 자신의 열등감을 부富로 과시하기 위해서라도 더 과시적인 소비를 한다. 수백만 원짜리 외제 옷을 입고 남 앞에서 과시하는 것은, 뒤집어서 보면 그것 이외에 남에게 보일 것이 없다는 빈곤함을 보여주는 것이기도 하다. 양반문화가 몰락한 다음, 이를 대신할 정신문화가 한국사회에서는 아직 형성되지 않았다.

한편 불교문화는 한반도에서 유교문화와 함께 2천 년 가까이 뿌리를 내려온 것이지만, 조선 왕조에서는 주류문화가 아니었기 때문에 근현대 한국사회에서 역동적으로 활동하기 어려웠다. 하지만 현재는 불교문화가 한국전통의 저수지 기능을 하고 있다. 여기에는 긍정적인 부분과 부정적인 부분이 아울러 섞여 있다. 긍정적인 부분은 불교의 사찰이 전통문화를 지탱하는 디딤돌 역할을 한다는 점이다. 현재 사찰음식이 웰빙음식으로 널리 알려져 있다. 필자도 학회워크숍에서 사찰요리전문가가 만든 사찰음식을 먹어본 적이 있는데, 웰빙음식으로 손색이 없다고 본다. 그리고 불교미술은 한국미술사에서 그 비중이 70퍼센트 정도 차지한다고 한다. 그래서 다른 종교기관에서 이름 없는 탑이라도 맡겨주면 자신의 기관에서 관리하겠다고 제안을 할 정도라고 한다.

그러나 이렇게 긍정적인 부분만 있는 것은 아니다. 불교문화가 현대사회에 적응할 수 있도록 변화할 때 변하지 못한 부정적인 부분도 있다. 우선 불교에서는 문중門中 관념이 아직도 살아 있다는 점이다. 이는 조선의 가문家門 중시 관념에서 나온 것으로 보인다. 현재 한국사회에서 가문 또는 문중을 강조하는 집단 가운데 가장 대표적인 곳은 불교사원일 것이다. 가문 또는 문중 관념이 전통문화 가운데 긍정적인 요소라고 보기는 어렵다. 이런 부정적인 부분을 개혁하지 못하고 계속 유지하고 있는 점은 문제라고 할 수 있다.

또한 불교사원에서 남존여비男尊女卑의 경향이 아직도 강하게 남아 있다. 한국사회에서는 호주제 폐지 등 남존여비의 관념이 빠르게 사라지고 있는 데 비해, 불교사원에서는 남존여비의 관념이 강하게 남아 있다. 신도의 대부분이 여성임을 감안할 때, 남존여비의 관념은 불교사원에서 불교신도를 스스로 무시하는 결과가 된다. 이 또한 빨리 극복되어야 할 과제일 것이다. 불교문화가 한국사회에 더 많은 영향력을 행사하기를 바란다면, 전통문화로서 불교문화의 장점은 더욱 살리고, 부정적 요소는 점점 줄여나가야 할 것이라고 본다.

이상의 내용을 정리하면 다음과 같다. 한국사회가 경제 발전을 이룩하고 산업화를 이룬 것은 분명 긍정적인 대목이지만, 그러나 산업화 뒤에 숨어 있는 부정적 그림자도 분명히 존재한다. 전통문화가 빨리

붕괴하였고, 그 속에는 오늘날에도 계승되어야 할 긍정적인 부분도 상당히 있다. 그 때문에 한국자본주의는 천민자본주의라는 오명을 듣게 되었다. 천민자본주의를 극복하는 길은 여러 가지가 있을 수 있겠지만, 사상의 측면에서 보자면 '가치관의 다원화'라고 할 수 있고, 이 점에서 전통문화의 건설적 복원이 강력히 요청된다. 현재 불교문화가 전통문화의 대표주자가 되었는데, 이 가운데는 긍정적인 부분도 있고 부정적인 부분도 있기 때문에 긍정적인 부분은 더욱 살리고 부정적인 요소는 줄이려는 노력이 뒤따라야 할 것이다.

3. 즉심즉불卽心卽佛의 해석

나는 강의할 때 돈의 액수가 중요한 것이 아니고 모든 것은 마음먹기에 달려 있다고 한다. 나는 여러 대학에서 불교사상을 포함한 철학관련 과목을 강의하는데, 강의가 끝나면 대학캠퍼스를 거닐곤 한다. 아마도 대한민국에서 아무리 부자라고 해도 마당이 대학캠퍼스 정도 되는 집을 소유한 사람은 드물 것이다. 아니 없을 것이라고 생각한다. 이 넓은 캠퍼스를 거닐면서 이 땅이 땅문서에 내 이름으로 되어 있지 않다고 해서 지금 내가 이 캠퍼스를 거닐면서 누리는 만족감을 손상시키지는 않는다고 생각하곤 한다. 적어도 내가 이 대학에서 강의하고, 그리고 강의를 끝내고 남는 시간에 한가롭게 캠퍼스를 거닐 여유는 그 누구도 막을 수는 없을 것이다. 나아가 내가 이 캠퍼스를 내 이름으로 소유했다고 해도 이 캠퍼스를 거닐면서 풍광을 즐기는 횟수와 만족감이 지금보다 더 많지는 않을 것이라고 본다. 그래서 나는 생각만 바꾸면 상당한 부분의 스트레스는 극복할 수 있다고 생각한다. 이 캠퍼스가 내 소유라고 땅문서에 쓰여 있지는 않지만 내가 거닐고 만족감을 느끼는 데 방해가 되지 않는다면, 그 때만큼은 나의 소유라고 믿는다. 이처럼 소유의 개념을 확장할 필요가 있다.

또 나는 책 욕심이 많다. 일주일에 한 번 대형서점에 가서 아이쇼핑(눈요기)을 하면서, 책에 대한 불타는 욕심을 다음과 같이 가까스로 달랜다. '이 책을 지금 내가 사 가지고 간다고 해도 읽을 시간이 없다. 굳이 내 서가에 꽂아야만 내 책이고 대학도서관에 있으면 내 책이 아니라고 볼 필요가 있을까? 필요할 때 볼 수 있으면 다 내 책이라고 할 수 있지 않을까? 대학도서관에 있는 책을 다 내 책으로 볼 수 있지 않을까?' 물론 이렇게 다짐을 해도 가끔은 충동구매를 한다. 그러면서 가정주부가 새로 나왔다는 김치냉장고를 충동구매 하는 심정을 헤아리곤 한다. 이때 나는 내 자신에게 쓴웃음을 짓는다.

이번에는 장난감을 사달라고 조르는 어린아이를 보자. 어린아이는 아주 떼를 쓰고 그것 없이는 한시도 못 살 것처럼 응석을 부리지만, 실제로 그 원하던 장난감을 가지게 되면 만족감이 사흘도 못 가고 다른 장난감으로 관심이 옮겨간다. 그러다가도 다른 어린아이가 와서 바로 그 장난감에 관심을 보이면 자신은 더 이상 흥미를 느끼지 않으면서도 다른 어린아이가 가지고 노는 것은 싫어한다. 이 광경을 어른들이 보면서 실소를 금치 못한다. 그러나 더 높은 관점에서 보자면, 이런 어른도 어린아이와 마찬가지의 태도를 나타낸다. 다만 관심의 대상이 어린아이의 장난감에서 자동차나 아파트 등 값이 더 비싼 쪽으로 바뀌었을 따름이다. 어른들도 값이 비싼 아파트, 아파트 하면서 그런 집에 살기를 바라고 실제로 넓은 평수의 아파트에 살게 되면 만족감을 느낀다. 그러나 어린아이가 장난감에 대해 누리는 만족감이 오래가지 못하듯이, 이런 종류의 만족감은 오래가지 못한다. 이제 자신이 소유한 아파트는 당연한 것이고 더 넓은 평수의 아파트를 향해 나간다. 마치 더 신기한 장난감을 향해 나가는 어린아이처럼 말이다. 따라서 나는 어른이 어린아이보다 더 현명하다고 말할 자격이 없다고 본다.

그러면 마조(馬祖, 709~788)와 그의 제자 대매법상(大梅法常, 752~839)과 관련된 이야기를 살펴보자. 마조가 그의 제자 법상法常에게 다음과 같이 가르침을 주었다. 법상이 마조를 처음 방문하였을 때, "무엇이 부처입니까?"라고 물었고, 마조는 "마음이 그대로 부처이다(卽心卽佛)"라고 대답하였다. 법상은 이 대답에 불교의 진리를 깨달았다. 후에 법상은 대매산大梅山에 정착하였다. 그러자 마조는 법상의 경지를 알기 위해서 다른 스님을 보내서 질문을 하게 하였다. 이 스님이 "스님은 마조스님을 뵙고 무엇을 얻었기에 이 산에 머뭅니까?"라고 물으니 법상은 "마조스님은 나에게 마음이 그대로 부처라고 말하였고, 그 가르침으로 인해 이 산속에 머문다"라고 하였다. 그러자 심부름 간 스님은 "요즘 마조스님의 가르침의 내용은 그것과 다릅니다"라고 하였다. 법상이 어떻게 다르냐고 물어보자, 그 스님은 "요즘에는 마음도 아니고 부처도 아니다(非心非佛)라고 합니다" 하고 대답하였다. 그러자 법상은 "이 노인네가 사람을 미혹하게 하는 것이 그칠 날이 없구나. 그대는 마조스님의 가르침이 '마음도 아니고 부처도 아니다'고 이해하라. 그러나 나는 '마음 그대로 부처이다'라고 이해할 것이다"라고 하였다. 심부름 간 승려가 이 대화내용을 마조에게 알리자, 마조는 "매실이

익었군" 하면서 법상의 경지를 인정하였다.[150]

사실 "이 마음이 그대로 부처"라는 말은 말하기는 쉬울 줄 몰라도 이해하기는 매우 어려운 것이다. 내 마음은 조석으로 변한다. 아침에 기분이 안 좋았다가도 점심때 다른 일로 인해서 풀리기도 하고, 또 저녁때 다른 일로 인해서 기분을 망치기도 한다. 사람의 마음은 자주 바뀐다. 어떤 때는 욕심의 불길에 휩싸이기도 하고, 어떤 때는 분노가 폭발하기도 하며, 어떤 때는 어리석음의 바다에 빠져 있기도 한다. 그런데 어떻게 이 마음이 그대로 부처일 수 있단 말인가? 일상의 마음은 분명 번뇌의 마음이고 탐욕과 성냄의 불길 속에 타오르고 있는 마음이지만, 본래의 마음은 청정하다고 불교에서는 가르침을 편다. 그래서 이 마음 그대로 부처라고 말한다. 이 대목에 대해 나는 사실 자신이 없다. 내 생활을 돌이켜 보건대, 내 마음이 부처라고 말할 용기가 나지 않는다. 이 부분에 대해서는 나는 알지 못하겠다고 고백하는 것이 솔직한 태도라고 생각한다.

하지만 분명히 아는 부분도 있다. 이 마음이 부처라는 부분은 잘 모르겠지만, 이 마음을 바꾸면 사람들이 추구하는 세속적 가치인 돈, 권력, 명예는 충분히 얻을 수 있다고 생각한다. 이미 앞에서 말한 대로 대학캠퍼스를 거닐면서 걷고 있는 이 순간만큼은 이 캠퍼스의 주인이 '나'라고 생각할 수 있다. 그러면 잠시 동안만큼은 나는 어느 누구도 부럽지 않은 부자가 되곤 한다. 대통령이 되어서 누릴 수 있는 만족감을 관점을 바꿔서 평민의 입장에서도 누릴 수 있고, 유명인

---

150 『마조록·백장록』(장경각, 2001), 36~37쪽. 번역은 새롭게 하였음.

이 누리는 인기와 명예로 인한 쾌감을 관점을 바꾸면 현재 이 자리에서 누릴 수 있다. 이것을 나는 즉심즉전卽心卽錢이요, 즉심즉권력卽心卽權力이며, 즉심즉명예卽心卽名譽라고 부른다. 관점을 바꾸면, 다시 말해서 마음을 바꾸면, 우리가 그토록 원하는 세속적 가치는 이 마음속에 이미 깃들어 있는 것이다. 더 이상 외부를 향해서 추구할 필요가 없다.

4. 해석학의 문제: 천 원을 만 원처럼 쓰는 지혜

1998년 한국이 외환위기를 만났을 때, 한 여성 연예인이 광고에 출현해서 "천 원을 만 원처럼 쓴다"고 말하였다. 이는 절약하라는 말이겠지만, 그렇다고 해서 단순히 돈의 노예가 되라는 말은 아닐 것이다. 나는 이 말을 '천 원을 만 원처럼 쓰는 지혜'라고 부른다. 천 원의 가치가 갑자기 객관적으로 열 배나 상승할 수는 없을 것이다. 이는 객관적 가치는 천 원이지만 주관의 효용에서는 열 배로 극대화하자는 것이다. 그러면 어떻게 해야 천 원을 만 원처럼 사용할 수 있을까? 이는 인문학적 교양에 기초한다. 나는 철학 교양수업을 할 때 학생들에게 이렇게 말하곤 한다.

여러분은 이 철학 교양수업을 마지못해 선택했고, 이 수업이 나의 미래에 어떤 영향을 끼칠 것이며, 노골적으로 말하자면 돈벌이에 무슨 도움이 되겠는가 생각할 것입니다. 하지만 이러한 생각은 잘못된 것입니다. 우선 철학도 돈이 되는 경우가 있습니다. 나같이 철학과목 강사는 철학을 강의해서 부족한 대로 생활을 꾸려가고 있습니다. 그리고 인문학 특히 철학을 잘 공부해서 창의력을 개발할 수 있습니다. 모든 참신한 아이디어는 기성의 선입견에 물들지 않을 때 생기는 것이고, 기성의 선입견을 무너뜨리는 커다란 무기는 철학적 사고와 논리입니다. 하지만 여러분의 경우는 나와는 다를 것입니다. 여러분의 경우에는 최소한의 철학을 공부해서 적게 벌고도 풍부하게 소비할 수 있는 지혜를 배우게 됩니다. 지금 여러분은 많이 버는 것에 관심이 있겠지만 많이 버는 것은 생각만큼 쉽지 않고, 자본주의 사회에서 돈벌이가 생각만큼 쉽게 이루어지지 않습니다. 보통의 사람에게 요구되는 것은 자신이 번 돈에 대해 풍요롭게 소비할 수 있는 능력입니다. 여러분이 만약 이 교양수업을 듣고 세계적인 고전을 읽을 수 있는 안목을 가지게 된다면, 단돈 만 원으로 일주일을 아주 만족스럽게 보낼 수 있습니다. 아마 단돈 만 원으로 누릴 수 있는 최대의 행복일 것입니다. 이렇게 보면, 돈을 어떻게 사용할 것인지 하는 점은 자신의 지혜에 달려 있다고 할 수 있습니다. 돈의 노예가 되지 않고서도 절약정신을 배울 수 있는 길은 바로 인문학을 제대로 익히는 데 있습니다.

이렇게 강의 초반에 철학수업의 경제성을 강조하면, 어느 정도 학생의 호응을 이끌어낼 수 있다. 물론 그 호응이 중간고사 이후로는 시들시들해 가는 경향이 있기는 하지만 말이다.

우리는 구두쇠를 '자린고비'라고 부른다. 자린고비는 시장에 가서 생선을 사 가지고 와서 그것을 먹지 않고 천장에 매달아 놓고 쳐다보면서 밥을 먹었다고 한다. 이러한 자린고비의 일화는 조선 후기에 몰락한 양반이 처한 위치를 잘 보여주는 것이라고 해석할 수 있다. 조선조에서 양반은 생산활동에 종사할 수 없었다. 과거시험을 통해서 관리가 되는 것이 입신양명하는 길이고, 그 길을 통해서 재산을 모을 수 있었다. 하지만 과거에 합격하는 것은 험난한 길이었다. 더구나 과거시험이 점점 공정성을 잃게 되면서부터는 더더욱 일반 양반에게는 그림의 떡이 되었다. 이제 양반들의 고민은 시작되었다. 과거를 통해 관리가 되면 좋겠지만 그 길은 너무 멀고, 그렇다고 중인中人이나 평민처럼 생산활동에 종사할 수도 없었다. 이때 양반이 할 수 있는 길은 바로 '절약'이었다. 자린고비는 그 절약정신이 몸에 밴 대표적 인물이었고, 그 당시 조선팔도에는 자린고비와 어깨를 나란히 하는 구두쇠가 여러 명이 있었다고 한다. 이 양반들은 이런 식으로 자신의 생존방식을 구할 수밖에 없었다. 여기서 나는 이들이 돈의 노예가 되었다고 보고 싶지는 않다. 이들이 절약정신을 충실히 발휘할 수 있었던 것은 바로 유교경전을 충실하게 익힌 교양에 있었을 것이라고 생각한다. 이들은 마음이 이미 넉넉하였기 때문에 객관적으로 궁핍한 생활에 적극적으로 대처해 나갈 수 있었을 것이다.

이러한 내용에 대해 철학적으로 접근한다면 가다머Gadamer의 철학적 해석학에서 어느 정도 단서를 찾을 수 있다. 독일의 현대철학자 가다머는 1960년에 『진리와 방법』이라는 저서에서 '정당한 선입견의 복권'을 주장하면서 전통과 권위에 대해 새로운 지위를 부여하고자 하였다. 일반적으로 선입견은 올바른 해석을 가로막는 것이므로 배제해야 할 대상이다. 하지만 가다머는 선입견 가운데서 '전통적 요소'는 배제해야 될 대상이 아니라 우리의 해석이 이루어지는 기반이 된다고 한다.[151] 예를 들자면 한국인의 관점에서 서양문화를 보는 것은 잘못된 선입견이 아니라 개성 있는 해석을 할 수 있는 근거가 된다는 것이다. 한국문화의 관점에서 서양문화를 본다면, 잘못 해석할 가능성도 물론 존재하겠지만, 서양사람이 보지 못하는 새로운 관점을 이끌어낼 수도 있다.

또한 가다머는 예술작품의 존재방식에 대해서도 색다른 주장을 펼친다. 그는 '놀이'의 비유를 제시한다. 그러면 '제기차기'를 예로 들어보자. '제기'를 차려는 사람만 있다고 해서 제기차기가 이루어지는 것은 아니다. 또한 '제기'와 '사람'이 따로 있어도 제기차기는 형성되지 않는다. '제기'라는 놀이기구와 그 놀이기구를 활용하는 사람이 한데 어우러져야 제기차기는 이루어진다.

예술작품의 존재방식도 이와 같은 방식으로 설명할 수 있다. 예술작품이라는 '객관'만 있어도 안 되고, 그것을 감상하는 '주관'만 존재해도 안 되며, 이 둘이 서로 어우러져야 비로소 예술작품의 의미가 드러난다. 가다머의 주장에 따르면, 아무리 엄청난 예술작품이 있다손 쳐도 그것을 감상할 줄 모르는 사람에게는 무용지물이라는 것이다. 나는 베토벤 교향곡 같은 것을 들으면 졸리거나 싫증을 느낀다. 그에 비해 버스에서 간간이 흘러나오는 유행가에는 내 몸이 반응을 한다. 이러한 현상을 가다머의 철학적 해석학에 비추어 설명하면, 예술작품의 존재방식은 주관과 객관이 서로 어우러지는 데 있는 것이므로 나에게 유행가는

---

151 가다머의 철학적 해석학에 대해서는 리차드 E. 팔머 저, 이한우 역, 『해석학이란 무엇인가』(문예출판사, 1990), 2부 11장과 12장(238~315쪽)을 참조하기 바람.

훌륭한 예술작품이지만 교향곡은 자장가밖에 되지 않는다는 것이다.

이것을 일반화해서 말하자면, 객관대상이라고 해도 모두에게 공통의 의미를 갖는 건 아니라는 것이다. 설악산을 예로 들어보자. 설악산에서 신혼여행을 보낸 금슬 좋은 부부라면 낭만과 추억이 서린 곳이겠지만, 만약 설악산에서 떨어져 죽을 뻔했던 사람이라면 두 번 다시 보기 싫은 곳이 될 것이다. 이처럼 동일한 대상이라고 해도 각자의 체험에 따라 각기 다른 의미로 나타난다.

이번에는 이 내용을 '돈'에 적용해 보자. 이제까지 우리는 돈을 객관적 가치라고 생각해 왔다. 그래서 천만 원은 백만 원보다 크고, 일억 원은 천만 원보다 열 배의 가치가 있다고 받아들인다. 하지만 가다머의 철학적 해석학을 적용하면 내용이 달라진다. 객관적인 '돈'을 어떤 사람이 활용하는가에 따라 그 의미가 달라진다고 할 수 있다. 젊었을 때 무척 고생해서 모은 돈 일억과 아버지가 유산으로 물려준 돈 일억이 같은 의미일 수는 없다. 자신이 고생해서 번 돈은 쉽게 낭비하지 않고 더 큰 사업을 위한 기반이 될 수 있다. 그에 비해 유산으로 물려받은 돈 일억은 어떻게 될지 예측하기 어렵다. 수완 있는 사람에게 일억은 사업자금이 될 수 있는 것이지만, 아무 재주 없는 사람이라면 한순간에 날릴 수 있는 돈이기도 하다. 이렇게 보자면, 동일한 일억 원이지만 어떤 사람이 활용하는가에 따라 그 의미가 달라진다고 할 수 있다. 이것을 텔레비전의 광고에서 말한 대로 하자면, '천 원을 만 원처럼 쓰는 지혜'라고 할 수 있다.

이러한 가다머의 철학적 해석학의 원리는 불교의 유심唯心에서 다시 확인된다.[152] 불교에서는 "모든 것이 마음에 의해 만들어진다(一切唯心

造)"라고 하는데, 이를 쉽게 이해한다면 모든 것은 마음먹기에 달렸다고 할 수 있고, 또한 의미부여하기 나름이라고 할 수 있을 것이다. 그래서 어떠한 역경을 만나더라도 스스로 의미를 부여할 수 있다면 그 역경은 그 사람을 성숙하게 하는 기회가 될 수 있다. '돈'도 마찬가지다. 돈의 액수가 문제가 아니라, 어떤 마음으로 돈을 대하느냐에 따라 천 원도 만 원처럼 활용할 수 있다. 불교에서는 객관적 가치를 부정하지 않지만, 그보다 의미 있는 것은 주관의 마음씀이라는 점을 일깨워준다. 그렇다면 객관적 가치를 늘리는 데 신경을 쓰는 것은 당연한 것이겠지만, 더 중요한 것은 내면의 가치라고 할 수 있다. 그리고 이 대목은 우리가 그냥 대수롭지 않게 바라본 부분이면서 동시에 노력하면 노력한 만큼 정직하게 결과가 나타나는 것이기도 하다.

5. 느림의 삶: 일즉일체—卽一切의 원리

떨어지는 낙엽 하나로 천하에 가을이 왔음을 안다고 한다. 이는 하나의 현상을 통해서 전체의 의미를 읽는다는 것이다. 이처럼 하나의 현상이 전체의 변화를 의미하는 경우가 많다. 이는 자연과학에서도 통용되는 원리이다.

자연과학에서 말하는 프랙털(fractal: 자기닮음)은 하나의 변화가 전체변화의 축소판이라는 것을 의미한다고 한다. 프랙털 도형은 어느 부분을 잘라내도 전체 모형과 닮아 있는 것이다. 예를 들어 고사리

---

152 『화엄경』의 유심사상에 대해서는 平川彰 외 편, 정순일 역, 『화엄사상』(경서원, 1996) 6장 '유심唯心과 성기性起'를 참조하기 바람.

전체의 모양은 고사리 잎사귀와 같은 구조이고, 또한 그 잎사귀의 한 부분은 잎사귀 전체와 같다고 한다. 고사리는 어느 부분에서도 전체를 재구성할 수 있는 정보를 가지고 있다. 또한 프랙털은 수지침의 원리로 설명할 수 있다. 손바닥은 몸의 한 부분에 지나지 않는 것이지만, 이 손바닥 안에 인체 전체의 정보가 담겨 있다고 가정하고 출발하는 것이 수지침의 원리이다. 이런 의미에서 부분은 전체와 연결되어 있다 (一卽一切).

또한 자연과학에서 카오스이론을 말하기도 한다.[153] '카오스'는 혼돈을 의미하는 말이다. 가령 비가 내린다고 하자. 이 빗발의 강도가 어느 때는 강하고 어느 때는 잠잠하기도 한데, 이처럼 자주 변하는 빗발의 강도는 원인이 있으면 결과가 있다는 단순한 인과관계만으로 설명하기 어렵다. 이러한 미묘한 불규칙성은 하나의 원인으로 설명할 수 없다는 것이 바로 카오스이론이다.

그러면 카오스이론을 우리의 삶에 적용해 보자. 내가 미래에 어떻게 될 것인가? 나의 직업은 미래에도 계속 유지될 것인가? 카오스이론에 따르면 미묘한 불규칙성이 작용하기 때문에 예측하기 어렵다. 한두 가지 변수만을 가지고 보자면 어느 정도 예측이 가능하겠지만 현실을 움직이는 요인이 한두 가지일 수 없고, 다양한 요인이 음으로 양으로 작동하고 있다. 그런 변수를 모두 예측한다는 것은 불가능하다. 또한 카오스이론에서는 사소한 원인이 커다란 결과를 이끌어낼 수도 있다는 예측불가능성을 말하고 있다. 이는 지구 남반부에서 나비가 날갯짓한

---

153 프랙털과 카오스이론에 대해서는 김용운, 『카오스와 불교』(사이언스북스, 2001) 를 참조하기 바람.

것이 북반부에서 폭풍우로 변할 수 있다는 '나비효과'라고 하는 것이다. 아주 사소한 원인이 여러 원인과 서로 만나면서 엄청난 결과를 몰고 올 수 있다는 것이다. 이것도 하나의 현상이 전체에 영향을 미치는 예가 될 것이다.

이제까지 불교의 일즉일체一即一切를 설명하기 위해서 자연과학의 내용을 잠깐 소개하였다. 하나의 현상은 전체와 맞물려 있고, 경우에 따라서는 작은 현상의 변화가 전체에 엄청난 결과를 일으킬 수 있다는 것이다. 이런 관점에서 '일즉일체'이다. 하지만 불교에서 '일즉일체'를 이러한 내용으로 말하는 것만은 아니다. 불교에서 '일즉일체'를 말하는 이유는 공空을 설명하려는 데 있다. '공'은 대승불교의 핵심개념이고, 이는 매우 어려운 개념이지만, 쉽고 단순하게 말하자면 집착의 마음을 비운다고 할 수 있을 것이다. 또 '공'을 주관과 객관의 도식으로 설명하면, 집착의 세계 또는 분별의 세계는 보이는 객관과 그것을 보는 주관의 구분이 존재하는 것이지만, '공'은 이러한 주관과 객관의 구분을 넘어섰다는 것이다.

예를 들어, 커다란 황금송아지가 있다고 하자. 사람들은 황금송아지에 대해 욕심이 생기기는 하지만 그것을 참고 눌러둘 수 있다. 그러나 불교에서 말하는 '공'은 그런 것이 아니다. 욕심이 생기는데 눌러두는 정도가 불교에서 요구하는 것이 아니다. 근원에서부터 이러한 욕심이 생기지 않을 것이 요구된다. 그래서 인식의 전환을 말하는 것이다. 보이는 객관과 그것을 보는 주관이 존재하는 한, 황금송아지에 대한 욕심은 사라지지 않을 것이다. 이제까지 황금송아지로 보아왔던 것이 잘못된 인식임을 알게 될 때 욕심에서 자유로울 수 있다. 이런 차원에서 주관과 객관의 구분을 넘어선다고 말하는 것이다. 이는 주관과 객관이 둘이 아니라는 것이고, 다른 말로 하자면 우주와 내가 하나로 된다는 신비체험이기도 하다. 온 우주와 더불어 하나가 된 체험을 한 사람에게 그깟 황금송아지에 무슨 미련이 남겠는가? 이것이 바로 '공'의 의미이고 집착의 마음을 비운다는 의미이기도 하다.

이 '공'의 의미에 대해 중국의 화엄종에서는 '일즉일체'로 설명하고 있다.[154] 앞에서 '공'을 주관과 객관의 구분을 넘어선 것이라고 했는데, 그렇다면 이는 시간과 공간의 한계를 넘어선 것이라고 할 수 있다. 왜냐하면, 주관과 객관의 구분을 가능하게 하는 것이 바로 시간과 공간이기 때문이다. 우선 공간의 한계를 벗어난다는 점에 초점을 맞추어보자. 공간의 한계를 벗어났다면, 세상에서 가장 큰 것이 세상에서 가장 작은 것 안으로 들어갈 수도 있다. 왜냐하면, 공간이라는 장벽이 있다면 큰 것이 작은 것 속에 들어갈 수 없지만, 공간이라는 장벽을 넘어서면 큰 것이 작은 것 속에 들어갈 수 있기 때문이다. 이 점을 화엄종에서는 세상에서 제일 크다는 수미산이 세상에서 가장 작은 겨자씨에 들어간다고 말한다. 이것이 바로 '일즉일체'의 의미이다.

이번에는 시간의 한계를 벗어난다는 점에 초점을 맞추어보자. 사실 시간은 느끼는 사람에 따라 그 길이가 달라진다. 이는 시간을 느끼는 점에서는 주관성이 강하게 작용한다는 말이다. 듣기 싫은 강의를 듣는 학생에게는 50분이라는 시간이 5년처럼 길게 느껴질 수도 있고, 재미있는 영화를 관람했다면 아주 순식간에 영화 보는 시간이 지나갔다고

---

154 화엄종의 일즉일체에 관해서는 이병욱, 『천태사상연구』(경서원, 2000/2002), 3부 1장을 참조하기 바람.

할 수 있다. 이처럼 시간은 사람의 일상생활에서도 주관적인 측면이 강하게 드러난다. 이런 대목에 대해서 화엄종에서는 영겁永劫이라는 영원한 시간이 한 '찰나'이고, 한 찰나가 영원한 시간일 수 있다고 한다. 이 점은 우리의 일상생활을 돌이켜 보면 결코 불가능한 말이 아닐 것이다. 화엄종에서는 이런 점에서 '일즉일체'를 말한다. 따라서 화엄종의 '일즉일체'는 대승불교의 '공'의 다른 말에 지나지 않는 것이다.

하지만 여기서 강조하고자 하는 '일즉일체'는 수행덕목에 관한 것이다. 화엄종에서는 하나의 수행덕목을 완성했다면, 다른 모든 수행덕목을 갖추고 있다고 한다. 이런 점에서 '일즉일체'라고 한다. '보시布施'라는 수행을 철저히 했다면 다른 수행을 닦지 않았지만 다른 수행을 해서 얻을 공덕도 보시를 행한 수행 속에 간직되어 있다는 것이다. 이는 다른 말로 바꾸어 한다면, 기본기를 중시한다는 말과 통할 것이다. 한국 축구 국가대표팀 감독이었던 히딩크는 기본기를 강조했는데, 이는 기본기를 철저하게 익히면 다른 여러 가지 기술도 그 속에 녹아든다는 의미이다. 그리고 이 말은 동시에 위대한 인물은 천천히 이루어진다는 대기만성大器晩成이라는 말과 통하는 것이기도 하다.

또 나는 국가유학시험에 합격한 사람의 수기를 읽은 적이 있는데, 이 사람은 영어를 아주 잘하는 사람이었다. 나는 내가 모르는 어려운 영어책을 공부할 것이라고 생각하고 책을 보았는데 뜻밖에도 이 사람은 중 3영어 교과서를 외우라고 하였다. 중 3영어는 쉬운 것이다. 이런 것을 공부하고 그 어려운 국가유학시험에 붙을까 생각했지만 이내 그 말에 고개를 끄덕였다. 중 3영어 교과서에는 기본적인 사항이 모두 실려 있고 이 사항을 모두 완벽하게 소화할 수 있다면, 그것을 바탕으로 해서 어려운 영어도 대처해나갈 수 있다는 말이라고 생각하였다. 이처럼 기본기의 중요성은 강조된다.

요즘 세태를 보자면 자신의 자식이 똑똑한 인물이라는 점을 남에게 드러내기 위해 부모가 안달하는 경향이 있다. 시험성적에 지나치게 민감하게 반응하고, 그래서 사교육에 더 몰두하기도 하는 부모들이 많다. 하지만 길게 보는 눈이 필요하다. 하나의 기본기를 충실히 익히면 그 속에 다른 어려운 기술이 모두 녹아 있다는 가르침을 제대로 이해할 필요가 있다. 그리고 이 기본기는 단순한 것이어서 배우는 사람은 금방 질린다. 싫증을 참고 계속 기본기에 충실하기 위해서는 우선 가치관이 제대로 정립되어야 할 것이다. 남이 하라고 해서 하는 공부나 기술습득은 제대로 몰두하기 어렵다. 자신이 원해서 공부하고 기술을 익힐 때 싫증을 참아내고 천천히 더 큰 미래를 위해 기본기에 전념할 수 있다. 이것이 천천히 가는 것처럼 보이지만 오히려 빨리 가는 것이다.

6. 팔정도의 재해석

얼마 전에 축구경기를 보는데, 수비수(곽태휘)가 골을 넣는 장면이 나왔다. 말이 수비수지 골을 넣은 것만 보아서는 공격수와 다름이 없었다. 그런데 한 가지 더 놀란 사실이 있다. 이 선수가 17세 때 축구가 하고 싶어서 뒤늦게 입문했다는 것이다. 보통 그 나이가 되면 이미 축구선수로서 어느 정도 앞날이 결정된다고 한다. 그런데도 뒤늦게 입문해서 오히려 다른 선수를 제치고 국가대표가 되고 수비수가 공격수 못지않게 골을 넣은 것이다.

이러한 사실이 의미하는 것은 두 가지이다. 하나는 기본기에 충실해야 한다는 것이고, 다른 하나는 어떤 일이든 진실로 원하는 것을 해야 한다는 것이다.

불교가 출세간의 종교이긴 하지만, 그렇다고 해서 세간의 삶을 무시하는 것은 아니다. 초기불교에서 수행을 대표하는 가르침은 팔정도八正道이고, 팔정도의 항목에 정명正命, 곧 올바른 직업이 포함되어 있다는 점에서도 이러한 사실을 확인할 수 있다. 불교에서는 올바른 직업을 선택해서 생업에 종사할 것을 요구하지, 정당하지 않은 방법으로 생활을 영위해서는 안 된다고 말한다.

팔정도를 해석하는 데 두 가지 방법이 있다. 하나는 팔정도 하나하나의 덕목을 모두 갖춘다는 것이고, 다른 하나는 단계적으로 하나하나의 덕목을 구비해 간다는 것이다.[155] 여기서는 단계적으로 접근해 나가는 방식을 택하고자 한다. 이런 입장에서 보자면 팔정도는 다음과 같이 해석될 수 있다.

첫째, 정견正見은 불교에 대한 기본적인 관점이 서 있는 상태를 말하는 것이다. 인과因果의 도리를 알고 불교수행의 경지를 받아들이는 것이다.

둘째, 정사유正思惟는 정견의 상태에서 더욱 사고의 방향을 구체화하는 것이다. 앞의 정견의 단계에서 불교의 가르침을 우연히 만났고 그 가르침이 진리라고 받아들였다면 이제 생각이 더욱 성숙해가는

---

155 藤田宏達, 「원시불교의 윤리사상」, 『講座 佛敎思想-제3권 윤리학·교육학』(理想社, 1982), 37~41쪽에서는 팔정도는 세간적인 팔정도와 출세간적인 팔정도로 구분할 수 있다고 한다. 여기서 말하는 팔정도는 세간적인 팔정도에 속한다.

단계이다. 이는 불교의 가르침이 자신의 내면에 머무는 단계라고 할 수 있다.

셋째, 정어正語는 정사유의 단계에서 정리한 자신의 생각을 다른 사람에게 전달하는 단계이다. 남에게 좋은 말을 하기 위해서는 우선 자신의 관점이 정리되어야 할 것이다. 그래서 정사유의 단계에서 불교에 대한 자신의 관점이 분명해졌으면, 이 내용을 다른 사람에게 말하는 단계가 '정어'의 수준이다.

넷째, 정업正業은 말을 하는 정도가 아니라 자신이 말한 내용을 어느 정도 실천하는 수준이다. 대개의 경우, 좋은 말은 잘해도 막상 그것을 실천하려고 하면, 자신이 한 말이라고 해도 생활에서 그대로 옮기는 경우는 드문 것 같다. 역시 말 따로 실천 따로인 경우가 상당수이다. 이는 그 사람이 아직 '정업'의 수준까지 이르지 못했기 때문이다. 자신의 관점이 정리되고 그것을 다른 사람에게 전하다보면, 자신의 말에 책임지려는 생각이 들고 그 힘은 자연스럽게 자신의 일상생활에서 드러나게 된다. 이때 어느 정도 불교적 가치에 근거한 삶을 살려고 노력하게 된다. 물론 이 단계에서는 아직 범부이므로 완전히 붓다의 가르침대로 사는 것은 불가능하겠지만 말이다.

다섯째, 정명正命은 올바른 직업을 선택하는 것이다. 앞의 단계에서 자신의 관점이 정리되고, 그 관점에 근거해서 자신의 생각을 발언하고, 또 그 발언에 근거해서 일상생활에서도 어느 정도 실천하려고 노력했다면, 이제 생각하고 말하고 행동하는 내용을 직업으로 삼는 단계에 이른다. 그리고 직업을 선택할 때 자신이 원하는 분야를 고르라고 한다. 그런데 문제는 자신이 무엇을 원하는 줄 모르는 데 있다. 아마도 상당수의 사람은 부모님이나 다른 사람이 이렇게 살아라, 저렇게 살아라 하는 내용에 따라 왜 하는 줄도 모르고 노력해 왔을 가능성이 많다. 자신이 원하는 것은 다른 사람이 선망하는 가치를 구하는 것이지, 자신의 내면에서 울리는 소리를 들을 수 없는 경우가 많다. 그에 비해 '정명'의 단계에서는 이제 자신이 무엇을 원하는 줄 분명히 안다. 그동안 자신의 생각을 정리하고 말하고 행동으로 옮겨왔기 때문에 자신이 무엇을 구하는지 분명하게 드러난다. 이처럼 자신의 구하는 내용에 기초해서 그것을 실현할 수 있는 직업을 고르는 단계가 바로 '정명'이다. 따라서 자신이 원하는 가치를 바로 알기 위해서는 상당한 노력이 필요하다. 그냥 저절로 얻어지는 것이 아니다.

여섯째, 정정진正精進은 올바른 노력을 말하는 것인데, 이는 자신이 올바른 직업을 선택했다는 것과 짝을 이루는 것이다. 자신이 원하는 직업을 골랐다면, 이제 남은 것은 그것을 실천하는 것이다. 예를 들어, 부모님의 반대를 무릅쓰고 화가가 되려는 사람이 있다고 하자. 이 사람이 화가라는 직업을 선택하고자 한 것이 단순한 호기심이 아니고 오랫동안 고민하고 자신의 내면에서 울리는 소리에 따라 선택한 것이라고 하자. 그렇다면 이 사람이 미술공부에 전심전력할 것은 분명하다. 부모님의 반대까지 무릅쓰고 이 미술공부의 길을 택했는데, 이런 사람이 미술공부를 게을리 할 리가 없다. 대학에서도 강의를 해보면 나이가 들어서 대학에 늦게 들어온 사람은 수업을 대하는 태도가 아주 진지하다. 그것은 자신이 오랫동안 원하던 것이기 때문이리라. 이처럼 무엇에 헌신적으로 노력하기 위해서는 그것은 자신이 좋아하고 원하는 것이어야 한다. 그럴 때 누가 뭐라고 해도 자신이 좋아하는 것을 위해 열심히 노력할 수 있다. 하지만 우리 주변의 사람을 볼 때, 자신이 원하는 직업을 선택하고 그래서 열심히 노력하는 사람을 만나기 힘들다. 만약 그런 사람이라면 누가 뭐라고 해도 자신의 일에 응분의 대가가 주어지든 그렇지 않든 상관없이 그 일에 매진할 것이다. 그것은 자신과의 약속이기 때문이다. 나는 이런 사람이 우리 사회에서 어느 정도 성공할 것이라고 믿는다. 노력한 것만큼 반드시 대가를 받지 못한다 할지라도 말이다. 자신의 분야에서 뛰어난 능력을 발휘하는 사람은 대개 이런 부류에 속한다고 생각한다. 자신이 원하는 것이 무엇인 줄 분명히 알 때 그에 상응하는 노력이 나올 수 있다. 이 점을 축구에 비교하면 인생의 기본기라고 할 수 있을 것이다. 기본기가 충실해야 여러 가지 응용기술이 나올 수 있는 법이다.

일곱째, 정념正念은 올바른 정신집중이다. 이 단계부터는 출세간의 경지이다. 앞의 여섯 가지 내용은 꼭 출세간에 속한다고 볼 수 없다. 오히려 세간에 속한다고 보아야 할 것이다. 하지만 '정념'은 세간의 삶과는 어느 정도 거리를 두는 것이다. 이는 세속적 가치를 위해서 노력하는 것이 아니라 그 이상의 가치가 있음을 자각하고 자신의 내면에 잠자고 있는 보물을 드러내기 위해 명상훈련을 하는 것이다. 명상훈련이 사람의 인격형성에 도움이 되는 것은 물론이겠지만, 어느 정도 준비된 사람에게 더 도움이 될 것이라는 점도 놓쳐서는 안 된다. 자신이 추구한 가치를 위해서 노력해 본 사람이 세속적 가치에 한계를 느끼고 그 이상의 가치를 구하고자 할 때 명상훈련이 더욱 빛을 발한다.

여덟째, 정정正定은 올바른 삼매이다. 앞의 단계에서 명상훈련을 통해서 드디어 삼매에 들어가는 것이다. 불교에서는 우리 내면에 보물이 있는데 자신의 탐욕과 성냄과 어리석음으로 인해서 그것을 제대로 보지 못한다고 한다. 삼매에 들어가면 이제 탐욕과 성냄과 어리석음을 어느 정도 녹여낼 수 있다. 흙탕물을 가만히 놔두면 흙은 가라앉고 맑은 물이 되듯이, 삼매에 들어가면 자신의 내면을 바로 볼 수 있다. 이것이 불교에서 추구하는 세계이다.

팔정도를 이렇게 단계적으로 해석하면, 정견正見에서 정정진正精進까지는 세속의 생활에서 이루어질 수 있는 내용이다. 여기서 느림의 미학을 발견할 수 있다. 우리는 무언가 이루려고 빨리빨리 서두르고 결과를 속히 내려고 애를 쓰지만, 불교의 수행이든 인생의 성공이든 먼저 가치관이 올바르게 성립되고 그것에 기초한 올바른 직업선택과 그에 따른 노력이 중요하다는 것을 팔정도를 통해 알 수 있다. 급할수록 돌아가라는 말이 있듯이, 인생이라는 긴 마라톤을 제대로 달릴 수 있는 지구력이 매우 중요하고, 이는 단순하게 눈앞의 이익만을 좇아서 얻을 수 있는 것이 아니다. 따라서 팔정도의 가르침은 천천히 기초를 다져나가는 측면을 강조하는 것이다.

7. 정리하면서

이 글에서는 한국사회에 널리 퍼져 있는 '경제제일주의'와 '속도지상주의'에 대한 대안을 모색하고자 하였다. 우선 2절에서는 한국의 자본주의가 천민자본주의이고, 이를 넘어서기 위해서는 '가치의 다원화'가 필요하다는 점을 강조하였다. 더불어 한국의 자본주의가 천민자본주의가 된 역사적 원인의 하나로 급격한 산업화로 인한 양반문화의 몰락을 거론하였고, 현재 불교문화가 한국사회에서 전통문화의 근원지이긴 하지만, 여기에는 긍정적인 모습과 부정적인 측면이 아울러 있음을 지적하였다.

3절에서는 경제제일주의 경향을 극복하기 위해 마조馬祖의 즉심즉불 即心卽佛의 가르침을 재해석할 것을 제시하였다. 마음 그대로 부처라는 가르침은 매우 어려운 가르침이지만 관점을 바꾸면 마음속에 돈, 권력, 명예로 인한 만족감이 그대로 간직되어 있음을 서술하였다. "모든 것은 마음먹기에 달렸다"고 하듯이, 이 세상일은 의미부여하기 나름이다. 실패를 경험한 사람도 이 일이 나를 더 성숙하게 하는 과정이라고 의미부여한다면 그 실패를 통해서 더욱 진보할 수 있을 것이고, 그와 반대로 왜 나만 실패를 경험하느냐고 불만을 토로하는 사람에게는 커다란 상처일 수 있다.

4절에서는 가다머의 철학적 해석학을 재해석해서 경제제일주의 경향을 극복할 수 있는 단서를 제공하고자 하였다. 가다머는 놀이의 비유에 의해 예술작품의 존재방식을 설명하고 있는데, 이는 주관과 객관이 함께 어울리는 것이 예술작품의 존재방식이라는 것이다. 이를 다른 말로 하면, 아는 만큼 보인다고 할 수 있다. 예술작품을 보는 안목이 있는 사람에게 예술작품이 의미가 있는 것이지 그저 심드렁한 눈빛으로 예술작품을 보는 사람이라면 돌덩이나 고철덩어리 이상의 의미가 없을 것이다. 이 점을 경제적 가치에다 적용할 수 있다. 돈은 무조건 객관적 가치라고 생각하는 경향이 있는데 반드시 그런 것은 아니다. 어떤 사람이 활용하는가에 따라 동일한 액수의 돈이라도 그 파괴력이 다르다고 할 수 있다. 사업수완이 있는 사람이라면 어느 정도 액수의 돈이라고 해도 그 돈을 불려서 큰돈으로 만들 수 있다. 따라서 돈을 바라보는 마음자세가 중요함을 4절에서는 강조하였다.

5절에서는 속도지상주의 경향에 대하여 화엄종의 '일즉일체一卽一切'를 재해석해서 새로운 대안을 모색하고자 하였다. 화엄종의 '일즉일체'는 '공'의 가르침의 다른 표현이지만, 여기서 강조하는 것은 하나의 수행덕목을 관통하면 다른 수행덕목의 공덕도 갖추고 있다는 점이다. 이는 하나에만 몰두하면 다른 것을 구할 수 있다는 것이고, 이것저것 관심을 분산시킬 것이 아니라 하나에만 몰두해도 그 속에 다른 것을 함축할 수 있는 길이 있다는 것이다. 그래서 하나에 몰두하는 것이 미련한 짓 같지만 진정 하나에 관통한다면 그것을 통해서 다른 이치에 대해서도 안목을 얻게 된다는 것이다. 그래서 옛말에도 "한 우물을 파라"는 말이 있는 것 같다.

6절에서는 팔정도의 재해석을 통해서 기초가 중요함을 강조하고자 하였고, 그래서 한국사회의 속도제일주의 경향에 대해서 하나의 대안을 제시하고자 하였다. 여기서는 팔정도의 일반적 해석과는 다른 내용인 단계적 해석에 주목하였고, 이 해석을 통해서 자신의 가치관이 투영된 올바른 직업선택이 중요함을 부각시키고자 하였다. 올바른 직업선택이 이루어졌을 때 진정 자신을 던져가면서 노력할 대상을 찾을 수 있다. 불교에서 강조하는 것은 대개 출세간의 삶이긴 하지만 그렇다고 현실의 삶을 무시하는 건 아니라는 것을 팔정도의 재해석을 통해서 드러내 보이고자 하였다.

이상의 내용에서 검토하였듯이, 불교사상을 포함한 불교문화를 현대적으로 해석해서 한국사회가 직면하고 있는 문제를 풀어갈 수 있는 단서를 발견할 수 있다. 우리는 불교문화의 엄청난 자원을 현대사회에 맞게 제대로 활용하고 있는지 돌이켜볼 필요가 있다.

7장 남북한 사상의 조화

– 원효의 화쟁사상에 근거해서

1. 서론: 남한과 북한의 문화·사상교류

남한과 북한이 분단된 지 이미 70여 년이 지났다. 그에 따라 남한과
북한의 문화의 차이점도 점점 커져가고 있다. 우선 남한에서는 자본주
의체제 아래에서 상업적이고 다양한 문화가 형성되었으며 서구의 현대
문화를 받아들여 왔다. 따라서 남한의 문화에는 매우 역동적인 모습이
나타난다. 그에 비해, 북한에서는 사회주의적 근대문화를 바탕으로
해서 주체사상에 근거한 '주체문화'를 독자적으로 발전시켜 왔다. 그래
서 북한의 문화에서는 폐쇄적이고 한 가지로 쏠리는 모습을 읽을 수
있다.

또한 남북한으로 분단되기 이전의 전통문화와 일제강점기 문화를
어떻게 대할 것이냐 하는 점에서 남한과 북한의 태도도 다르다. 한반도

의 전통문화(19세기말까지)는 남한과 북한 모두에게 민족문화유산에 속하는 것이다. 하지만 남한과 북한이 전통문화를 받아들이는 데는 차이점이 있다. 남한에서는 민족문화의 유산임을 강조해서 민족문화의 원형을 보존하는 데 힘을 쏟았고, 북한에서는 봉건시대의 문화에 대해 비판적이었고 그에 따라 민족문화의 원형을 보존하는 것보다는 민족문화의 현대화에 관심을 가졌다. 그래서 남한에서는 판소리를 세계무형문화유산으로 등재하는 성과를 올렸다면, 북한에서는 민족악기 개량사업을 통해서 전통악기를 현대화하는 데 성과가 나타났다.

일제강점기의 문화에 대해서 남한과 북한이 모두 식민지 문화의 청산을 추구한다는 점에서 공통점이 있다. 하지만 차이점도 있다. 그것은 남한에서는 일제강점기에 들어온 서구 근대문화를 문화적 기반으로 삼고 있는 데 비해, 북한에서는 1930년대 '항일혁명문예'를 문화적 기반으로 수용한다는 점이다.[156]

이러한 남한과 북한의 문화 차이점은 철학과 사상에서도 구체적으로 나타난다. 북한의 주체사상은 김일성이 통치하는 것을 정당화하고, 북한주민에게 정체성을 부여하는 기능도 하며, 북한주민을 어떤 일에 끌어들이는 동원이데올로기 역할도 한다.

이러한 북한의 주체사상에는 다음의 4가지 특징이 있다.[157]

---

156 박영정, 「분단문화의 극복과 통일문화에의 길」, 『북한문화, 둘이면서 하나인 문화』(한울아카데미, 2006), 512~513쪽.

157 송두율, 『현대와 사상』(한길사, 1990), 128~132쪽에서는 주체사상에서 말하는 자주성, 창조성, 의식성을 강조하고 있다. '자주성'은 사회적 존재인 인간만이 가질 수 있는 것이고 이는 민족의 자주성 문제와 바로 연결되는 것이다. '창조성'은 '자주성'에 의해 이루어지는 것이다. 이는 사람의 속성을 말하는 것인데, 사람은

첫째, 주체사상에는 '동원이데올로기'라는 측면이 있다. 북한에서 역사의 주체로서 자발성과 창조성을 가진 인간을 강조하는데, 이는 물적 토대가 거의 없는 상태에서 북한식 사회주의를 실현하기 위해 인민대중을 정신적으로 결집하고, 또한 자발적 노력을 이끌어내려는 필요에 의한 것이다. 일제식민통치가 끝나고 북한지역에는 근대화의 기반이 될 수 있는 민족자본이 거의 형성되지 않았고, 한국전쟁으로 인해 북한 지역은 거의 황폐화하였다. 이처럼 생산기반이 거의 없는 상태에서 외부의 간섭이나 도움이 없이 혁명과 건설을 추진하기 위해서는 인적자원을 동원하는 데 집중할 수밖에 없었다. 이런 의미에서 김일성은 "주체사상이란 한마디로 말하여 혁명과 건설의 주인은 인민대중이며 혁명과 건설을 추동하는 힘도 인민대중에게 있다는 사상이다"라고 하였다.

'세계의 개조자'이다. '의식성'은 '자주성'과 '창조성'을 담보하는 것인데, 이는 '사상의식'을 말하는 것이다. 그리고 이병수, 「북한철학의 현황과 전망」, 『국제고려학회 서울지회 학술대회』(2014), 58~70쪽에서는 1974년 주체사상이 김정일에 의해 '김일성주의'로 불리면서 주체사상은 더욱 체계화되었고, 이는 북한의 내적·외적 환경의 변화에 따라 '우리식 사회주의(북한의 사회주의 제도가 다른 나라의 사회주의 제도보다 뛰어나다는 것)', '붉은 기 사상(버팀과 인내의 집단적 의지를 불러일으킴)', '선군정치(혁명의 주력군이 인민군대라는 것)', '강성대국론(과학 중시사상과 실리주의 원칙을 제시)'으로 변화하였다고 한다. 이러한 변화는 순수이데올로기와 실천이데올로기로 설명할 수 있다. 주체사상은 순수이데올로기이고, 이는 세계관을 제공하는 사고체계라고 할 수 있다. '우리식 사회주의' 등은 실천이데올로기이고, 이는 행동의 합리적 도구를 제공하는 사고체계라고 할 수 있다. 따라서 북한에서는 '주체사상'이라는 큰 틀 속에 내적·외적 환경의 변화에 따라 구체적 지침이 조금씩 변화하였다고 해석할 수 있다.

둘째, 주체사상에는 대중의 사상의식을 극단적으로 강조하는 주의
주의(主意主義: 의지가 정신생활을 주도한다는 입장)의 관점이 있다.
북한에서는 열악한 객관적 조건을 극복하기 위해 인민대중의 사상의식
을 지나치게 강조하는 경향이 있다.

셋째, 주체사상의 이론체계 가운데 '자주성 실현'이라는 명제는 민족
주의의 성향을 나타내고 있다. 이때 민족주의는 북한식 민족주의이고,
이러한 입장에서 북한에서는 민족문화를 평가하고 있다. 북한에서
1970년대까지는 민족주의에 대해서 비판적이었다. 그러다가 1986년
김정일이 조선민족제일주의를 주장한 다음부터 민족주의에 대한 관점
을 수정하였다.

넷째, 주체사상에서는 수령관首領觀과 결합해서 개인을 숭배하는
현상이 나타나고 있다. 이러한 개인숭배의 현상 뒤에는 의리와 충효를
강조하는 유교문화와 사회주의적 집단주의가 아울러 작용하고 있다.[158]

한편 북한의 주체사상에 비해서 남한에서는 대표적인 사상이 없다.
여기에는 긍정적 측면도 있고 부정적 측면도 있다. 구체적으로 말해서
남한사회의 사상의 자유와 다양성이라는 점에서 보자면 이는 긍정적
측면이라고 할 수 있고, 또한 남한의 사상계에서는 남한의 현실을
말해줄 수 있는 대표적 사상이 없다는 점에서 보자면, 이는 부정적
측면이라고 할 수 있다. 한국전쟁 이후 남한의 사상계는 주로 서양의
철학과 사상에 의존해 왔지만 이러한 서양철학이 한 번도 현실에 맞게
토착화되지 못하였다. 또한 북한에서 주체사상이 확립되는 시기에

---

158 이동희, 「남북사상교류의 가능성과 방향성」, 『남북교류와 학문』(한신대 출판부,
   2006), 53~55쪽.

남한에서도 비슷한 사상적 경향이 나타난다. 박정희는 새마을 운동과 함께 국민교육헌장을 만들었고, 이는 공산주의를 반대하고 조국의 근대화를 추구하는 '인간개조론'으로 이어진다. 당시 문교부의 교육방침은 '인간개조'와 '자주·자립 정신의 확립', '민족주체성의 확립'을 중심과제로 삼고 있었다.

이러한 남한의 사상적 지형의 특징으로 다음의 3가지를 거론할 수 있다. 첫째, 남한은 북한과 달리 우파 보수에서 좌파 진보까지 이념의 스펙트럼이 다양하다는 점이다. 이는 한국사회의 현실이 다양하고 다원화되어 있음을 보여주는 것이다. 둘째, 남한의 사상은 주로 외래사상에 의존하고 있으며, 나아가 이러한 외래사상이 한국의 현실에 뿌리를 내린 것이 아니라는 점이다. 셋째, 남한에서는 군부독재에 대한 민중항쟁과 6월 항쟁을 통해서 시민운동을 경험하였고, 그에 따라 시민민주주의에 대한 인식이 널리 퍼져 있다는 점이다.[159]

그러면 앞에서 서술한 남한과 북한의 문화와 사상의 차이점을 극복할 수 있는 방안에 대해 생각해보자. 그것은 남한과 북한의 문화와 사상을 교류하는 것이고, 이것을 위해서 남한과 북한의 체제와 이념에 대해서 그 장점과 단점을 검토하고 서로의 장점과 단점을 변증법적으로 종합하는 것이 필요하다. 이런 점에서 남한의 통일교육이 반공교육을 강조하는 것에서 벗어나서 남한과 북한의 사회체제와 가치관의 장점과 단점을 비교하고 객관적 인식을 추구하는 것으로 바뀌고 있는 점은 바람직하다. 또 기독교계 인사와 북한의 고위층 인물이 서로 만나고, 이런

---

159 이동희, 「남북사상교류의 가능성과 방향성」, 『남북교류와 학문』, 55~58쪽.

만남을 통해서 남한에서는 기복주의적 성향의 기독교계를 돌아보는 계기가 되었고, 북한에서는 기독교에 대해 비판적인 시각을 변화시키는 전환점이 되었다.[160]

우리가 추구하는 '통일문화'는 남한과 북한이 자본주의와 사회주의라는 각자의 문화를 버리고 민족문화의 동질성을 회복한다는 것만을 의미하는 게 아니다. 그것은 남한과 북한의 문화의 가능성을 새로운 차원으로 끌어올려 제3의 문화를 만드는 것이다.[161] 여기서 통일문화를 사상(철학)쪽으로 좁혀서 접근한다면, 구체적 방안으로 다음의 3가지를 생각해 볼 수 있다.

첫째, 남한에 소개된 많은 서양철학사조의 하나처럼 북한의 주체사상을 바라보고 그것에 대해 이론적으로 비판하고 수용하는 것이다. 이런 작업이 구체화된다면 21세기 한국철학이 만들어질 수도 있다.

둘째, 주체사상에서 강조하는 인간주의 관점을 남한철학의 흐름 속에서 바라보고, 주체사상의 인간주의 관점의 의미와 한계를 분석하는 것이다. 예를 들면 북한에서는 프랑크푸르트학파에 대해 비판하고 있지만, 마르크스 사상을 인간의 문제에서 고민한 점에서는 주체사상과 프랑크푸르트학파에는 공통점이 있다.

셋째, 북한의 주체사상을 수정하고 변화된 관점으로 바라보는 것은 결코 쉬운 일이 아니므로, 남한과 북한의 체제를 뛰어넘을 수 있는 대안으로 유럽의 사회민주주의에 대해 고민할 필요가 있다는 것이다.[162]

---

160 이동희, 「남북사상교류의 가능성과 방향성」, 『남북교류와 학문』, 63쪽.
161 박영정, 「분단문화의 극복과 통일문화에의 길」, 『북한문화, 둘이면서 하나인 문화』, 526쪽.

한편 이 글에서는 남한과 북한의 문화·사상 교류의 대안으로 위에서 제시한 3가지 방안 이외에 전통사상의 하나인 원효의 화쟁사상을 제시하고자 한다. 선행연구로서 이기영,[163] 박성배,[164] 고영섭,[165] 정천구[166] 등이 있다. 이 글에서는 선행연구를 참조하면서 선행연구와는 다른 자료와 각도에서 화쟁사상에 접근하고, 그것을 남한과 북한의 사상이 서로 소통하는 것에 접목하고자 한다.

그리고 원효의 화쟁사상이 한국불교의 가장 중심 되는 요소라는 점을 드러내기 위해 2절에서 한국불교의 전개과정에 대해 간단히 개관하고, 3절에서 원효의 화쟁사상에 대해 서술하고자 한다.

2. 한국불교사상의 전개

한국불교의 특성이 통通불교에 있는지에 대해 학계에 논쟁이 있다. 심재룡은 한국불교의 특성이 통불교라는 주장은 최남선의 「조선불교-동방문화사상에 있는 그 지위」에서 가장 처음 제기되었고, 이는 일제

---

162 이상훈, 「남북한 현대철학과 통일」, 『21세기 한반도 어디로 갈 것인가』(동녘, 2002), 390~391쪽.

163 이기영, 「원효의 화쟁사상과 오늘의 통일 문제」, 『불교연구』 11·12합집(한국불교연구원, 1995) / 『원효사상연구 Ⅱ』(한국불교연구원, 2001) 재수록, 380~382쪽.

164 「원효의 화쟁논리로 생각해 본 남북통일문제」, 『동과 서의 사유세계』, 민족사, 1991 / 『한국사상과 불교』(혜안, 2009) 재수록, 88~124쪽.

165 고영섭, 「원효의 통일학」, 『삼국통일과 한국통일』(통나무, 1995) / 『원효』(예문서원, 2002) 재수록, 164~225쪽.

166 정천구, 「화쟁사상과 분쟁해결」, 『붓다와 현대정치』(작가서재, 2008), 327~352쪽.

강점기에 한국불교는 중국불교가 전해진 것에 지나지 않고 창조성이 없다는 일본학자의 주장을 반대하기 위한 것이라고 보았다. 심재룡은 원효가 화쟁사상을 주장한 것은 분명하지만, 그것이 한국불교의 전통으로 이어져 내려온다고 보는 것에는 반대한다.[167]

심재룡의 주장에 대해서 이봉춘은 반대하는 입장을 취하고 있다. 원효의 화쟁사상은 고려시대의 대각국사 의천(1055~1101)과 보조국사 지눌(1158~1210)로 이어지고, 조선시대에는 유교·불교·도교의 3교회통사상으로 이어진다고 이봉춘은 주장한다. 이 점에서 한국불교의 사상의 특성은 회통(會通: 화쟁)사상에 있다고 보았다.[168] 또 최유진은 한국불교에 통불교적 특색이 있는 것은 사실이라고 동조한다. 하지만 '조화와 화해의 강조'라는 것이 기존 권위에 순종하고 진리에 대한 적극적 탐구가 부족한 것을 적당히 넘어가려는 시도가 아닌지에 대해 철저한 비판이 필요하고, 나아가 고정불변의 한국불교가 있다는 생각에서 벗어날 필요가 있다고 최유진은 주장한다.[169]

한편 길희성은 절충론적 입장을 취한다. 길희성은 한국불교가 통불교적이며 원효가 한국불교를 대표하는 인물인지에 대해서는 부정적 입장을 취한다. 그렇지만 한국불교의 특성이 종합불교적 성격에 있는 것은 부정하지 않는다. 현재 조계종을 중심으로 한국불교의 전통을

---

167 심재룡, 「한국불교는 회통불교인가」, 『불교평론』 3호(2000년 여름호), 176~190쪽.
168 이봉춘, 「회통불교론은 허구의 맹종인가」, 『불교평론』 5호(2000년 겨울호), 176~198쪽.
169 최유진, 「최근의 한국불교연구동향과 통불교논의」, 『종교문화비평』 7호(한국종교문화연구소, 2005), 276~284쪽.

바라보면, 선종이 주된 위치를 차지하고 교종은 부차적인 위치에 있는 선주교종禪主敎從의 선교융합禪敎融合이 한국불교의 특성이라고 주장한다. 나아가 길희성은 한국불교 연구자가 은연중에 한국불교 지상주의적至上主義的 시각에 빠져 있는 것은 아닌지 비판의 눈길을 던지고 있다.[170]

필자는 길희성의 주장에도 긍정적이지만, 동시에 원효를 중심으로 한국불교의 사상을 통불교로 보는 것에도 동의하는 쪽이다. 왜냐하면, 현재 조계종의 관점에서 보자면 한국불교는 선禪이 중심에 있고 교敎가 부차적인 차원의 선교융합禪敎融合이라고 할 수 있기 때문이고, 한국불교사 전반을 본다면 원효의 화쟁사상이 한국불교의 중심에 있다고 판단할 수 있기 때문이다. 이 둘의 입장이 다 옳다고 해석할 수 있지만, 필자는 원효의 화쟁사상을 통해 한국불교사를 바라보는 관점을 택하고자 한다.

그래서 필자는 최남선이 원효를 다시 발견해낸 이후 한국불교의 전통을 통通불교에서 찾는 한국학자의 연구성과에 대해 긍정적으로 평가한다. 하지만 최유진의 견해처럼 그 속에 지나친 민족주의적 성향이 있는 것은 아닌지, 또 길희성의 견해처럼 한국불교 지상주의에 빠진 것은 아닌지 다시 검토할 필요는 있다고 본다.

그 다음으로 한국불교사상의 특징이 조화를 추구하는 데 있다는 점을 드러내기 위해 한국불교사상의 전개과정을 간단히 검토하고자 한다. 원효의 화쟁사상에 대해서는 3절에서 서술하기로 하고, 먼저

---

170 길희성, 「한국불교특성론과 한국불교연구의 방향」, 『한국종교연구』 3집(서강대 종교학연구소, 2001), 83~92쪽.

의상의 화엄사상부터 검토한다.

　의상(義湘, 625~702)의 화엄사상에는 중도中道의 관념이 강하게 나타나는데, 이 가운데 회통會通사상과 관련이 있는 부분은 일승원교一乘圓教와 삼승별교三乘別教의 중도이다. '일승원교'는 화엄의 사상을 의미하는 것이고, '삼승별교'는 소승과 대승을 포함하는 일반적 불교의 가르침이다. 만약 화엄종의 입장에 선다면 화엄종의 가르침이 다른 종파의 가르침에 비해 우월하다는 입장을 취하는 것이 일반적 모습일 것이다. 그렇지만 의상은 그렇지 않고, 화엄종의 사상인 '일승원교'가 다른 종파의 가르침인 '삼승별교'와 같은 것도 아니고 다른 것도 아니라는 중도의 입장을 주장한다. 이것을 의상은 전체모습(總相)과 부분모습(別相)으로 설명하는데, 「법계도」의 큰 모습이 전체모습이라면, 「법계도」의 하나하나의 굴곡은 부분모습이다. 여기서 전체모습은 '일승원교'이고 부분모습은 '삼승별교'이다.

　따라서 「법계도」의 전체모습과 부분모습이 완전히 같은 것도 아니고 다른 것도 아니듯이, 일승원교와 삼승별교도 완전히 같은 것도 아니고 다른 것도 아니다. 또한 의상은 이것을 일즉일체一卽一切라고 표현한다. 여기서 화엄의 사상인 '일승원교'가 하나(一)이고 일반적 불교의 가르침인 '삼승별교'는 일체一切에 속한다. 이는 화엄사상이 자기만의 독자성을 유지하지만 그 화엄사상 속에 모든 불교사상이 녹아 있다는 것이다.[171]

---

171 이병욱, 「의상화엄사상의 중심개념으로서 중도」, 『정신문화연구』 105호(한국학중앙연구원, 2006년 겨울호), 31~52쪽 / 『한국불교사상의 전개』(집문당, 2010) 재수록, 84~109쪽.

대각국사 의천(義天, 1055~1101)은 고려시대에 원효를 다시 발견한 인물이다. 의천은 천태종을 세웠지만 천태대사보다 원효가 더 뛰어난 인물이라고 한다. 그 근거로서 원효가 여러 가지 논쟁을 화해시키고 중생과 함께 하는 삶을 살았다는 점을 제시한다. 현재 남아 있는『대각국 사문집』에는 중국화엄종의 4조 징관(澄觀, 738~839)과 5조 종밀(宗密, 780~839)의 사상에 영향을 받은 점이 나타난다. 이 가운데 종밀의 『원각경소』에 관한 의천의 견해를 살펴보면, 의천은 선종과 교종의 일치를 추구하고, 또한 교종 가운데서도 법성종法性宗·법상종法相宗· 반야종般若宗·조복장(調伏藏: 선정을 닦아서 4가지 果를 얻는 것)을 대등 하게 통합하려고 하며, 나아가 유교·도교·불교가 다른 것이 아님을 강조한다. 이처럼 의천은 대통합의 사상을 모색하였다.[172]

보조국사 지눌(知訥, 1158~1210)은 선종과 교종의 통합을 모색하였 다. 지눌의 사상은 일반적으로 3가지로 구분된다.[173]

첫째, 정혜쌍수문定慧雙修門은 선정과 지혜를 둘 다 닦는다는 것인데, 이는 돈오점수頓悟漸修에 근거한 것이다. 돈오頓悟는 인간의 본래 마음 이 모든 부처님과 다르지 않다고 깨닫는 것이고, 점수漸修는 돈오頓悟하 였다고 해서 번뇌가 한꺼번에 없어지는 것이 아니므로 선정과 지혜를 닦아서 번뇌를 점차로 제거해 나간다는 것이다.

둘째, 원돈신해문圓頓信解門은 화엄종의 이통현(李通玄, 653~729)

---

172 이병욱, 「고려시대 개경에서 활동한 천태사상가」,『국제고려학회 서울지회 논문 집』8호(국제고려학회 서울지회, 2006), 75~86쪽 /『한국불교사상의 전개』(집문 당, 2010) 재수록, 125~137쪽.

173 고익진,『한국의 불교사상』(동국대출판부, 1987), 206~235쪽.

의 사상도 돈오점수라는 것이다. 선종의 핵심도 돈오점수이고 화엄종의 이통현도 돈오점수를 말하고 있으므로 이 지점에서 선종과 화엄종이 만난다. 다시 말하자면 선종과 화엄종은 돈오점수를 말한다는 점에서 다르지 않다는 것이다. 여기에 한 가지를 더 추가한다면 종밀의 사상에서 제시되고 있는 전간문全揀門과 전수문全收門을 통해서 지눌은 선교통합을 시도하고 있다. '전간문'은 깨달음이 언어의 영역에 속하지 않음을 말하는 것이고, '전수문'은 유심의 이치와 현상계가 생겨나는 것을 설명하는 말이다. 여기서 '전간문'은 선종의 정신에 가까운 것이고, '전수문'은 교종(화엄종)의 정신에 부합하는 것이다. 원래 '전간문'과 '전수문'은 둘이 아닌 것이므로 선종과 교종(화엄종)도 둘이 아니라는 것이다. 이처럼 지눌은 2가지 방식으로 선종과 교종의 통합을 시도하고 있다.[174]

셋째, 간화경절문(看話徑截門: 단박에 깨달음에 이르는 길)은 개에게는 불성이 없다 등의 화두에 대해서 정신을 집중해서 지해(知解: 완전한 깨달음에 이르기 전의 모든 이해과정)와 말의 자취를 벗어나서 곧장 완전한 깨달음의 길에 이르는 것이다.

운묵무기雲默無寄는 원나라 간섭기에 활동한 사상가인데, 앞에서 거론한 대각국사 의천과 보조국사 지눌처럼 고려시대를 대표하는 사상가라고 평가할 수는 없다. 하지만 운묵의 사상에서 회통적 성격이 분명하게 나타나므로 검토하고자 한다. 운묵은 모든 부처님의 가르침

---

174 이병욱, 「보조지눌의 선교통합의 여러 유형」, 『보조사상』 14집(보조사상연구원, 2000), 147~171쪽 / 이병욱, 『고려시대의 불교사상』(혜안, 2002) 재수록, 265~281쪽.

은 한 맛(一味)인데, 겉으로 보기에 다른 듯이 보이는 것은 방편 때문에
그렇다고 하였다. 그러고 나서 운묵은 바다의 비유를 들어서 모든
부처의 가르침이 그 근원에서는 같다고 주장한다. 그러므로 이 관점에
서 보자면, 『화엄경』에 근거하면 모든 가르침이 『화엄경』의 맥락으로
해석되고, 『법화경』에 근거하면 모든 가르침을 『법화경』의 관점으로
바라볼 수 있다고 한다. 나아가 모든 수행방법이 궁극에는 깨달음의
세계로 인도하는 것이므로 어느 수행방법만이 최고라고 하면서 싸울
필요가 없다고 운묵은 말한다. 원효가 화쟁사상을 주장했지만 수행방
법에 대해서는 화쟁(회통)을 언급하지 못했는데, 운묵에 이르러 드디어
수행방법에 대해서도 회통을 시도하고 있다.[175]

함허당 득통기화(得通己和, 1376~1433)는 조선조 불교사상의 흐름
을 결정한 인물이다. 기화는 유교와 불교와 도교가 하나임을 주장하고,
불교 안에서 보자면 천태종, 화엄종, 선종의 일치를 추구하였다.[176]
그리고 허응당 보우(普雨, ?~1565)는 유불일치儒佛一致에서 독특한
입장을 제시하였다. 보우는 단순한 '유불일치'를 시도한 것이 아니라
불교의 내용을 유교의 용어와 관점으로 서술하려고 하였다. 이는 '유불
일치'를 넘어서 유교와 불교를 결합하려고 시도한 것이라고 평가할
수 있다.[177]

---

175 이병욱, 「운묵의 『석가여래행적송』에 나타난 회통사상연구」, 『불교학연구』 창간
　　호(불교학연구회, 2000), 161~188쪽 / 이병욱, 『고려시대의 불교사상』(혜안,
　　2002) 재수록, 305~330쪽.
176 이병욱, 「함허득통 불교사상연구」, 『삼대화상연구논문집』 3집(불경서당훈문회·
　　회암사, 2001), 183~206쪽 / 『한국불교사상의 전개』(집문당, 2010) 재수록,
　　170~195쪽.

이능화(李能和, 1869~1943)는 『백교회통』을 저술하여 조선조의 유교와 도교와 불교의 3교일치설을 넘어서서 기독교, 이슬람교, 대종교(大倧敎: 神敎), 천도교 등과 불교의 일치를 추구한다. 불교와 모든 종교사상의 일치를 추구한 것이다.[178]

3. 원효의 화쟁사상-『법화종요』를 중심으로-

원효(元曉, 617~686)의 화쟁사상은 『대승기신론』에서 말하는 일심이문一心二門에 근거한 것이라고 할 수 있다. 그래서 본격적인 논의에 앞서 『대승기신론』의 '일심이문'의 의미에 대해 서술하고, 그 다음에 원효가 이 '일심이문'에 근거해서 화쟁사상을 구사하고 있음을 말하고자 한다. 그리고 대립되는 주제에 대해 원효가 화쟁을 시도한 것은 『법화종요』에 나타나고 있으므로 이 대목을 검토하면서 원효의 화쟁방식에 대해 구체적으로 살펴보고자 한다.

1) 『대승기신론』의 일심이문

본격적인 논의에 들어가기 전에 『대승기신론』을 참조하면서 일심이문一心二門의 구조를 살펴보고자 한다. 인간이 본래부터 가지고 있는

---

177 이병욱, 「허응당 보우의 사상 구조」, 『한국선학』 12호(한국선학회, 2005), 95~123쪽 / 『한국불교사상의 전개』(집문당, 2010) 재수록, 198~219쪽.

178 이병욱, 「이능화 종교관의 변화」, 『정신문화연구』 101호(한국학중앙연구원, 2005년 겨울호), 165~184쪽 / 『한국불교사상의 전개』(집문당, 2010) 재수록, 258~280쪽.

마음, 곧 일심—心은 2가지 측면에서 바라볼 수 있다. 하나는 진리의 입장인데, 이는 심진여문心眞如門이라 하는 것이고, 다른 하나는 현상계의 입장인데, 이는 심생멸문心生滅門이라고 하는 것이다. 인간에게는 이 두 측면이 서로 섞여 있으므로, 이 두 입장으로 세계를 설명할 수 있다.[179]

먼저, 심진여문心眞如門부터 살펴보자. 심진여문은 모든 진리의 근본이다. 진리의 근본인 우리 마음자리는 생겨나는 것도 아니고 없어지는 것도 아니다. 우리가 경험하는 모든 차별의 존재는 중생의 어리석은 마음 때문에 인식되는 것이다. 그래서 차별의 여러 모습이 벌어진다. 그러므로 만약 우리의 어리석은 마음만 제거할 수 있다면, 우리에게 나타나는 모든 차별의 모습은 사라질 것이다. 따라서 진리의 입장에서 보자면, 모든 존재는 원래부터 말할 수 있는 것이 아니고, 이름을 붙일 수 있는 것도 아니고, 인식할 수 있는 것도 아니다.

이러한 점을 분명히 알게 될 때, 보는 주체와 보이는 객체의 구분은 사라지고, 주관과 객관이 벌어지기 이전의 평등의 세계가 열린다. 이 평등한 세계에서는 어리석은 마음으로 본 차별의 세계와는 달리, 변화하는 것도 없고 파괴되는 것도 없다. 이 평등한 세계는 진리를 깨달은 마음, 곧 일심—心에서 비쳐지는 것이다. 그러므로 진실하고 한결같다는 의미의 진여眞如라고 부르는 것이다. 그 이유는 모든 말은 실제實際와 대응되지 못하고 편의상 붙여진 것인데, 그것을 모르고 사람은 이름에 따라 여러 가지로 망상妄想을 하기 때문이다. 또한

---

179 『대승기신론소기회본』(『한국불교전서』 1권, 740下~741上)

이름과 대상이 대응관계에 있는 것이 아니므로, 이름과 함께 연결되는 존재도 찾을 수 없기 때문이다.[180]

다음은 심생멸문心生滅門을 살펴보자.『대승기신론』에 따르면, 여래장如來藏을 근거로 해서 '생기고 없어지는 마음(生滅心)'이 있다. 구체적으로 말해서, '불생불멸不生不滅의 마음성품'이 '생기고 없어지는 마음'과 화합해서 아려야식阿黎耶識이 되었다는 것이다. 그러므로 이 아려야식을 '불생불멸의 마음성품'과 비교하면, 아려야식에는 '불생불멸의 마음성품'도 일정부분 포함하고 있으므로, 아려야식과 '불생불멸의 마음성품'이 다르다고 할 수도 없고, 아려야식에는 '생기고 없어지는 마음'도 일정부분 머금고 있으므로, 아려야식과 '불생불멸의 마음성품'이 같다고도 할 수 없다.[181]

이 아려야식을 출발점으로 삼아서 인간은 부처가 될 수도 있고, 태어나고 죽는 윤회를 되풀이하기도 한다. 이 아려야식에는 2가지 기능이 있는데, 하나는 각覺의 기능이고, 다른 하나는 불각不覺의 기능이다.[182]

2) 일심이문에 근거한 원효의 회통

앞에서『대승기신론』의 일심이문一心二門에 대해 설명하였는데, 원효는 이 '일심이문'으로 모든 불교이론을 거두어들일 수 있다고 한다. 다시 말해서,『대승기신론』의 뜻을 펼치면 무수히 많은 경론經論의

---

180 같은 책, 743中.
181 같은 책, 745下.
182 같은 책, 748中.

뜻과 통하고, 『대승기신론』의 뜻을 간추리면 '일심이문'이 핵심이라는 것이다. 따라서 『대승기신론』의 뜻을 무한정 펼쳐서 전개해도 아주 많은 경론의 뜻이 '일심이문'의 다른 표현에 지나지 않으므로 번거롭지 않고, 여러 경론 중에서 간추려서 『대승기신론』에만 주목해도 '일심이문'에는 이미 여러 깊은 뜻이 함축되어 있으므로 좁은 것이 아니다. 또한 이론을 주장해도 무엇인가 대단한 것을 해냈다는 허물이 없고, 이론을 깨뜨려도 일방적으로 버리기만 하는 허물도 없다.[183]

3) 법상종과 삼론종의 『법화경』 견해에 대한 원효의 회통[184]

원효는 『법화종요』에서 『법화경』에 대한 법상종과 삼론종의 대립된 견해를 회통한다. 먼저 법상종과 삼론종의 견해가 어떻게 다른지 살펴보고, 다음으로 이 두 종파를 화해시키는 원효의 입장을 알아보며, 마지막으로 이 두 종파의 대립된 견해를 화해시키는 구체적 방식에 대해 검토하고자 한다.

(1) 법상종과 삼론종의 『법화경』에 대한 견해

먼저 법상종에서 『법화경』을 어떻게 보는지 살펴보자. 법상종에서는 불교를 3가지 법륜으로 구분하는데, 그것은 유상법륜有相法輪, 무상법륜無相法輪, 무상무상법륜無相無上法輪이다.

첫째 '유상법륜'은 성문승聲聞乘의 사람을 위해서 사성제四聖諦를

---

183 같은 책, 733下.

184 이 대목의 내용은 이병욱, 「원효와 종밀의 회통사상에 대한 비교연구」, 『한국종교 사연구』 7집(한국종교사학회, 1999), 132~149쪽의 내용을 수정하고 보완한 것임.

가르친 것이고, 둘째 '무상법륜'은 보살승의 사람을 위해서 모든 존재가 공空이고 실체인 자성自性이 없음을 가르친 것이며, 셋째 '무상무상법 륜'은 삼승三乘의 사람을 위해서 공空과 무자성無自性의 가르침을 펴는 것인데, 이 가르침은 그 수준이 매우 높은 것이다. 한편 법상종에서는 『법화경』이 3가지 법륜 가운데 제2법륜 곧 '무상법륜'에 속하는 것이므 로 『법화경』의 가르침은 완전하지 못한 가르침을 의미하는 '불요의不了 義의 가르침'에 속한다고 주장한다.[185]

그 다음으로, 삼론종에서 『법화경』을 어떻게 보는지 살펴본다. 삼론 종에서도 3가지 법륜을 말하는데, 그것은 근본법륜根本法輪, 지말법륜 枝末法輪, 섭말귀본법륜攝末歸本法輪이다. 첫째, '근본법륜'은 일승의 인因과 일승의 과果를 밝히는 가르침인데, 여기에는 『화엄경』이 속한 다. 둘째, '지말법륜'은 처음 '근본법륜'에서 『화엄경』을 말했지만 중생 이 이해하지 못하자 삼승의 가르침을 편 것이다. 셋째, '섭말귀본법륜' 은 삼승의 가르침을 거두어서 일승의 가르침으로 돌아가게 하는 것인 데, 여기에는 『법화경』이 속한다. 따라서 삼론종의 교판론에 근거하면 『법화경』은 완전한 가르침을 의미하는 요의了義의 가르침이다.[186]

따라서 삼론종의 교판론에 근거해서 보면 『법화경』은 '요의了義의 가르침'이며, 법상종의 가르침에 근거해서 본다면 『법화경』은 '불요의 不了義의 가르침'이다.

---

185 『법화종요』(『한국불교전서』 1권, 493上~中)

186 같은 책, 493中~下.

(2) 법상종과 삼론종의 『법화경』 견해에 대한 원효의 회통

원효는 앞에서 소개한 법상종과 삼론종의 두 주장을 회통한다. 이러한 원효의 회통적 관점은 그의 언어관에 기초를 두고 있다. 구체적으로 말해서 언어에 집착하지 않는다면 모든 주장을 진실이라고 인정할 수 있다는 것이다.[187] 이러한 입장에 근거해서 두 가지 회통방식이 전개된다. 첫째는 모든 주장을 인정하는 것이고, 둘째는 도리道理에 근거하여 우열을 구분하는 것이다.

첫째, 모든 주장을 인정하는 것을 살펴보면, 실實에 근거하면 모두 다 경론經論에 근거한 것이므로 다 장점이 있다는 것이다. 예를 들면, 법상종의 주장이 '고요함만 추구하는 자'를 구원하는 데에 장점이 있다면, 그에 비해 삼론종의 주장은 부정종성인不定種性人(성문·연각·보살 가운데 무엇이 될 것인지 결정되지 않은 사람)을 구원하는 데에 장점이 있다는 것이다.

둘째, 도리道理에 근거하여 우열을 따지는 것을 살펴보면, 그것은 삼론종의 주장이 법상종의 주장에 비해 뛰어나다고 하는 것이다. 그러므로 법상종의 입장에서 삼론종의 주장을 포섭하면 무리가 생기고, 삼론종의 입장에서 법상종이 주장을 회통해야 비로소 회통이 의미 있게 되는 것이다. 따라서 삼론종의 주장대로 『법화경』은 '요의了義의 가르침'이라는 것이 원효의 입장이다.[188]

---

187 같은 책, 491上.

188 같은 책, 494中~下. 일부 한문은 필자가 추론해서 집어넣었음.

(3) 법상종과 삼론종의 『법화경』 견해에 대한 구체적 화해방식

앞에서 소개한 것처럼, 원효는 법상종의 주장보다 삼론종의 주장을
뛰어난 것으로 보고 있으면서도, 이 둘을 대등하게 통합하려고 한다.
이것을 위해서 원효는 복잡한 논의를 전개한다. 첫째 법상종의 입장에
서 삼론종의 주장을 재해석하고, 둘째 삼론종의 입장에서 법상종의
주장을 재해석하며, 셋째 앞의 두 입장을 종합한다. 이러한 과정을
거쳐서 원효는 삼론종의 주장이 뛰어남을 인정하면서도 법상종과 삼론
종을 대등하게 포용하는 것이다.

첫째, 원효는 먼저 법상종의 입장에서 삼론종을 포섭한다. 법상종에
서는 성문은 부처가 될 수 없다고 한다. 법상종의 입장에서 삼론종의
주장을 바라보면, 삼론종에서 『법화경』의 주장, 곧 일승을 주장해서
모두 부처가 될 수 있다고 한 것은 모두 방편이다. 이는 부정종성인不定
種性人을 부처가 되도록 자극하기 위한 말이라는 것이다.[189]

둘째, 삼론종의 입장에서 법상종의 주장을 포용한다. 원효는 삼론종
의 주장이 옳고, 법상종에서 『법화경』은 불요의不了義 가르침이라고
주장한 것은 방편의 가르침이라는 것이다.[190]

셋째, 법상종과 삼론종의 입장을 종합한다. 여기서 원효는 자기
입장을 분명히 한다. 법상종의 주장도 긍정할 것은 긍정하고 부정할
것은 부정하며, 삼론종의 주장도 받아들일 것은 받아들이고, 비판할
것은 비판한다. 다시 말해, 법상종에서 『법화경』을 불요의不了義 가르
침이라고 보는 것은 잘못된 것이지만, 법상종의 다른 가르침은 요의了義

---

189 같은 책, 494上.
190 같은 책, 494上~中.

가르침이라고 인정한다.[191] 또 삼론종에서 『법화경』을 요의了義라고
보는 것은 옳은 것이지만, 삼론종의 주장이 모두 옳은 것은 아닌데,
왜냐하면 삼론종이 옳다고 하는 『법화경』에도 불요의不了義 가르침이
포함되어 있기 때문이다.[192] 이처럼, 원효는 『법화경』, 곧 요의了義
가르침 속에도 불요의不了義 부분이 포함되어 있다는 주장을 편다.
결론적으로 원효는 『법화경』에 관한 입장에서 삼론종의 주장이 옳다고
하면서도, 삼론종의 주장에도 일부 틀린 부분이 있고, 『법화경』에
관한 법삼종의 주장은 틀린 것이지만, 법상종의 다른 가르침은 요의了義
가르침이라고 인정하고 있다.

4. 결론: 남북한 사상의 조화의 근거로서 원효사상

이 글에서는 남한과 북한의 사상교류의 근거로서 원효의 화쟁사상을
제시하고자 하였다. 이 목적을 위해서 2절에서 한국불교사상의 특징이
조화를 추구하는 데 있음을 밝히고 한국불교사상의 전개과정을 간단히
서술하였다. 3절에서는 원효의 화쟁사상이 『대승기신론』의 일심이문
一心二門에 근거한 것임을 서술하고, 대립되는 주제에 대한 원효의
구체적 화쟁방식을 『법화종요』를 통해서 살펴보았다. 구체적으로 말
하자면, 『법화경』에 대해서 삼론종과 법상종의 견해가 서로 대립되는
데, 이 대립된 견해를 화쟁하기 위해 원효는 3단계의 논의를 전개한다는
것이다.

---

191 같은 책, 494下.

192 같은 책, 494下. 일부 한문은 필자가 추론해서 집어넣었음.

첫째 단계에서는 법상종의 입장에서 삼론종의 입장을 포용한다. 이는 『법화경』의 내용이 방편이라는 법상종의 입장에 동의하면서도 삼론종의 주장에도 제한적인 타당성이 있다고 인정하는 것이다. 둘째 단계에서는 삼론종의 입장에서 법상종의 주장을 포용한다. 이번에는 『법화경』의 가르침이 진실이라는 삼론종의 주장에 동의하면서도 법상종의 주장에도 제한적인 타당성이 있다고 인정한다. 셋째 단계에서는 앞의 두 단계의 주장을 종합한다. 원효는 『법화경』에 관한 삼론종의 주장이 옳다고 생각하지만 삼론종의 다른 주장에는 틀린 부분이 있고, 『법화경』에 관한 법상종의 주장이 옳지 않다고 생각하지만 법상종의 다른 주장에는 진실성이 담겨 있다고 본다. 이렇게 해서 원효는 『법화경』에 관한 삼론종의 주장을 지지하면서도 법상종의 다른 주장에는 진실성이 있다고 인정한다.

그러면 원효의 구체적 화쟁방식을 남한과 북한의 사상적 대립에 적용해 보겠는데, 여기서는 남한에 중점을 두고자 한다. 우선 출발점은 언어에 집착하지 말아야 할 것이다. 언어와 실제대상이 반드시 일치하는 것은 아니므로 언어의 표현에 너무 큰 의미를 부여하면 유연한 해석을 이끌어낼 수 없다.

이 입장에서 남한과 북한의 철학과 사상이 모두 장점이 있다고 인정할 수 있다. 북한의 주체사상은 북한의 현실에 맞추어서 자발성과 창조성을 가진 인간을 강조하는 것이므로 그 나름대로 타당성이 있다고 할 수 있다. 또한 남한의 사상계에는 사상의 종류가 다양하고 시민민주주의의 인식이 널리 퍼져 있다는 장점이 있다.

그 다음으로 도리道理에 의거해서 남한과 북한의 사상의 우열을 정해본다. 나는 남한의 사상계가 북한의 주체사상보다 우월하다는 관점에 서 있다. 그래서 남한의 사상계의 흐름에 입각해서 북한의 주체사상을 회통(화쟁)하고자 한다.

그러면 남한의 사상계와 북한의 주체사상을 화쟁하는 구체적 모습을 검토해 보자. 우선 북한의 주체사상의 입장에서 남한의 사상계를 보면, 남한의 사상계는 다양하고 또한 외래사상에 의존하고 있지만 이것이 결국에는 남한의 사상계의 주체성을 확립하기 위한 과도기의 병폐라고 이해할 수 있다. 현재의 남한의 사상계는 여러 설익은 모습이 나타나고 있지만, 종국에는 남한 특유의 사상이 등장할 것이라고 이해할 수 있다.

그 다음으로 남한의 사상계 입장에서 북한의 주체사상을 평가해 본다. 비록 북한의 주체사상이 김일성의 통치를 정당화하고 북한주민을 끌어들이는 동원이데올로기 역할을 하고 있지만 그것은 북한사회의 특수성에 기반을 한 것이라고 볼 수 있다. 북한사회도 경제가 발전하고 그에 따라 시민사회가 성숙된다면 자연히 다양한 철학과 사상이 등장할 것이라고 기대할 수 있다.

그 다음으로 남한의 사상계와 북한의 주체사상을 종합해 본다. 북한의 주체사상에서는 '자발성과 창조성을 가진 인간'을 강조하고 '자주성의 실현'이라는 장점이 있지만, 그것이 통치이데올로기와 동원이데올로기로 변모하였다. 하지만 이는 현재의 북한사회의 실정에서는 어쩔 수 없는 것이고 경제가 발전하면 시민사회가 성숙되어서 북한사회 구성원의 다양한 목소리가 나올 것이라고 기대할 수 있다.

남한의 사상계에는 다양한 사상이 있고 시민민주주의가 어느 정도

자리 잡고 있지만 외래사상에 기울어서 아직 자신의 독자적 문화와 사상을 이끌어내지 못하고 있다. 이는 남한사회에서 경제발전에만 힘을 쏟고 정신문화에는 소홀히 한 결과라고 할 수 있다. 이제 경제가 더욱 발전한다면 그에 따라 독자적 문화와 사상을 추구하는 경향은 더욱 강해질 것이고, 언젠가는 독자적 문화와 사상이 번성할 것이라고 예상할 수 있다.

　이처럼 남한의 자유로운 사상 분위기 속에서 북한의 주체사상을 그 나름대로 제한된 의미가 있다고 인정하는 것이 원효의 화쟁 방식을 남한과 북한의 사상문제에 적용한 것이라고 생각한다.

8장 북한의 불교학 연구에 대한 재검토

– 불교연구 원칙과 불교비판을 중심으로

1. 서론: 북한의 전통철학 연구의 개관

북한에서는 어떻게 불교철학(불교학)을 연구하는가? 북한의 불교철학 연구는 남한학계에서도 소용이 있는 것인가? 이 글에서는 이러한 문제의식을 토대로 해서 북한의 불교철학 연구에 대해 최봉익의 『봉건시기의 우리나라에서의 불교철학의 전파와 그 해독성』(사회과학출판사, 1976)을 중심으로 검토하고자 한다.

그런데 북한학계에서는 불교철학이 전통철학의 하나로서 다루어지므로, 우선 북한의 전통철학 연구의 전반적 모습을 개관하고자 한다. 북한에서 전통철학을 연구하는 원칙은 크게 2가지로 구분할 수 있다.

첫째, 비판계승의 관점이다. 이때 비판계승이란 전통철학을 사회주의적 생활조건과 민족특성에 맞게 창조하고 발전시키는 일이라고 한

다. 그래서 민족유산 가운데 뒤떨어지고 반동적인 것은 버리고 진보적
이고 인민적인 것은 비판적으로 계승하고 발전시킨다고 한다. 비판과
계승의 기준은 초기에는 마르크스-레닌주의였지만 1960년대 중반
이후로는 주체사상으로 대체되었다. 여기서 주의할 점은 민족 허무주
의와 복고주의를 동시에 비판했다는 것이다. 민족 허무주의는 민족문
화 가운데 우수한 것들마저 부인하면서 덮어놓고 서양화하려는 것이
고, 복고주의는 옛것이라면 뒤떨어진 것까지도 무조건 지키면서 남의
좋은 것마저 받아들이지 않으려는 것이다.

　둘째, 계급성과 역사주의이다. '계급성'은 계급적 관점에서 각 사상의
진보성과 제한성을 평가하는 것이다. 이는 그 사상이 어떤 계급의
요구와 이해관계를 반영하고 있느냐를 따지는 문제이다. 이 경우 지배
계급과 피지배계급의 문화대립으로 나누지만, 진보적인 측면이 없을
것 같은 지배계급의 사상 속에서도 진보적인 사상을 지적해 내기도
한다. 역사주의는 사상의 진보성과 제한성을 당시의 역사적 관점에서
분석하고 평가하는 것이다. 이는 민족문화유산이 아무리 진보적이고
인민적이라고 해도 역사적 산물이기 때문에 당시의 계급적 제한성을
지닐 수밖에 없다는 것이다. 이러한 역사적 분석이 소홀했을 때 지나친
긍정이나 부정이 나오게 된다는 것이다.[193] 이러한 전통철학의 연구원
칙은 불교철학을 연구할 때도 적용된다.

　그리고 북한의 전통철학 연구에 변화가 있었다. 우선 북한의 전통철
학 연구의 주요 논문집이 상당 기간 동안 발행되지 않았다는 점에

---

193 김교빈, 「북한의 전통철학」, 『강좌 한국철학』(예문서원, 1995), 293~294쪽.

주목할 필요가 있다. 사회과학원 역사연구소에서 철학연구실이 만들어진 것은 1957년이었고, 1962년에 '철학연구소'로 독립해서 『철학연구』를 발행하였다. 이 『철학연구』가 1968~1985년까지 발행되지 않았다. 그리고 사회과학원의 『철학논(론)문집』도 1961~1970년까지 발행되지 않았다.

이처럼 논문집이 발행되지 않은 것과 관련해서 북한의 전통철학 연구에 몇 가지 변화가 나타난다.

첫째, 논문의 서술형식의 변화이다. 1966년까지는 북한학계의 논문에서 각주와 후주를 제시하였는데, 논문집이 발간되지 않은 시기를 전후해서 논문의 분량이 절반 정도로 줄었고, 대부분의 논문에서 각주도 달지 않고 인용문도 없다. 이는 논문의 전문성이 떨어진 것이라고 볼 수 있다. 또한 1980년대 이후의 논문들은 모두 맨 앞에 김일성의 '교시'와 김정일의 '지적'을 싣고 있다. 둘째, 연구풍토의 변화이다. 1960년대까지는 상당히 자유로운 토론이 있었다. 1950년대에는 '기'가 물질인지 정신인지를 따지는 논의가 있었고, 실학의 연원을 율곡 이이에 소급할 것인지 직접적 선구자에 한정할 것인지 논의가 있었다. 그밖에 홍대용, 동학, 정도전 등에 관한 토론이 있었다. 그러나 1960년대 중반 이후 주체철학이 강화되고 교조적인 해석이 주도적 위치를 차지하면서 자유로운 토론문화가 사라지고 말았다.[194]

한편 북한의 전통철학의 연구에는 부정적 측면과 긍정적 측면이 있다. 부정적인 측면으로 다음의 3가지를 거론할 수 있다. 첫째, 북한의

---

[194] 김교빈, 「북한의 전통철학」, 『강좌 한국철학』, 298~299쪽.

전통철학의 연구에서 1960년대의 활발한 토론을 제외한다면 대부분의
연구 성과가 동일한 시각에서 동일한 주장을 하고 있다. 왜냐하면,
북한의 전통철학 연구의 주체는 사회과학원 철학연구소이기 때문이다.
둘째, 연구 역량이 떨어진다. 이는 사회체제에 기인하기도 하고 또한
경제적 상황과도 밀접한 관련이 있다. 셋째, 연구 범위가 제한적이다.
북한학계에서는 인도철학과 중국철학에 대한 연구가 없다.[195] (이는
논문을 중심으로 한 것이고 개설서를 포함한 것은 아니다.)

긍정적인 측면으로 다음의 4가지를 제시할 수 있다. 첫째, 사회경제
적 토대와 연관해서 분석하는 방법이다. 북한의 전통철학 연구에서는
철학발전이 사회변화나 자연인식의 발전과 밀접한 관련이 있다는 점을
잘 보여주고 있다. 둘째, 학파의 흐름에 대한 새로운 분류방식이다.
특히 조선성리학을 김시습과 서경덕의 기일원론, 율곡 이이의 이원론,
퇴계 이황의 일원론으로 나누는 방식은 눈여겨 볼 만하다. 이는 다카하
시에 의해 도입된 주기主氣와 주리主理의 구분을 넘어서고자 시도한
것이라고 평가된다. 셋째, 한글 중심의 평이한 서술이다. 이는 한글
발전을 위해 노력한 것이라고 평가할 수 있고, 또한 전통철학의 대중화
를 위해 필요한 부분이다. 넷째, 연구 대상이 다양하다. 남한에서
주목하지 않은 인물을 북한의 관점으로 선택해서 새롭게 발굴하였다.[196]
이러한 내용 가운데 불교철학 연구와 관련된 긍정적 측면으로 첫째
항목, 셋째 항목, 넷째 항목을 인정할 수 있다.

이 글에서는 북한의 전통철학 연구 가운데 불교철학(불교학) 연구에

---

195 김교빈, 같은 책, 300쪽.
196 김교빈, 같은 책, 300~301쪽.

대해 어떤 의미를 부여할 수 있는지 검토하고자 한다. 글의 순서에 대해 말하면, 2절에서는 북한의 불교계 모습에 대해 간단히 소개하고, 3절에서는 북한의 불교연구의 원칙에 대해 어떤 의미를 부여할 수 있는지 검토하고, 4절에서는 북한의 불교비판에 대해 어떤 타당성이 있는지 알아보고자 한다.

2. 북한 불교계의 모습

먼저 북한 북교계의 변화과정에 대해 알아보고, 그 다음에 북한 불교계의 현재의 모습에 대해 간단히 서술하고자 한다.

1) 북한 불교계의 변화과정

북한 불교계의 변화과정은 북한의 역사와 맞물려 있다. 북한의 사회주의가 진행되는 것에 따라 북한의 불교계도 함께 변화하였다. 북한 불교계의 변화는 크게 세 시기로 나누어서 볼 수 있다. 그것은 해방 이후 토지개혁이 실시된 때, 사회주의 제1혁명, 사회주의 제2혁명이다. 그 자세한 내용을 류승무의 논문에 근거해서 살펴본다.

①북한은 인민위원회가 주도해서 '반제 반봉건 혁명'을 추진하였다. 그 조치를 크게 3가지로 나누어 볼 수 있다. 그것은 생산수단의 국유화, 토지개혁, 국유화와 토지개혁을 뒷받침할 수 있는 여러 가지 법령 개정이다. 이 가운데 북한의 토지개혁은 북한지역의 불교의 물적 토대에 결정적 타격을 주었다. 왜냐하면 사찰의 물적 토대는 사실상 토지가 전부였기 때문이다. 토지몰수령에 의해 토지를 잃은 사찰은 경제적

자립을 할 수 없었고, 북한 당국의 '반종교정책'으로 인해 신도가 사찰에서 불공을 드리고 시주하는 종교행위가 금지되었다. 그리고 사찰의 승려에 대해 배급이 중단됨에 따라 승려는 노동자가 될 수밖에 없었다.

② 1958년 8월까지를 '사회주의 제1혁명'이라고 학계에서는 부르는데, 그 때까지 남아 있던 소상품생산양식과 자본주의적 생산양식을 소멸시키고 사회주의적 생산양식을 정착시켰다. 이 시기에 종교에 대한 탄압이 심하였다. '중앙당 집중지도사업'을 통해 종교인들을 특수지역으로 몰아서 거주를 제한하고 '반종교사상'을 가르쳤다. 이 시기에 북한에서는 집단농장과 집단노동체제로 전 국민을 묶어두고 주민을 서로 감시하는 체제를 만들었기 때문에 공식적으로 종교인이라고 말하는 사람이 없게 되었다. 이에 따라 북한지역의 사찰들은 대부분 휴양지로 변하였다.

③ 북한에서는 1958년 이후 사회주의 완전승리를 위한 3대혁명사업을 벌였는데, 이는 1970년대에 완수되었다. 이것을 학계에서는 '사회주의 제2혁명'이라고 부른다. 3대혁명은 사상혁명, 기술혁명, 문화혁명인데, 이 가운데 '사상혁명'과 '문화혁명'은 불교계에 큰 영향을 주었다. 자세히 말하자면, '사상혁명'을 통해서 불교의 종교적 성격은 사라지고 불교계는 정치화하였고, '문화혁명'을 통해서 불교의 문화적 측면이 민족문화로 간주되어 불교문화의 일부를 계승하는 계기가 되었다.

그렇지만 1980년대에 들어서서 북한의 여러 종교단체의 활동이 나타나기 시작한다. 그에 따라 '조선불교도연맹'도 본격적인 활동을 하기 시작하는데, 주로 남한이나 세계 여러 불교단체와 유대를 맺고 대남성명서를 발표하는 일을 하였다. 그 대표적 예로서 1990년 8월

31일 묘향산 보현사에서 거행된 '조선통일기원대법회'에서 조선불교도
연맹은 "통일이 곧 고통으로부터 해방하는 것이다"라고 역설하는 호소
문을 발표하고, 또한 조선불교도연맹은 조선불교가 호국불교임을 강
조하면서 "통일을 위해 지상정토를 세우자"고 주장하였다. 그리고 1991
년 5월 21일 대성산 광법사에서 거행된 '석탄절 기념법회'에서 조선불교
도연맹은 "석가세존의 위업을 이어 조선의 불자들이 해야 할 과제는
세존이 깨달은 도리인 연기緣起와 고, 집, 멸, 도道의 성스러운 진리를
등불로 삼아 이 나라 이 땅의 중생이 겪고 있는 고통과 그 원인을
없애기 위해 통일운동에 적극적으로 행동해야 한다"라고 말하였다.

그리고 1992년에 북한의 헌법을 개정하였는데 그 개정한 내용은
신앙의 자유를 보장하는 것이고, 이는 구체적으로 종교건물을 짓거나
종교의식 등을 허용하는 것으로 이어지며, 나아가 '반종교선전의 자유'
라는 문구가 삭제되었다. 이런 점에서 보자면, 북한지역의 '불교'도
종교성을 서서히 회복하고 있다는 것을 짐작할 수 있다. 그러나 그
변화가 어느 정도일지에 대해서는 신중한 입장이 요구된다.[197]

2) 북한 불교계의 한 단면

북한지역의 사찰은『신증동국여지승람』에 따르면 조선 중기인 16세기
초에 561개, 1939년 2월 조선총독부 학무국 조사에 따르면 403개였고,
최근의 조사에 따르면(1996년) 60여 개의 사찰이 남아 있다. 북한불교
의 중심은 북한의 최대 사찰로 알려진 평안북도 묘향산의 '보현사'였지

---

197 류승무, 「북한의사회주의 사회 건설과정과 북한지역 불교의 변화」,『승가』13호
(중앙승가대학, 1996), 127~140쪽.

만, 1992년에 고려 때 창건된 평양 광법사에 북한불교의 총본부인
조선불교도연맹본부를 두어 북한불교의 본산을 이루고 있다. 북한에
서 가장 큰 사찰인 보현사에는 10여 개 이상의 사찰과 암자가 집중되어
있다.

현재 북한의 불교는 조계종의 종파이고, 북한 승려의 숫자는 해방
전에는 2천여 명이 있었지만, 현재에는 승려 3백여 명, 신도 1만여
명으로 추산된다(1996년). 현재의 승려는 대부분 해방 전에 신행활동을
하던 나이 많은 분들이다. 평상시에는 양복에 구두를 신고 머리를
기르며 모두가 결혼을 하고, 절에서는 양복 위에 검은 두루마기, 그
위에 홍紅가사를 입는다고 한다. 북한불교의 의식은 『석문의범』에
의거한 것이고, 부처님오신날·열반절·성도절 등의 행사가 주로 행해
지고 있다. 북한의 승려들은 아침예불, 청소, 신도와 대화하는 것
등으로 일상생활을 하고 있으며, 신도의 요구가 있으면 수시로 불공을
해주며 신도들은 작은 불상을 봉안하기도 한다. 북한에서 승려의 사회
적 역할은 민족문화유산을 보존하고 관리하는 것이며, 내국인과 외국
인의 관광객에게 사찰을 소개하고 안내하는 것이다. 북한에서 승려의
교육은 문화재를 관리하는 차원에서 이루어진다. 승려의 교육은 불학
원에서 행해지는데 1989년 함경북도 삼수갑산 중흥사에 설치되었다가
1991년 2월 평양 광법사로 옮겨왔고, 약 30명의 학생이 있다고 한다.[198]

---

198 법타, 「북한불교연구」, 『승가』 13호, 145~147쪽. 그리고 북한불교의 더 자세한
모습은 이지범, 「북한불교의 역사와 현황」, 『불교평론』 60호(2014년 겨울호),
29~60쪽을 참조할 것.

3. 북한의 불교연구의 원칙에 대한 재검토

앞에서 전통철학을 연구하는 원칙을 소개했는데, 이 원칙은 불교철학을 연구할 때도 적용된다. 그것은 주체성의 원칙, 당성·노동계급성의 원칙, 역사주의적 원칙이다. 여기서는 그 내용을 자세히 소개하고 그 원칙의 타당성에 대해 필자의 관점을 제시하고자 한다.

최봉익은 이 3가지 원칙을 제시하기 전에 모든 것을 사람을 중심으로 생각한다는 주체사상을 내걸고 있다. 이 점에 대해 최봉익은 다음과 같이 말한다.

모든 것을 사람을 중심으로 생각하고 사람을 위하여 복무하게 하는 것은 주체사상의 요구이다. 이러한 요구는 사람이 모든 것의 주인이며 모든 것을 결정한다는 주체사상의 철학적 원리로부터 흘러나오는 요구로서 우리들이 모든 문제를 고찰하고 판단하며 평가하는 데서 견지해야 할 근본적인 철학적 방법론적 원칙인 것이다.[199]

1) 북한의 불교연구의 3가지 원칙

① '주체성의 원칙'인데, 이는 주인의 입장과 태도에서 불교를 연구하자는 것이다. 이것에 대해 최봉익은 다음과 같이 설명한다.

---

[199] 최봉익,『봉건시기 우리나라에서의 불교철학의 전파와 그 해독성』(사회과학출판사, 1976), 171쪽. 그리고 맞춤법과 띄어쓰기는 남한의 맞춤법과 띄어쓰기에 따라서 인용문 내용을 수정했고, 이는 뒤에 소개한 인용문에도 마찬가지다.

모든 문제를 보고 처리하는 데에 주인다운 입장과 태도를 가지고
사대주의와 교조주의를 비롯한 낡은 사상에 사로잡히지 않고 모든
문제를 혁명과 건설의 구체적 실정에 맞게 자주적으로 창조적으로
처리해나갈 수 있다. 불교문화유산과 유물을 평가하고 처리하는
데서도 사정은 마찬가지다.[200]

이러한 '주체성의 원칙'에 근거해서 최봉익은 우리나라의 불교문화
를 무조건 비판하거나 찬양하는 태도에 대해 비판하고 있다. 그 내용을
소개하면 다음과 같다.

지난 시기 불교가 우리나라에 들어와 우리 인민들의 사상의식의
건전한 발전을 저해했으며 민족문화와 경제발전에 해독적 작용을
했다고 하여 모조리 부정말살하거나 또는 불교문화의 개별적인
일면만을 보고 과장하거나 환상을 가지는 좌우경적 편향을 다 같이
반대해야 한다. 복고주의에 물젖어(물들어) 불교문화의 반동적 본질
을 보지 못하고 계급적 원칙을 떠나 덮어놓고 잘됐다고 하면서
찬미하고 되살리려고 하거나 또는 민족 허무주의에 물젖어 자기
나라의 역사와 혁명, 자기 인민의 민족적 특성을 고려함이 없이
불교문화는 다 반동적이기 때문에 모조리 불살라버려야 한다는
경향을 다 같이 반대해야 한다. …… 예컨대 복고주의에 물젖은
사람들은 석굴암의 불상이나 고려시기 관세음보살상 같은 조각과
그림을 보고서 그 수법의 기교성만 내세우면서 극도로 찬양하던

---

200 최봉익, 같은 책, 173쪽.

나머지 오늘에 와서까지도 무슨 가치가 있는 것처럼 묘사하는가 하면 또한 허무주의에 물젖은 사람들은 반대로 낡은 사회의 문화유산과 유물들을 모두 지난날 반동계급에게 복무한 것이니 다 불태워 없애버려야 한다고 떠벌였다.[201]

②'당성·노동계급성'의 원칙인데, 이는 당과 노동계급의 입장에서 불교를 연구하자는 것이다. 이것에 대해 최봉익은 다음과 같이 말하고 있다.

역사유물평가에서 당성·노동계급성의 원칙을 견지한다는 것은 모든 역사적 유물과 유산물을 평가하고 처리함에 있어서 반드시 당적 입장과 노동계급적 입장에서 보며 그것이 혁명의 편에 유리한가, 또는 반혁명의 편에 유리한가를 똑똑히 구별하고 처리해간다는 것을 의미한다. …… 특히 불교문화와 같이 그것이 지난 시기 오랜 역사를 통하여 착취계급에게 복무하여 왔고 또 그 내용이 반동적이고 미신적이며 복잡한 형태를 띠고 있는 조건에서 노동계급적 선線을 예리하게 세우고 높은 정치적 안광을 가지고 평가하지 않을 때에는 그것이 가지는 반동적 본질을 간파할 수 없을 뿐 아니라 옳고 그른 것을 분간할 수 없으며 민족문화유산평가에서 언제나 좌왕우왕하면서 당과 노동계급의 이익에 큰 해독을 끼치게 된다.[202]

---

201 최봉익, 같은 책, 173~174쪽.
202 최봉익, 같은 책, 175~176쪽.

그리고 최봉익은 불교를 포함한 사상과 문화의 연구에서 노동계급, 곧 근로인민대중을 어떤 관점으로 보았는지가 중요한 관건이 된다고 한다. 이것이 진보성과 반동성을 평가하는 기준이라는 것이다. 이 점에 대해 최봉익은 다음과 같이 말한다.

사상문화를 비롯하여 모든 문제를 고찰하는 데서 무엇보다도 중요한 것은 근로인민대중을 어떤 위치에 놓고 보는가에 따라 평가하여야 한다. 왜냐하면 근로인민대중에 대한 관점과 태도는 모든 문제를 식별하고 처리하는 첫째가 되기 때문이다. …… 물론 하나의 사상과 이론이 진보적이냐 반동적이냐 하는 것을 평가하는 데서 그 사상 그 문화가 유물론적인가 관념론적인가 또한 무신론적인가 유신론적인가 하는 물질관이나 신에 대한 관점을 기준으로 하여 진보와 반동을 갈라볼 수 있다. 그러나 가장 근본적인 징표는 근로인민대중을 어떤 관점과 태도로 보고 대하였는가 하는 것이 기본으로 되어야 한다. 그래야 과거 역사적 사실이나 사상, 문화에 대한 평가에서 진보성과 반동성이 전면적으로 평가될 수 있다.[203]

③ '역사주의적 원칙'인데, 이는 역사적 조건과 환경을 고려해서 불교를 연구하자는 것이다. 이에 대해 최봉익은 다음과 같이 말하고 있다.

모든 사물현상은 다 일정한 역사적 조건하에서만 발생하고 발전한다. 불교문화도 역시 마찬가지이다. 불교문화는 그 내용과 형태에서

---

203 최봉익, 같은 책, 171~172쪽.

모두 종교적이며 환상적이며 신비주의로 충만되어 있다. 그렇다고
해서 그것이 다만 불교승려들의 순수사변적인 공상의 산물이라고만
볼 수 없다. 그것 역시 일정한 구체적인 역사적 조건과 환경의
산물이며 따라서 자체의 발생과 발전의 역사를 가지고 있다. ……
특히 불교문화는 외래적인 것으로서 우리나라에 들어와 발을 붙이고
우리나라의 고유한 민족문화와 유착되어 발전해온 데는 매우 복잡한
역사적인 과정이 놓여 있었으며 그 문화적 내용에서도 원元형태와는
달리 여러 단계의 변화과정을 경과하였다. 그렇기 때문에 이러한
구체적인 역사적 조건과 환경을 무시하고 덮어놓고 주관주의적으로
독단을 내리거나 과장하고 현대화해서는 안 된다.[204]

2) 북한의 불교연구 원칙의 타당성 검토

그러면 북한의 불교연구 원칙에 대해 어떻게 보아야 할 것인가? 필자는
북한의 불교연구 원칙에 대해 무조건 배타적이고 거부할 필요는 없다고
본다. 실제 내용을 찬찬히 뜯어보면 그 속에는 남한학계에서도 도움이
되는 내용이 있다고 생각한다.

우선 '주체성의 원칙'과 '역사주의적 원칙'은 어느 정도 수용할 수
있다고 생각한다. '주체성의 원칙'이 앞에서 소개한 것처럼 주인의
입장에서 불교를 연구하자는 것이고 그래서 무조건 과거 전통을 찬양하
는 것에서도 벗어나고(복고주의) 그렇다고 해서 과거 전통을 무조건
비판하지도 말자는 것이다(민족허무주의). 이는 남한학계에서도 한국
불교연구를 할 때 요구되는 태도라고 할 수 있다. 한국불교의 전통을

---

204 최봉익, 같은 책, 176~177쪽.

무조건 미화할 것도 아니고 그렇다고 해서 한국불교전통에 대해 현대의 관점에서 무시하는 것도 아닌 태도, 곧 균형 잡힌 관점에서 불교를 연구할 필요가 있다고 생각한다.

또한 '역사주의적 원칙'은 앞에서 소개한 것처럼, 불교를 이해하기 위해서 역사적 조건과 환경을 검토해야 한다는 것인데, 이는 남한학계에서도 어느 정도 수용할 수 있는 것이다. 이때 어느 역사관에 서서 볼 것인지 문제가 된다. 필자는 북한학계에서 주장하는 유물론과 계급투쟁의 관점이 역사관의 하나일 뿐 보편적인 가치라고 생각하지 않는다. 그러므로 불교연구에서 '역사주의적 원칙'은 수용한다고 해도 그 기준이 되는 역사관에서는 좀 더 열린 입장을 견지할 수 있다고 본다. 다양한 역사관에 서서 불교를 연구할 때 불교의 지평은 더욱 열릴 것이라고 기대한다. 아울러 이 점에서 북한학계의 연구태도에 경직성이 있다고 할 수 있다.

한편, '당성·노동계급성의 원칙'은 앞에서 말한 것처럼, 당과 노동계급의 입장에서 불교를 연구하자는 것인데, 이는 남한의 입장에서는 수용하기 어려운 것이다. 그렇지만 이 '당성·노동계급성의 원칙'은 불교를 새롭게 이해할 수 있는 도구로서 제한적으로 활용할 수 있을 것이라고 본다. 예를 들면, 불교를 어느 편에 서서 이해한다는 것은 안 될 일이겠지만, 대다수의 근로대중의 관점에서 제한적으로 불교를 이해하는 것은 기존의 불교 이해와 다른 시각을 제공해 줄 수 있는 가능성이 있다고 생각한다.

이러한 3가지 원칙을 제시하기 위해서 최봉익은 사람을 중심으로 생각하고 사람을 위하여 복무할 것을 말하였는데, 북한학계의 불교연구에서 이런 관점을 제대로 지켰는지 의심스럽다. 다시 말해서, 불교철학을 포함한 불교문화 속에 사람을 위한 요소가 어느 정도 있는지 선입견 없이 공정하게 제대로 평가했는지 의심스럽다. 필자는 불교(철학과 문화)가 사람을 포함해서 모든 생명을 위해 생겨난 것이라고 생각하는 쪽이다. 그러므로 이러한 관점에서 불교를 다시 본다면, 새로운 불교 이해가 나올 수 있다고 생각한다.

4. 북한의 불교 비판에 대한 재검토

최봉익은 종교에 대해 '착취의 측면'을 강조하면서 다음과 같이 말한다.

> 모든 종교는 착취계급들이 근로인민대중을 착취하고 기만하기 위하여 조작해낸 사상적인 지배도구이다. 그러므로 불교를 포함하여 모든 종교를 철저히 극복하기 위해서는 그것을 낳게 하고 퍼지게 하는 사회적 지반, 다시 말하여 낡은 착취제도와 착취계급들을 철저히 청산해버리는 것이 중요하다.[205]

위에서 소개한 종교에 대한 최봉익의 주장은 마르크스사상에 영향을 받은 것이다. 마르크스는 종교가 지배계급의 편을 들고 민중에 대한 억압에 동조하는 억압의 도구에 지나지 않는다고 주장하였다.[206]

최봉익은 여기에 그치지 않고 불교에 관한 정의도 새롭게 내린다.

---

205 최봉익, 같은 책, 160~161쪽.
206 오경환, 『종교사회학』(서광사, 1979/1990), 183쪽.

그것은 불교를 유신론有神論의 맥락에서 보고자 하는 것이다. 그 내용은
다음과 같다.

> 불교는 일반적으로 '부처'라는 초자연적이며 초인간적인 신을 맹목
> 적으로 숭배하고 신앙하는 종교의 한 형태이다. …… 불교도들이
> 조작해낸 이 '부처'란 것은 그들이 석가모니를 신으로 우상화하여
> 이른바 '사람들을 모든 고통에서 구원하는 신'으로 묘사한 것이다.
> 불교에서는 주신으로서 '석가부처'와 함께 보조신補助神으로서 '아
> 라한', '미륵불', '관세음보살', '문수보살', '보현보살' 등 잡다한 '부처'
> 신들을 만들어놓고 있다. 이 보조신들은 대체로 석가모니의 제자들
> 을 신으로 우상화한 '부처'신들로서 이단자와 무신론자들의 공격으
> 로부터 석가모니와 불교를 보호하는 '신'이란 의미에서 숭배대상으
> 로 하고 있다.[207]

한편 불교가 무신론인지에 대해 알아보기 위해 영국의 유명한 불교학
자 콘즈(E. Conze)는 '신'을 3가지로 나누어서 접근하였다. 첫째, 우주를
창조한 인격적 신神인데, 불교에서는 우주의 창조주, 곧 인격적 창조주
에 대해 관심이 없다. 둘째, 비인격적 또는 초세간적으로 받아들여지는
신성神性인데, 불교에서 이러한 신성에 해당하는 것은 열반涅槃이라고
할 수 있다. 여기서 열반의 육화肉化인 불타도 자연스럽게 숭배의
대상이 되었다(대승불교에서는 불타가 신적인 존재로 나타난다). 셋째,
제신諸神의 무리와 천사인데, 불교의 초기문헌에서는 브라만교의 여러

---

207 최봉익, 같은 책, 3~4쪽.

신神을 수용하였고, 나중에는 각 지방출신의 승려들이 각각의 지방신地方神을 수용하였다. 따라서 불교가 '무신론'이라고 할 수는 없고 어느 정도 '유신론'의 모습을 취하고 있다.[208]

이렇게 본다면, 앞에서 소개한 최봉익의 주장, 곧 불교가 초인간적인 신을 맹목적으로 숭배하는 종교라는 것은 아주 틀린 것은 아니지만, 서술의 방식에서 불교에 대해 부정적인 시선을 던지고 있음을 짐작할 수 있다.

최봉익은 불교에 대해 앞에서 말한 것처럼 정의한 다음에 '불교철학의 해독성'이라는 이름 아래 그것이 정치적 측면, 경제적 측면, 민족문화 측면에서 어떤 문제점이 있는지 제시하고 있다. 이제 그 내용에 어느 정도 타당성이 있는지 검토하고자 한다. 그런데 그 타당성을 검토하는 방법으로 최봉익의 주장이 남한의 불교학계와 역사학계, 서구의 불교학계에서 주장하는 것과 비슷한 점이 있는지 비교하는 것에 초점을 두고자 한다.

이러한 비교가 엄밀하게 보면 최봉익의 주장에 대해 학문적 타당성을 부여하는 것은 아닐 것이다. 왜냐하면 최봉익의 주장과 남한학계의 어떤 주장에 공통점이 있다고 해도, 그것이 곧 최봉익의 주장에 타당성을 보증하는 것은 아닐 것이기 때문이다. 그렇지만 이러한 공통점이 최봉익의 주장에 어느 정도 제한적인 의미는 부여할 수 있다고 여긴다.

---

208 E. 콘즈, 한형조 옮김, 『한글세대를 위한 불교』(세계사, 1990/1992), 68~70쪽.

1) 정치적 측면에서 불교 비판

최봉익은 인민의 자주의식을 마비시키고 혁명투쟁을 저해한 불교이론
으로 무아설, 인과보응설, 천당설과 지옥설을 거론하고 있다. 그 비판
의 내용을 소개하고 그 타당성에 대해 검토하고자 한다.

(1) 무아설無我說에 대한 비판과 그 타당성 검토

최봉익은 불교의 '무아설'에서 사람은 아무런 자주성도 없고 독자적
활동을 할 수도 없는 존재라고 보고 있다고 해석한다. 이는 '무아설'에
대한 오해이고 동시에 '무아설'을 상식의 입장에서 접근한 것이라고
할 수 있다. 이 '무아설'에 대해 그는 다음과 같이 지적한다.

> 불교철학은 우리나라에 들어온 첫날부터 시종일관 '호국호왕護國護
> 王', 곧 나라를 보호하고 왕을 보호한다는 간판 밑에 봉건국가와
> 봉건착취제도를 미화 분식하고 합리화하였으며 왕을 비롯한 봉건지
> 배계급의 착취자적, 약탈자적 본성을 가려주면서 근로인민들 속에
> 봉건지배계급에 대한 노예적인 굴종과 무조건적인 순종사상을 적극
> 주입하였다. 불교철학은 무엇보다 먼저 사물에 대한 여러 가지
> 반동적이며 비과학적인 견해를 유포시켰는데, 그 가운데 '무아론'을
> 그 대표적인 실례로 들 수 있다. '무아론'은 사람이란 아무러한 자주성
> 도 없고 독자적인 활동을 할 수 없는 허무한 사회적 존재라는 것을
> 적극 설교하고 나섰다. '무아론'에서는 설교하기를 사람이란 원래
> 신체를 구성하는 물질(색온), 감정(수온), 인상(상온), 의지의 활동
> (행온), 인식(식온) 등 5가지 요소(오온)들의 결합에 의하여 이루어

졌기 때문에 그 어떤 독자적인 '나'라는 것은 있을 수 없다는 것이다. 따라서 사람들은 '나', '나의 것'이라는 관념을 완전히 버려야 한다고 하였다. 사람에 대한 불교의 이러한 견해는 본질상 사람은 아무러한 자주성도 없는 허무한 존재라는 것을 근거 짓기 위한 것 외에 다른 아무것도 아니다.[209]

또한 최봉익은 불교의 '무아설'이 계급사회에서 사람들이 당하는 고통과 불행의 원인에 대해서도 잘못 제시하고 있는 이론이라고 주장한다. 그는 이 점에 대해 다음과 같이 말한다.

불교도들은 설교하기를 계급사회에서 사람들이 당하는 고통과 불행의 원인은 바로 사람들이 '나'라는 독자적인 존재를 인정하고 '나의 것'이라는 욕망을 추구하여 행동하는 데서 생긴다고 하였다. 때문에 사람들은 모든 고통과 불행에서 벗어나 행복하게 살려면 불교를 믿어 '나'와 '나의 것'이란 일체 욕망을 버리고 허무한 정신적 상태에 도달해야 한다고 설교하였다. 말하자면 불교철학은 객관적인 물질 세계는 물론이고 인간 자체도 다 부정해버리는 거기에 바로 행복이 있고 '안식安息'이 있고 진리가 있다고 주장한다.[210]

그러나 앞에서 소개한 최봉익의 지적은 불교의 '무아설'에 대한 오해이다. 콘즈는 무아無我를 정확히 인식할 때 완전한 행복을 얻을 수

---

209 최봉익, 같은 책, 147~148쪽.
210 최봉익, 같은 책, 148쪽.

있다고 주장한다. 그는 자신의 주장을 다음과 같이 명쾌하게 설명한다.

> 우리는 '나'라든가 '나의 것'이라는 관념을 멋대로 지어내는데, 바람
> 직하지 않은 정황의 대개는 이로부터 일어난다. 우리가 만일 자아를
> 떨쳐내 버리게 된다면 어느 심리학자의 말처럼 태아가 자궁에 있는
> 것처럼 완전한 행복, 축복으로 가득한 행복을 누리게 될 것이다.
> '자신이 거기에 있지 않을 때라야 진정 행복하리라'는 주장은 상식적
> 인 사람들에게는 씨가 먹히지 않는 황당무계한 소리로 들릴 법한
> 변증법적인 역설의 하나이다. 어쨌든 이것만은 분명하다. 불행은
> 나 자신을 나 아닌 어떤 것과 동일시할 때, 다른 말로 하자면 '나
> 아닌 것'에서 일어나고 있는 현상을 '나에게서 일어나는 것'으로
> 여길 때 찾아온다.[211]

위에서 소개한 콘즈의 설명에서 분명해지듯이, '무아설'은 상식적
견해에서는 황당한 소리로 들릴 것이다. 최봉익은 상식의 견해에서
무아설에 접근하여 비판하고 있는 것이다. 따라서 이러한 주장이 불교
의 사상을 제대로 이해했다고 평가할 수는 없다. 그렇지만 최봉익의
주장에도 어느 정도의 타당성은 있다고 인정할 수 있다.

그 점은 종교사회학의 대가 막스 베버(Max Weber, 1864~1920)의
견해를 통해서 어느 정도 확인할 수 있다. 막스 베버는 불교가 합리적
경제윤리의 토대를 제시하지 못한다고 평가하고 있다. 막스 베버에
따르면, 불교에서는 관상觀想의 생활을 강조하고, 세상에 대한 극단적

---

211 E. 콘즈, 『한글세대를 위한 불교』, 41쪽.

무관심을 가르치고 종교적 자격을 갖춘 사람들, 곧 승려들이 어떤 모양으로든지 세상에 참여하는 것을 금지하며, 또한 불교에서는 사회 질서를 개혁하고 재산을 모으는 세속 활동을 낮춰 보고 있다고 한다.[212]

물론 필자는 막스 베버가 '불교'라는 종교현상을 바르게 보았다고 생각하지 않는다. 그렇지만 피상적으로 볼 때 불교에서 적극적인 생산 활동을 하지 않는 것처럼 보이는 것은 사실이고, 따라서 막스 베버나 최봉익의 주장처럼 '불교'라는 종교현상을 관찰하고 판단할 수 있다고 본다.

(2) 인과보응설에 대한 비판과 그 타당성 검토

최봉익은 불교의 '무아설'이 사람들의 자주성을 마비시키는 이론이라고 한다면, 현생現生의 행복과 불행은 전생前生의 결과라고 하는 '인과보응설'은 사람들의 창조적 활동과 주동적인 역할을 말살하기 위한 이론이라고 주장한다. 그는 이 점을 다음과 같이 설명한다.

인과보응설은 사람들의 생활을 전생, 현생, 내생의 3가지로 구분하고 사람들의 현재생활에서 행복하고 불행하며 부귀하고 비천한 차이는 바로 전생의 결과라고 하였다. 그러면서 '인과보응설'은 현재 생활에서 사람들이 불행하고 비천한 것은 전생에서 나쁜 행동을 저질러놓은 데서 초래된 피치 못할 운명이라고 하면서 이것은 그 어떤 힘으로도 개변할 수 없는 것인 만큼 참고 견디어야 한다고 설교하였다. 만일 사람들이 현생의 고통을 참지 못하고 착취자들을

---

212 오경환, 『종교사회학』, 222쪽.

반대하거나 침략자들에게 대항하면 내생에서 역시 큰 고통을 받게
되므로 사람은 영원히 고통에서 벗어날 수 없다는 것이다.[213]

그런데 남한의 역사학계에서도 이 문제에 대해 서로 반대되는 주장이
제기되고 있다. 우선 이기백은 '인과보응설'을 의미하는 윤회전생사상
輪廻轉生思想이 골품제도骨品制度라는 엄격한 신분제도를 긍정하는 이
론적 근거라고 주장한다. 그 내용을 자세히 알아보면 다음과 같다.

> 윤회전생사상은 현세現世와 내세來世를 연결시켜 줄 뿐만 아니라
> 현세現世를 전세前世와 연결시켜 준다. 곧 현세에서 벌어지는 모든
> 사실을 전세의 결과라고 보는 것이다. …… 이 같은 공덕功德사상
> 혹은 인과응보설因果應報說에 근거를 둔 윤회전생사상은 골품제도
> 라는 엄격한 신분제도를 긍정할 수 있는 이론적 근거를 마련해
> 줄 수 있었던 셈이다. 그러므로 신라의 지배귀족들이 이 윤회전생사
> 상을 그들의 신분적 특권을 옹호해주는 이론으로 받아들였을 것임은
> 충분히 추측할 수가 있는 일이다. 말하자면 그들은 모두 전세에서
> 어떤 그럴 만한 공덕功德의 응보應報로써 귀족으로 태어났다고 믿었
> 을 것이며, 또 그것은 당연한 일로 사회적으로 용납되어야 한다고
> 생각했을 것이다. 이렇게 생각할 때에 윤회전생사상은 신라의 골품
> 제도를 강력히 뒷받침해 준 이론으로서 신라의 지배세력인 진골귀족
> 眞骨貴族들로부터 크게 환영을 받았을 것이라고 생각해도 좋지 않을

---

213 최봉익, 『봉건시기 우리나라에서의 불교철학의 전파와 그 해독성』, 149쪽. 그리고
같은 책, 8쪽에 같은 취지의 내용이 소개되어 있다.

까 한다. 이러한 점은 통일 뒤에 진골귀족을 중심으로 한 골품제도에
비판적이던 육두품귀족이나 평민 혹은 천민들이 윤회전생사상에
대해 비판적이었던 사실에서 또한 증명이 된다.[214]

이 주장에 대해 김상현은 반대한다. 그 요점은 이기백이 '윤회업보'를
'숙명론'으로 받아들이고 있는 점에 문제가 있고, 또한 '윤회업보'에
다양한 측면이 있기 때문에 어느 계층에만 유리하게 작용하는 이론이
아니라는 것이다. 여기서는 김상현의 주장의 일부분만을 살펴보고자
한다.

특히 불교의 업설業說이나 윤회설에 대한 이기백의 인식에는 문제가
있다. 업보윤회를 숙명론으로 이해하는 것이 그렇다. 과거에 이미
정해져 버린 업인業因에 의해 그 필연적으로 따라오는 결과인 업보業
報는 변경되지 않고 어찌할 수도 없이 받아들일 수밖에 없는 것이라
고 이해하면 업설은 숙명론이 되고 만다. 물질적인 존재에는 이
같은 필연성이 적용되겠지만 의지적 행위가 가능한 인간에게는
다르다. 불교에서 말하는 업은 곧 의지적인 행동을 의미한다. 따라서
불교의 업설은 숙명론을 배척하고 주체적인 행위를 자각적으로
행해 나가도록 하는 사상이다. 의지는 한계 지어진 것이 아니다.
어떠한 것이라도 밖에서 의지를 한정시키는 것은 업설이 아니다.
불교의 업보윤회사상을 초인간적인 힘에 의해 전세前世의 업보가

---

214 이기백, 「신라초기불교와 귀족세력」, 『신라사상사연구』(일조각, 1986/1994),
91쪽, 93쪽.

현세現世에 전생한다고 이해하거나 신분제도를 뒷받침해 준 이론으로 해석하는 것은 잘못이다. 불교의 업설이야말로 신분(의 결정)에 대한 행위의 강조에 기본 뜻이 있기 때문이다.[215]

필자는 두 견해에 각각 어느 정도 타당성이 있다고 본다. 불교의 이론에서 보자면 김상현의 주장처럼 윤회전생사상이 숙명론을 의미하는 것이 아니지만, 한편 현상의 차원에서 보자면 윤회전생사상이 골품제도를 옹호하는 데 사용되었을 가능성도 충분히 있다고 생각된다. 이에 대해서는 보다 면밀한 검토가 요구된다고 하겠다. 여기서는 최봉익의 주장이 과연 타당할 수 있는지에 대해서만 초점을 맞추고자 한다.

앞에서 소개한 대로 인과보응설을 의미하는 윤회전생사상의 사회적 역할에 대해 긍정적 시각과 부정적 시각이 있다면, 그 점은 인과보응설이 논란의 대상이 되고 있음을 말해주는 것이고, 이처럼 최봉익의 주장(인과보응설에 비판적 시각)을 함축하는 학설이 논란이 되고 있다면, 이는 최봉익의 주장이 어느 정도 타당성이 있을 수 있음을 시사하는 것이라고 생각된다.

(3) 천당설과 지옥설에 대한 비판과 그 타당성 검토

최봉익은 불교의 '천당설'과 '지옥설'이 현실도피사상과 굴종사상을 퍼뜨렸다고 주장한다. 그는 이 점을 다음과 같이 말하고 있다.

---

215 김상현, 「신라 중고기 불교사상의 사회적 의의」, 『신라의 사상과 문화』(일지사, 1999/2003), 282쪽.

불교철학은 또한 '천당설(극락설)'이나 '지옥설'과 같은 종교적 환상을 퍼뜨려놓음으로써 사람들에게 현실도피사상과 노예적인 굴종사상을 부식시켰다. 불교철학은 사람이 살아서 '착한 일'을 하면 죽어서 천당에 가고, '악한 일'을 하면 죽은 다음 지옥에 가서 무서운 형벌을 받는다고 기만적인 설교를 함으로써, 사람들로 하여금 현실생활에 무관심하게 하고 환상에 사로잡혀 자기 나라나 자기 민족의 운명을 돌보지 않고 일생을 노예적인 굴종 속에 살아가게 하려고 하였다.[216]

남한의 역사학계에서도 이와 비슷한 주장이 있다. 그렇지만 결론에서는 동일한 점이 있지만 그 결론을 이끌어내는 과정에서는 상당히 다르다. 그것은 '극락설'을 의미하는 '정토신앙'이 골품제도와 전제정치에 대해 비판적인 것이었지만 실제로는 타협적인 모습을 취하게 되었다는 것이다. 이러한 내용을 이기백은 다음과 같이 말한다.

현세도피적이고 염세적인 정토신앙은 현실문제에 대한 비판과 반항 정신을 그 속에 내포하고 있다고 보아야 할 것이다. 그리고 그 비판의 구체적인 대상은 그들로 하여금 현실에서 불행을 감수하지 않을 수 없게 한 골품제도요, 골품제도를 디디고 서 있는 전제정치였던 것이다. 다만 그들의 비판과 반항은 적극적인 것이 아니라 소극적인 것이었다. 그러나 이 정토신앙은 전국 방방곡곡의 원숭이같이 무지몽매한 사람들 사이에서도 들판의 불길처럼 번져나갔다. ······

---

216 최봉익, 『봉건시기 우리나라에서의 불교철학의 전파와 그 해독성』, 149~150쪽. 그리고 같은 책, 8~10쪽에 같은 취지의 내용이 소개되어 있다.

정토신앙에 대한 정부의 정책은 이를 탄압하는 것보다는 이를 흡수
하고 회유하는 방향에서 이루어졌다. 그것은 정토신앙이 근본적으
로는 현실에 대해서 비판적 성격도 있었지만, 한편으로 정토신앙은
현세를 개혁해서 지상에 이상세계를 건설하려는 것이 아니라, 현세
를 떠나서 내세에 이를 기대하는 것이기 때문이다. …… 그러므로
정토신앙은 근본에서는 전제왕권에 비판적인 것이었음에도 불구하
고 실제에서는 오히려 타협적인 국면을 나타나게 되었다고 생각하는
것이다.[217]

이처럼 이기백의 견해는 북한학계의 최봉익의 주장과 결론에서는
비슷한 점이 있지만 그 결론을 이끌어내는 과정은 상당히 다르다고
할 수 있다. 그렇지만 여기서 최봉익의 주장의 타당성을 검토하는
데 초점을 맞춘다면, 남한학계에서도 최봉익과 비슷한 견해를 가진
학자가 있는 것으로 미루어 볼 때, 최봉익의 주장에 어느 정도의 타당성
을 부여할 수 있다고 생각한다.

2) 경제적 측면에서 불교비판

최봉익은 경제적 측면에 관한 불교비판으로서 다음의 3가지 항목을
제시한다. 첫째, 불교는 창조적인 생산활동을 방해하고, 둘째, 불교사
원을 대대적으로 건설하고 방대한 토지를 점유해서 생산발전을 저해하
며, 셋째, 불교계에서 나라의 재정을 마구 탕진하여 경제를 파탄시킨다
는 것이다. 여기서는 그 내용을 2가지로 정리해서 알아보고, 그 주장의

---

217 이기백, 「정토신앙과 신라사회」, 『신라사상사연구』, 186~188쪽.

타당성을 검토하고자 한다.

(1) 창조적인 생산활동을 방해했다는 비판과 그 타당성 검토

최봉익은 불교에서 욕망을 제거해야 한다는 주장을 해서 사람들의 생산의욕과 창조적인 생산활동을 방해했다고 주장한다. 그는 이 점을 다음과 같이 말한다.

> 불교철학은 사회의 모든 화근이 사람들의 욕망(혹은 욕심)에서 기인된다고 떠벌이면서 나라가 '정국(깨끗한 것)'으로 되자면 모든 사람의 욕심을 제거해버려야 한다고 설교하였다. 불학자佛學者들은 '세속5계'니, '팔관법'이니 하는 허다한 금욕주의적 종교도덕규범을 만들어 퍼뜨렸으며, 자칭 '빈도'로 자처하면서 사람들에게 좋은 음식도 먹지 말라, 좋은 의복도 입지 말라, 좋은 집에서 살지도 말라, 심지어는 좋은 노래도 듣지 말라, 아름다운 것을 보지도 말라는 등등 금욕주의에 대하여 잡다한 망설들을 늘어놓았다. 그러면서 그들은 이렇게 해야만 사람은 고통에서 벗어나고 죽어서 '극락세계'에도 갈 수 있다고 하였다. 이것은 결국 사람들의 머릿속에 금욕주의와 패덕悖德사상을 불어넣음으로써 그들을 무능력한 존재로 만들기 위한 반동적인 궤변에 지나지 않는 것이다.[218]

그렇지만 이러한 주장은 관점의 차이라고 할 수도 있다. 같은 현상을 두고 긍정적으로 보는 학자도 있다. 슈마허(E. F. Schumacher)는 『불교

---

[218] 최봉익, 『봉건시기 우리나라에서의 불교철학의 전파와 그 해독성』, 150~151쪽.

경제학』에서 최봉익이 말하는 '금욕주의적 경향'에 대해 긍정적인 평가
를 내린다. 슈마허는 불교경제학의 기조는 '간소화'와 '비폭력'에 있다고
주장한다. 그는 이 내용에 대해 다음과 같이 주장한다.

> 물질주의자는 주로 재화에 관심을 갖지만, 불교도는 주로 해탈에
> 관심을 갖는다. 하지만 불교는 '중도주의'이기 때문에 물질적 복지를
> 결코 적대시하지 않는다. 해탈의 길을 가로막는 것은 부富가 아니라
> 부에 대한 집착이며, 유쾌한 일을 즐기는 것이 아니라 이에 탐닉하여
> 갈망하는 것이다. 따라서 불교경제학의 기조는 '간소화'와 '비폭력'
> 에 있다. 경제학자의 관점에서 불교도의 생활양식을 보고 놀라는
> 점은 그 완벽한 합리성과 엄청나게 간결한 수단으로 엄청나게 만족
> 스러운 결과를 이끌어내는 것이다.[219]

이처럼 최봉익은 불교에서 욕망을 버리라고 한 것이 생산의욕과
창조적 생산활동을 방해하는 것이라고 보았는데, 『불교경제학』의 저
자 슈마허는 같은 내용을 '간소화'와 '비폭력'으로 바라보면서 경제학의
대안이 될 수 있다고 보고 있다. 이 두 사람의 주장이 서로 반대되지만,
불교이론이 경제활동에 어떤 영향을 주는지에 대해 각각 다른 관점을
제시하는 것으로 이해할 수 있다. 그렇다면 최봉익의 주장에도 어느
정도의 타당성을 인정할 수 있다고 생각한다.

---

219 E. F. 슈마허 지음, 김정우 옮김, 『불교경제학』(대원정사, 1987/1988), 62쪽.

(2) 생산발전을 저해하고 나라의 재정을 낭비했다는 비판과 그 타당성 검토

최봉익은 불교사원을 대대적으로 건설하고 불교사원이 방대한 토지를 점유한 것이 생산발전의 저해요인이 되었다고 지적한다. 이 점에 대해 그는 다음과 같이 말하고 있다.

불교도들은 다른 사람들에게는 금욕주의를 설교하면서도 자신들은 가장 가혹한 봉건지주들이었으며 착취자들이었다. 봉건시기 우리 나라에는 수천 수백 개의 불교사원들이 도처에 존재하였으며 이들은 거의 모두가 토지점유자들이었다. 심지어 어떤 사원들은 세속 지주들을 능가하는 수천수만 경(頃)의 토지를 차지하고 있으면서 근로인민들을 가혹하게 착취하고 그들의 생활을 도탄 속에 밀어 넣었다. 심지어 큰 사원들은 고리대업과 양주업 같은 것까지 독점하고 있으면서 근로인민들을 착취하였다. 이밖에도 불교사원들은 자기들의 특권을 이용하여 근로인민들을 각종 부역과 잡역에 마음대로 징용하여 경제적인 착취를 서슴없이 감행하였다.[220]

또한 최봉익은 고려시대의 불교계에서 여러 행사와 종교시설의 설치를 통해서 나라의 재정과 경제를 탕진하고 파탄시킨 점을 지적한다. 이 점에 대해 그의 말을 들어보자.

불교에는 종교적인 시설과 미신행사들이 특별히 많고 번다하다. 불교는 봉건통치배들의 적극적인 지지와 비호 밑에 허다한 종교

---

220 최봉익, 『봉건시기 우리나라에서의 불교철학의 전파와 그 해독성』, 151쪽.

미신적 시설들을 갖추고 종교미신행사들을 수없이 감행하였다.
불교의 소굴인 절간건설에 낭비된 인력과 재력만 해도 대단한 것이
었다. 불교가 들어오면서부터 이조말까지 건설된 불교사원만 해도
수천 수백 개에 달하며 고려시기 송도에 있는 절간만 해도 700여
개소가 되었다. 그중에서도 '홍왕사'와 같이 큰 절간들은 그 방의
숫자만 해도 무려 2,800여 칸이나 되었고 여기에 동반되는 불상,
불탑, 불종을 비롯한 부설물附設物들과 그것을 둘러싸고 진행된
잡다한 미신행사들에 낭비한 재정과 노력을 계산하면 실로 놀랄
지경이다. 이밖에도 매개每個 절간에는 적어야 수십 명, 많은 데서는
심지어 천여 명의 중들이 놀고먹으면서 국가와 인민의 재산을 마구
탕진하였다. 뿐만 아니라 봉건국왕들은 해마다 '반승'이라 하여 중놈
들을 모아 놓고 수십 일씩 잔치를 열고 부처에게 기도를 드린다고
하면서 국가의 재정을 탕진하였다. 특히 고려시기 중요한 불교적
행사로 진행된 『고려대장경』 간행 같은 것은 막대한 경제적 및
노력의 낭비를 하면서 16년이라는 오랜 시일에 걸쳐 완성되었던
것이다.[221]

이러한 최봉익의 주장, 곧 불교사원을 대대적으로 건설하고 방대한
토지를 점유해서 생산발전에 저해했고, 나라의 재정을 탕진했다는
주장에 대해서 남한의 불교학계에서도 비슷한 견해를 제시하고 있다.
이재창은 이러한 내용에 대해 다음과 같이 지적한다.

---

221 최봉익, 같은 책, 151~152쪽.

사원건립의 경우를 보더라도 수도의 도량치고는 너무나 규모가 크고 호화로웠는데, 그것은 그대로 접어둔다고 하더라도 부단하고 빈번한 창건불사創建佛事 작흥作興의 결과는 국고의 탕진과 고갈을 초래했을 뿐만 아니라 노역동원으로 백성들을 크게 괴롭혔고, 노비의 경우에는 자비의 사상과 평등의 원리로 볼 때 노비제를 타파해야 할 사원이 오히려 노비의 법손상전法孫相傳을 놓고 쟁의를 벌이는가 하면, 관官에 그 해결을 제소하는 어처구니없는 사태마저 연출하게 되었다. 또한 사원소유의 전지 확대에 있어서도 수동적·소극적인 전지田地의 획득과 확대만으로도 충분했을 터인데 능동적·적극적으로 더구나 엄연히 주인이 있는 소유의 전지마저 탈점해버리는 비합법적인 처사를 자행하기도 하여 사원 자신은 대토지소유자로 등장케 되었지만 사회경제에 위협을 주고 그 질서를 더욱 어지럽히기도 하였다. 거기에다 각종 수공업에도 관여하고 상행위도 하였는가 하면 국가에서 금지한 양주釀酒에도 손을 뻗쳐 불자佛者의 계율마저 어겼고, 불사佛事의 비용조달과 복지활동의 자금을 마련하기 위한 각종 보寶의 운영에서도 고리高利를 취하여 국민들의 원성을 사기도 했으니 고려 사원경제의 폐단치고는 너무도 큰 것이었다.[222]

위의 내용을 비교해 본다면, 북한학계의 최봉익의 주장과 남한학계의 이재창의 주장의 차이점은 표현의 강도에 있을 뿐이지 거의 같은 내용을 말하고 있다고 생각된다.

---

[222] 이재창, 『한국불교사원경제연구』(불교시대사, 1993), 139~140쪽.

3) 민족문화의 측면에서 불교비판

최봉익은 우리나라가 독자적인 고유한 문화를 가진 나라인데, 불교를
비롯한 외래문화가 들어와서 민족문화를 오염시켰다고 주장한다. 그
는 이러한 내용을 다음과 같이 말하고 있다.

> 불교철학은 종교철학 가운데서도 관념론적으로 가장 세련된 종교철
> 학으로서 그 본질은 일체 유물론적이며 과학적인 사상들을 부정말살
> 하고 모든 것을 절대관념이나 주관의식의 산물로 간주하는 가장
> 비과학적이며 관념론적인 종교철학이다. 따라서 불교철학이 민족
> 문화영역에 침습浸濕하게 되면 모든 문화의 내용들을 예외 없이
> 그 어떤 초현실적이며 환상적인 것으로 만들어놓는 것이다.[223]

이러한 관점에서 최봉익은 불교가 한국의 철학, 문학, 예술, 자연과
학 분야에도 침투해서 해독을 끼쳤다고 주장한다.[224] 이러한 주장은
불교에 대해 부정적 판단을 내리고 그 전제 아래에서 민족문화에 대해
좋지 않은 영향을 주었다는 것이므로, 필자는 최봉익의 주장에 동의하
지 않는다.

나아가 최봉익은 근현대의 시기에서도 불교가 민족문화에 부정적
영향을 미치고 있다고 주장한다. 곧 일제 강점기에는 불교계를 장악하
고 있는 일부의 승려가 친일행적을 하였고, 해방 후에는 정권을 홍보하
고 유지하는 데 불교가 이용당하고 있다는 것을 강한 어조로 말하고

---

223 최봉익, 『봉건시기 우리나라에서의 불교철학의 전파와 그 해독성』, 153쪽.
224 최봉익, 같은 책, 154~155쪽.

있다. 그의 말을 들어보자.

특히 일제통치시기에 불교는 일제침략자들의 부추김을 받아 다시 소생되면서 놈들의 식민지 통치를 위하여 적극 복무하였다. 일제는 우리나라를 강점하자마자 소위 '사찰령'이라는 반동령을 제정하고 우리나라의 불교사원과 불교도들을 자기 손아귀에 틀어쥔 다음 그 후 계속하여 '조선총독부령'이니 '사찰령시행규칙'이니 하는 잡다한 종교악법들을 통하여 불교를 제 놈들의 식민지통치수단의 주요한 도구로 만들어 놓았다. 따라서 일제시기 놈들에게 매수된 반동적인 불교승려 상층분자들은 민족반역자로 전락하여 매국배족賣國背族의 갖은 만행을 다하였으며 우리 인민들의 반일민족해방투쟁을 각 방면으로 저해하였다. 현재 남반부에서 불교는 미제와 그 주구인 매국역적 박정희 괴뢰도당의 부추김 밑에 많은 신도들을 보유하고 있으면서 남조선인민들의 혁명투쟁을 진압하는 사상적 도구로 이용되고 있다.[225]

위에 소개한 최봉익의 주장은 분명히 정치색을 가지고 있는 것이다. 여기서는 그 정치색을 배제하고 보고자 한다. 이런 입장에서 본다면, 남한학계에서 그와 비슷한 논의가 없는 것은 아니다. 우선 남한학계에서도 일제식민지 시기에 대부분의 본사 주지는 친일문제의 소지가 있다고 보고 있다. 박경훈은 "이 같은 사찰령에 의해서 임명된 주지(30본산 주지는 총독부에서 임명하고 그 밖의 주지는 도지사가 임명한다)는

---

225 최봉익, 같은 책, 155~156쪽.

자연히 총독부 식민정책의 하수인이 되어 친일의 앞잡이가 된다"고
주장한다.[226] 그리고 남한학계에서도 해방 이후에 불교계가 정권에
협조적이었다는 점에 대해 비판하는 글도 있다(이런 연구경향이 주된
흐름이라고 말할 수는 없을 것이다). 김영국은 다음과 같이 지적한다.

> 1960년대 반일 및 삼선개헌 반대운동, 1970년대 유신독재철폐운동,
> 1980년대 민족자주화 통일운동의 기나긴 민주화 역사 동안 불교계
> 가 한 일은 정권의 편에 서서 지지성명을 내거나 국가원수를 위한
> 기도회 개최가 고작이었다. 교단은 중생의 고통을 구제한다는 불타
> 의 가르침에도 불구하고 이 땅의 민중이 고통 받는 역사의 현장에는
> 언제나 외면하는 반불교적인 모습을 보여 왔으며 이것은 호국불교라
> 는 가면으로 청와대, 도선사, 호텔 등에서 연출되었다.[227]

필자는 위에 소개한 최봉익의 주장에서 정치적 의도가 있는 것은
배제하고 보아야 한다고 생각한다. 그렇게 본다면, 남한의 학계에서도
근현대 시기의 불교의 부정적 역할에 대한 최봉익의 주장과 비슷한
견해를 제시하고 있음을 확인할 수 있다. 따라서 최봉익의 주장에
어느 정도의 타당성은 부여할 수 있다고 생각한다.

226 박경훈, 「일제하의 친일불교」, 『민족불교』 창간호(동광출판사, 1989), 93쪽.
227 김영국, 「반공이데올로기와 어용불교」, 『민족불교』 창간호, 99쪽.

5. 결론

이 글에서는 북한의 불교철학(불교학) 연구를 어떻게 평가할 것인지 검토하였다. 이제 그 내용을 정리하고 필자의 견해를 간단히 첨가하고자 한다. 2절에서는 북한 불교계의 변화과정을 알아보고 북한 불교계의 한 모습에 대해 살펴보았다.

3절에서는 북한의 불교연구의 원칙이 남한학계에 어떤 의미를 가질 수 있는지 검토하였다. 북한의 불교연구의 원칙은 주체성의 원칙, 당성·노동계급성의 원칙, 역사주의적 원칙인데, 이 가운데 '주체성의 원칙'과 '역사주의적 원칙'은 남한학계에서도 어느 정도 수용될 수 있는 것이라고 생각한다. '주체성의 원칙'은 주인의 입장에서 불교를 연구하자는 것이고, 이것을 남한의 관점에서 이해하면 한국불교전통을 무조건 미화하지도 말고 그렇다고 해서 한국불교전통을 현대의 관점에서 무조건 비판하지도 말자는 것이라고 할 수 있다.

'역사주의적 원칙'은 불교를 이해하기 위해서 역사적 조건과 환경을 검토해야 한다는 것인데, 이는 남한학계에서도 이미 주장하고 있는 것이면서 동시에 수용할 수 있는 것이기도 하다. 나아가 북한학계에서 주장하는 역사관, 곧 유물론과 계급투쟁의 관점이 역사를 바라보는 유일의 잣대가 될 수 없다고 본다. 역사를 바라보는 다양한 관점이 있고, 그 다양한 역사적 관점에서 불교를 조명할 때 새로운 불교 이해가 생겨날 것이라고 기대한다. 그래서 북한학계에서는 불교에 관한 역사 이해에서 경직된 태도를 보이고 있다고 생각한다.

'당성·노동계급성의 원칙'은 남한의 입장에서는 수용하기 어려운 것이다. 어느 한편에 서서 불교를 이해한다는 것에는 찬성할 수 없다. 그렇지만 대다수 근로대중의 관점에서 불교를 이해하는 것을 제한적으로 수용한다면 불교에 대한 새로운 시각이 열릴 수 있을 것이라고 생각한다. 이렇게 본다면 북한의 불교연구의 원칙에서 '주체성의 원칙'과 '역사주의적 원칙'은 남한학계에서 잘 수용해서 연구할 수 있는 것이고, '당성·노동계급성의 원칙'은 원칙적으로 수용할 수는 없는 것이지만, 근로대중의 관점에서 불교를 보는 것을 제한적으로 수용할 수는 있을 것이라고 생각한다.

그리고 최봉익은 3가지 원칙을 제시하기 전에 사람을 중심으로 생각하고 사람을 위해서 복무한다는 주장을 제시하였는데, 이 관점에서 불교(철학과 문화)를 조명한다면 불교의 새로운 측면이 드러날 가능성이 있다고 본다. 나아가 북한학계에서는 사람을 중심으로 생각하고 사람을 위해서 복무한다는 것을 주장하기는 하지만, 그것이 불교연구의 내용에 실제로 반영되었다고 생각하기는 힘들다.

4절에서는 북한의 불교비판에 어느 정도 타당성을 부여할 수 있는지 검토하였다. 필자는 북한의 불교비판에 대해 총론적인 관점에서는 반대한다. 하지만 개별 항목을 하나하나 따져보면, 그 비판의 항목을 전면적으로 수용할 수는 없지만, 불교비판의 타당성에 제한적인 의미를 부여할 수는 있다고 생각한다(물론 그 가운데 타당성을 부여할 수 없는 주장도 있다).

우선 최봉익은 정치적 측면에서 불교 비판을 하고 있는데, 그 내용은 무아설, 인과보응설, 천당설과 지옥설에 관한 것이다. '무아설'에 대한 비판은 사람이 자주성도 없고 독자적인 활동을 할 수 없는 허무한 사회적 존재라고 본다는 데 있다. 이러한 주장은 불교사상을 제대로 이해하지 못한 것이다. 그렇지만 '불교'라는 종교현상을 피상적으로 본다면, 불교에서 적극적인 사회참여를 권하지 않는 분위기가 있는 것은 분명하므로 이런 점에 기초해서 무아설을 최봉익의 주장처럼 이해할 수도 있다고 본다. 다시 말해서 최봉익의 무아설 이해가 옳은 것은 분명히 아니지만, 피상적인 관점에서 그렇게 판단할 수 있다고 생각한다.

그리고 '인과보응설'과 '천당설'과 '지옥설'에 대한 비판은 남한학계에서도 비슷한 주장이 있고, 특히 '인과보응설'에서는 남한학계에서도 서로 반대되는 주장이 있을 만큼 첨예한 문제이다. 이러한 문제에 대해 최봉익은 자신의 관점을 제시했고, 필자는 그 주장에 대해 완전히 동의하지는 않지만, 그래도 하나의 주장으로서 어느 정도의 타당성은 인정할 수 있다고 생각한다.

그 다음으로 경제적 측면에서 불교를 비판하는 것은 창조적 생산활동을 방해했다는 점과 나라의 재정을 낭비했다는 것이다. 먼저 불교가 창조적 생산활동을 방해했다는 것은 관점의 차이로 받아들일 수 있다. 『불교경제학』의 저자 슈마허는 최봉익이 비판하는 불교의 금욕주의적 경향에 대해 '간소화'와 '비폭력'의 입장에서 긍정적으로 바라본다. 동전의 앞뒷면처럼 어떤 현상을 긍정적으로 볼 수도 있고 부정적으로 볼 수 있는 것이므로 최봉익의 주장은 불교의 금욕주의적 경향에 대해 부정적으로 본 것이다. 따라서 필자는 최봉익의 비판에 완전히 동의하지는 않지만, 그래도 그러한 문제제기는 충분히 가능한 것이라고 생각한다. 그리고 불교가 생산활동을 저해하고 나라의 재정을 낭비했다는 비판에 대해서 표현의 강렬함에 차이가 있겠지만 남한학계에서도 거의 같은 주장을 하고 있다.

그 다음으로 민족문화의 측면에서 불교를 비판하는 것은 불교를 비롯한 외래문화가 민족문화를 오염시켰다는 것인데, 이는 불교에 대해 부정적 평가에 기초한 비판이기 때문에 필자는 수용할 수 없다. 그리고 최봉익은 근현대시기에 불교가 민족문화에 부정적 영향을 끼쳤다고 주장하는데 여기에는 정치색이 들어가 있다. 그 정치색을 배제하고 최봉익의 주장을 바라보면, 남한의 학계에서도 비슷한 주장을 하고 있다. 물론 현대시기 한국불교의 역할에 대해 비판하는 입장은 남한학계에서는 영향력이 작은 주장에 속한다. 그렇다고 해도 남한학계에서도 최봉익의 주장과 비슷한 내용을 말하고 있는 점을 감안하면, 하나의 학설로서 최봉익의 견해를 인정할 수 있다고 생각한다.

그러면 북한의 불교비판에서 남한학계에서 무엇을 배울 수 있을 것인가? 총론적인 입장에서 북한학계의 불교비판은 수용할 수 없다. 그렇지만 불교가 민족문화에 부정적 영향을 끼쳤다는 주장을 제외하고, 개별 항목에 대해서 일정 부분 그 타당성을 인정할 수 있다(남한학계에서도 비슷한 주장을 한 것이 적지 않다). 일정 부분 인정할 수 있는 불교비판의 항목의 관점(무아설, 인과보응설, 천국설과 지옥설 등)에서 다시 '불교'라는 종교현상을 바라본다면, 문제를 제기한 북한학계에서 의도하지 않은 새로운 지평이 열릴 것이라고 기대한다. 그것은 아마도 불교에 대한 객관적인 이해이고, 불교에 대한 긍정적 시각에 기초한 비판적 안목일 것이며, 그것이 바로 남한학계와 북한학계의 창조적 융합일 것이다.

9장 최봉익 불교관의 특징

1. 서론

최봉익은 정성철, 정해섭과 더불어 북한의 조선철학 연구자의 대표적 인물 가운데 한 사람이다. 최봉익의 주요한 저술로는 「김시습의 철학사상」, 『철학연구』(1962년 4호), 「원효의 논리사상」, 『철학연구』(1966년 4호), 『조선철학사상연구(고대-근세)』(사회과학출판사, 1975), 『봉건시기 우리나라에서의 불교철학의 전파와 그 해독성』(사회과학출판사, 1976), 『조선철학사개요』(사회과학출판사, 1986) 등이 있다.[228]

한편 남한학계에서는 북한의 조선철학 연구의 특징에 대해 이미 연구하였다. 그 특징의 요점은 변증법적 유물론으로 조선철학을 판단한다는 것이다. 조선시대의 성리학의 내용에 변증법적 유물론을 적용

---

228 이훈, 「북한철학의 흐름」, 『시대와 철학』 5권-2호 (한국철학사상연구회, 1994), 20쪽.

하면, 이理는 관념론이고 기氣는 유물론이며, 변증법은 음양陰陽이
짝하고 있는 점에서 찾고 있다.[229] 그렇지만 북한학계의 신라시대와
고려시대의 불교철학의 연구 성과에 대해서 남한학계에서 세밀히 검토
한 연구논문은 거의 없다.[230] 물론 북한학계의 불교철학 연구도 변증법
을 발견하는 것에 그 특징이 있지만, 현재 남한학계에서 그것이 어떤
내용으로 나타나는지에 대해 분명하게 검토한 연구는 없다고 할 수
있다. 이 논문에서는 이런 점에 착안해서 북한의 대표적 불교학자인
최봉익의 불교관의 특징에 대해 살펴보고자 한다. 이를 위해서 중국학

---

229 손영식, 「오늘날 한국철학에서 두 가지 쟁점」, 한국철학사상연구회 지음,『논쟁으
　　로 보는 한국철학』(예문서원, 1996), 298~300쪽. 그리고 이준모, 「조선철학사에
　　적용된 유물사관」,『조선철학사연구』(광주, 1988)에서『조선철학사 상上』의
　　내용에 대해 마르크스의 관점에서 조목조목 비판하고 있다. 예를 들면, 326~327
　　쪽에서『조선철학사上』의 부족한 점을 다음과 같이 지적한다. "만약에 불교가
　　무언가 대중을 설득시킬 수 있는 긍정적 요소를 내포하고 있지 않았다면 그들을
　　몽매화할 수조차 없었을 것이다. 또한 현실문제에 대한 주자학의 중시와 합리적
　　요소의 구체적, 물적物的 내용을 유물론적인 방법에 따라 규명했어야 할 것이다."
　　같은 논문 330쪽에서는 주자학에 대한 자신의 입장을 다음과 같이 밝히고 있다.
　　"그것(이조 성리학자들의 의도)은 농업적 산업 속에서 하나로 묶여진 인간의
　　자연적 활동과 자연의 인간적 대상성對象性의 두 계기를 지배·피지배의 관계
　　아래서 노동분업 속에서 분리하고, 분리된 채로 연결하여 노동의 지배·피지배관
　　계를 마치 자연적인 것처럼 속이는 지배이데올로기의 기능인 것이다." 그러나
　　필자는 이 논문의 주장에 찬성하지 않는다. 이 주장은 성리학의 전반에 대한
　　철저한 비판이기 때문이다. 그리고 이 논문 속에서 자신의 주장을 입증할 만한
　　어떠한 예문도 제시하지 않았다.
230 선행연구로서 이평래, 「한국불교학의 관념론적 해석에 대한 비판」,『동서철학연
　　구』5호(한국동서철학연구회, 1988) 등이 있다.

계의 불교관과 비교를 시도하며, 또한 최봉익이 1986년에 북한 사회과
학출판사에서 출판한『조선철학사개요』(이것을 1989년 한마당에서 다
시 출판하였음)를 중심으로 해서 그 이전의 북학학계의 연구동향과
최봉익의『봉건시기 우리나라에서의 불교철학의 전파와 그 해독성』(사
회과학출판사, 1976)의 내용과도 비교하고자 한다.

북한학계의 불교관을 살펴보기 위해 이 글에서 검토한 문헌은 1960년
에 발행한 정진석·정성철·김창원 공저『조선철학사연구(원제: 조선철
학사 상上)』(이 책의 2판이 1961년에 나왔고, 이것을 1988년 도서출판 광주에
서 이 책의 일본어 번역까지 참조해서 다시 출판하였음)과 앞에서 언급한
최봉익의 두 저술이다. 그리고 논의의 전개과정에 대해 간단히 언급하
면, 2절에서는 중국학계의 불교관에 대해 간단히 소개하고, 3절에서는
북한학계의 불교 이해의 변화과정을 밝히며, 4절 결론에서 최봉익
불교관의 특징에 대해 간단히 서술하고자 한다.

2. 중국학계의 불교관 소개: 변증법적 유물론과 사적 유물론의 관점에서 본 불교연구

중국에서는 1950년대 후반 특히 문화대혁명 기간 동안에 종교와 신앙에
대한 자유가 왜곡되고 짓밟혀 불교계의 여러 지도적 인물들과 일반
신도들까지도 박해를 받았다. 사원은 물론이고, 불교와 관련되는 물품
과 서적들까지도 정도의 차이는 있지만 파괴되고 훼손되었다. 그러다
가 문화혁명 후 1978년 11차 삼중전회三中全會가 열리고서 그 이후로는
무시되었던 종교의 자유가 인정되어 신도들은 신앙생활을 할 수 있었

고, 파괴되었던 사원들도 점차적으로 복구되었다. 중국불교협회는 중국의 여러 민족의 불교신도들이 연합해서 조직한 단체이다. 이 단체의 제5차 전국대표회의(1987년 3월)에서 다음과 같은 새로운 규칙을 통과시켰다.

> 인민정부가 종교와 신앙에 대한 자유정책을 관철할 수 있도록 협조한다. 각 민족의 불교단체는 세속에서 실천불교가 갖는 적극적이며 진취적인 사상을 제창하고 불교의 훌륭한 전통을 발양한다. 사회주의의 물질문명과 정신문명 건설에 적극적으로 참여하여 조국의 평화통일을 촉진시키고 세계평화통일을 유지하고 보호한다.[231]

이러한 중국불교계의 사정은 중국학계의 불교에 관한 서술에서도 읽을 수 있다. 이 글에서는 이러한 변화를 크게 두 단계로 나누고자한다. 1단계는 변증법적 유물론[232]이나 사적 유물론[233]의 관점에서 불교

---

231 중국사회과학원 세계종교연구소 불교연구실 편(1989), 남현옥 옮김, 『중국불교와 불교문화』(우리출판사, 1993), 226쪽.

232 변증법적 유물론은 오직 물질만이 실재한다는 유물론의 주장에다 헤겔철학에 기원을 둔 다음의 3가지 명제를 결합시킨 것이다. 첫째, 모든 사물은 서로 연관되어 있다. 둘째, 모든 사물은 발전하는 과정 중에 있다. 셋째, 사물의 발전은 변증법적 규칙에 따라 진행된다. 이 변증법적 규칙에 대해 더 자세히 알아보면 마르크스와 엥겔스는 다음의 3가지를 제시하였다. ① 양에서 질로 변환하는 것이다. 이는 물질의 발전에서 어떤 임계점이나 교차점에서 새로운 성질이 생겨난다는 것이다. ② 대립자들의 통일이다. 이는 사물이 근본적으로 모순을 일으키는 성격을 가지고 있고, 사건과 사물의 통일은 대립자들의 모순을 전제로 한다는 것이다. ③ 부정의 부정이다. 이는 발전하고 있는 사태의 어느 단계든

철학을 연구하는 것이고, 2단계는 변증법적 유물론이나 사적 유물론의 관점을 빌리지 않고 불교철학에 직접적으로 뛰어들어 연구하는 것이다. 이와 같이 변화된 흐름은 한국에 번역 소개된 라이용하이(賴永海) 저, 『중국불교문화론』 등에서 확인할 수 있다. 여기서는 주로 변증법적 유물론이나 사적 유물론의 관점에서 불교를 연구한 내용을 다음의 세 단락으로 나누어서 소개하고자 한다.

1) 중국불교의 역사적 위치와 사회적 역할

우선 중국불교의 역사적 위치와 사회적 역할에 대해서 중국학계에서 주장하는 내용을 간단히 살펴본다. 렌지우(任繼愈)는 불교사원을 지주 계급의 하나로 보고 있다. 그는 이 점을 이렇게 설명한다.

간에 헤겔이 말하는 대립이나 부정이 있다는 것이다. 따라서 여기서 말하는 부정은 발전의 전제조건으로서 유용한 부정을 말하는 것이다.

233 사적 유물론은 경제적 결정론에 기초하고 있다. 마르크스는 한 특정 사회의 경제적 생산양식이 그 사회의 문화와 사회구조의 성격을 결정한다고 주장하였다. 마르크스는 역사의 발전을 5단계로 구분하였다. ① 원시공동체 사회, ② 고대 노예제 사회, ③ 중세 봉건 사회, ④ 근대 자본주의 사회, ⑤ 미래에 다가올 사회주의적 공산 사회이다. 그리고 물질적 재화의 생산양식이 앞에서 말한 5단계의 역사 시대에서 그 때마다 정치적, 사회적, 지적, 종교적 생활과 해당 민중의 제도들을 결정하는 것이다. 그래서 "인간의 존재를 결정하는 것은 인간의 의식이 아니라 그 반대로 인간의 사회적 존재가 바로 인간의 의식을 결정한다"라고 한다. 이처럼 물질적 조건이 민중의 사상을 만들어 내는 것이다. 자본주의 시대에는 자본가들이 생산수단을 소유하고 또 생산양식을 주도하고 있으므로 자본가들이 인류의 사상을 지배한다는 것이다.

남북조부터 수·당에 걸쳐서 정치적으로 지배자의 지위를 차지하고 있었던 것은 세습적인 귀족지주계급, 즉 문벌귀족이었다. 그들은 정치적·경제적으로 특권을 향유하며 광대한 토지와 산택을 점유하고 높은 사회적 지위와 정치적 지위를 누렸다. 그들은 아무런 능력이 없어도 그 일족, 가문, 봉건적인 문화교양에 의거하는 것만으로 인민의 머리 위에 군림하며 특권을 마음껏 누렸던 것이다. 불교사원 집단은 당시의 승려지주계급으로 그 착취방식과 정치적 특권은 문벌귀족과 동일했지만, 직접 관音에 결탁하는 일은 하지 않고 정치를 초월한 모습을 가장하고 있었다. 남북조로부터 수隋에 걸쳐 당唐의 안녹산과 사사명의 난에 이르는 200여 년 동안 각 사원은 광대한 토지를 소유하며 승려와 사원을 위하여 복역하는 노무자를 보유하고 있었다. 그들은 승려지주에게 부림 받으며 생산에 종사하였다. 사원이 보유하고 있는 노무자는 황제(즉 국가)의 부역이나 조세의 부담이 없었으므로 국가에 세금을 낼 필요가 없었다. 이들 피착취자는 종교적 미신의 선전에 현혹되어 기꺼이 사원의 착취를 감수하고 있었다. 그들은 현세의 고난을 참기만 하면 내세에는 행복을 누릴 수 있다는 환상을 갖고 있었다.[234]

그리고 렌지우(任繼愈)는 수나라와 당나라 시대에 불교의 새로운 학풍이 생겨서 이론적인 측면에서는 봉건제도의 항구성을 분명하게 밝히고, 실천적인 측면에서는 사람들을 봉건적 규범 속에 빠져들게

---

234 任繼愈 저(1962), 추만호·안영길 역, 『중국중세불교사상비판』(민족사. 1989), 66~67쪽.

하였다고 지적한다. 그의 주장을 좀 더 자세히 알아본다.

수·당제국의 정치적 통일이라는 국면에 수반하여 문화 등 상부구조에도 필연적으로 새로운 특징이 나타났다. 따라서 당대의 문학, 건축, 예술, 서법, 음악, 유가경전의 해석, 예컨대『오경정의』등 모든 분야에서 남북조시대의 장기간에 걸쳐서 독립하여 대치한다는 상황은 종말을 고하고, 남(조)과 북(조)의 특징이 융합되어 남북(조)을 통일한 새로운 상부구조가 형성됨으로써 수·당제국의 통일이라고 하는 정치적 요구에 봉사하였다. 불교도 예외는 아니어서 남북조시대에 장기간에 걸쳐서 존재했던 남북(조)의 두 학풍은 더불어 종말을 고하고 새로운 학풍이 형성되었다. 이리하여 수·당의 불교는 남조불교의 강설을 중시하는 학풍을 섭취하여 철리哲理의 측면에서 봉건제도의 항구성을 분명하게 밝혔으며, 또 북조불교의 선정을 중시하는 학풍을 유지하여 종교적 실천의 측면에서 노예화교육을 행하면서 인민을 봉건적 규범 속에 유폐시켰다. 수·당시대의 지주계급은 자신들의 봉건적 대제국을 건설했지만, 문화면에서 추진한 종교정책의 분야에서도 일정한 성과를 이룬 것이다.[235]

2) 중국불교의 철학적 내용 소개

앞에서 중국불교의 역사적 위치와 사회적 역할에 대해 중국학계에서 어떻게 보고 있는지 간단히 살펴보았다. 여기서는 중국학계에서 중국불교의 철학적 내용에 어떻게 접근하고 있는지 알아본다.

---

235 任繼愈,『중국중세불교사상비판』, 71~72쪽.

중국학계에서는 당나라시대에 활동한 중국의 종파불교는 유심주의
唯心主義로 정리할 수 있고, 그것은 구분하면 주관유심주의와 객관유심
주의라고 한다고 하였다. 이는 서양철학의 관념론(유심론)과 유물론
의 도식에서 중국불교를 바라본 것을 의미하는 것이다. 그 자세한
내용을 살펴본다.

당대 불교 각파의 유심주의唯心主義의 논점은 비록 같지 않은 곳이
있으나 그 형식은 주관유심주의와 객관유심주의를 벗어나지 않고,
최종적으로는 모두 주관유심주의로 돌아간다. 이는 물질세계와
현실세계를 사람의 마음이 만들어낸 가상假像이라 하고, 사람의
마음을 성불成佛의 근거라 하여 '일체는 마음이 지어낸 것'이라고
하는 것이다. 인식론상에서는 모두 유심주의적 선험론과 신비적
직각주의를 말하여 성불의 본성(佛性)은 선천적으로 갖고 있는 것임
을 증명하였다. 그들은 모두 '부처'와 '보살'을 최고의 지혜를 갖춘
대자대비한 구세주로 보고, 일반인들을 우매무지한 범부로 보아
일반백성은 다만 부처와 보살에 의지해야만 구원받을 수 있다고
말하였다.[236]

중국학계에서는 중국의 불교철학을 이처럼 유심론이라 규정하고,
그 유심론의 사회적 기능에 대해 주목한다.[237] 화엄종의 유심론에 초점

---

236 중국 북경대 철학과 연구실 지음(1980), 유영희 옮김, 『중국철학사2』(자작아카데
미, 1994), 293~294쪽.
237 참고로 과거 소련학계의 불교관의 한 모습을 살펴보고자 한다. 소비에트 과학아카

을 맞추면, 이는 일즉일체一卽一切의 세계이고, 비유하자면 하나의 티끌 속에 불국토佛國土가 들어 있는 것이라고 할 수 있다. 이러한 설명이 가져올 사회적 역할에 주목하면 사회적 약자인 농민도 이 '일즉일체' 곧 '사사무애事事無礙'를 깨달으면 마음의 평화를 가져올 것이고, 따라서 착취와 억압에 대해 저항할 생각을 하지 않는다는 것이다. 그 자세한 내용을 살펴본다.

사사무애설事事無礙說 역시 불교신학을 위해 복무하는 것이다. 화엄종의 설법에 의하면 각각의 사물은 모두 전체 사물을 포함하고 있고, 티끌 하나 안에도 '불국토'가 존재하니, 그러므로 각자 개인은 그가 처한 각 계급위치에서 부처의 경지에 도달할 수 있는 것이다. 한 사람의 노예나 농민이 만약 사사무애의 도리를 깨닫고 그가 노예주, 봉건주와 본래 원융무애圓融無礙함을 이해한다면, 비록 몸이 착취와 압박을 받더라도 고통을 느끼지 않게 될 것이다. 사회 안에서의 개인도 사사무애의 이치를 이해하면 많은 사람들은 서로 편안하여 할 일 없이 각자 피안 '낙토'를 추구하게 되니, 이씨 당왕조의 통치 또한 공고해진다. 화엄종의 이사무애理事無礙와 사사무애설

데미 철학연구소 편(1958), 이을호 편역, 『세계철학사 I』(중원문화, 1988/1990), 75~76쪽: 자기 관조와 침잠에 의해 진동하는 존재의 대양에서 탈출하여 영원의 법탈(해탈)에 이를 수 있다고 불교는 보았다. 불교의 이러한 측면은 브라만교의 사상과 같이 노동대중을 이데올로기적 노예상태로 만드는 좋은 수단이 되었다. 그리고 같은 책, 250쪽에서는 중국불교의 사상에 관한 분석은 하지 않고 중국의 7~9세기 봉건제도의 번영기에 중국불교사원이 당시에 광대한 토지를 소유하고 특권적인 지위에 있었고 세속적인 봉건영주와 다투었다고 기술되어 있다.

은 결국 종교신학 안에서의 계급조화론이다. 이것이 당왕조의 왕공
귀족이 화엄종을 높이 받드는 원인이다.[238]

한편 팡리티엔(方立天)은 천태종의 연기론과 세계관은 객관유심론
적客觀唯心論的이라고 평가하고,[239] 화엄종의 법계연기설法界緣起說은
신학유심주의神學唯心主義라고 평가하였다. 그렇지만 팡리티엔의 주
장에는 다른 학자의 주장과 다른 특징이 있다. 그것은 화엄종의 법계연
기설에서 변증법의 요소를 이끌어내고 이 점에서 화엄종의 철학이
기여한 점이 있다고 인정하는 점이다. 그리고 이러한 측면에서 팡리티
엔의 입장은 뒤에 소개할 북한의 최봉익의 입장과 통하는 점이 있다.
  그러면 화엄종의 철학에 대한 팡리티엔의 견해를 좀 더 구체적으로
살펴본다.

고대 인식발전사의 측면에서 볼 때, 화엄종의 법계연기설은 비록
신학유심주의적이지만, 그것은 우주만물의 생성과 우주만물의 상
호관계의 상황을 묘사함에 있어 때때로 변증법적 사상의 불꽃을
발휘하였다. 예를 들어, 전체적 관계성의 관념, 일체성·완전성·상
대성의 관념 등등이다. 그들은 또한 본체와 현상, 현상과 현상 간의
다중적이고 복잡한 관계에 대해 언급하였다. 그러므로 만약 거기에
서 종교적 내용을 제거하면 약간의 총괄적이고 합리적인 요소를
드러낼 수 있다. 그들은 우주를 통일적 전체로 보았으며, 또한 만물의

---

238 중국 북경대 철학과 연구실 지음, 『중국철학사2』, 312쪽.
239 팡리티엔(方立天) 저(1986), 유영희 옮김, 『불교철학개론』(민족사, 1989), 256쪽.

상대성을 강조하였고, 피차가 상자상대相資相待하고 상즉상입相卽
相入한다고 하였다. 이것은 객관변증법을 간접적으로 반영한 것이
다. 화엄종의 또 하나의 이론적 공헌은 여러 철학적 범주를 운용하고
밝혔다는 점이다. 즉, 이理와 사事, 체體와 용用, 본本과 말末, 성性과
상相, 일—과 다多를 통해서 상즉상입의 범주를 밝힌 것은 정도는
다르나, 본질과 현상, 일반과 개별, 동일과 차별, 상대와 절대,
전체와 부분, 원인과 결과 등 몇 가지 대립적 범주의 의미를 드러냄으
로써 고대 철학범주사를 풍부하게 하였다.[240]

3) 중국학계의 중국불교연구에 대한 평가

중국학계에서 제기된 이러한 주장에는 경청해야 할 대목도 적지 않다.
불교 안의 논리로 접근하지 않고, 불교의 역사적 위치나 사회적 역할에
서 불교를 보면 이제까지 알고 있었던 불교와는 다른 불교의 모습을
읽을 수 있다. 또한 불교의 사상을 서양철학의 관점에서 유심론으로
보면, 불교 내부의 관점에서 불교사상을 해석했던 것과 다른 시각이
확보될 수 있다. 그렇지만 이는 다른 각도에서 본 불교의 모습이다.
불교 안의 논리를 모두 무시한다면, 이는 비유하면 다른 사람의 말만
듣고 정작 당사자의 주장을 듣지 않은 셈이 된다. 그래서 불교 안의
논리와 불교 바깥의 관점을 종합해서 보아야 불교의 참모습을 제대로
읽을 것이라고 생각한다. 이 관점에서 보면, 1단계 중국학계의 불교
연구는 불교 바깥의 관점에 치중하였고, 불교 안의 논리를 무시하였던
것이라고 평가할 수 있다.

---

240 팡리티엔(方立天) 저, 『불교철학개론』, 271~272쪽.

3. 북한학계의 불교관의 변천

3절에서는 서론에서 밝힌 것처럼 세 종류의 저술을 중심으로 북한학계의 불교관의 변천을 검토하고자 한다. 불교관의 변천을 알기 위해 위의 세 저술에 서술된 불교관련 내용을 모두 검토할 필요는 없다고 보고, 여기서는 원광·원효·의상을 공통분모로 해서 불교관이 어떻게 변화했는지 검토하고자 한다. 우선 1960년에 발행한 정진석·정성철· 김창원 공저의 『조선철학사연구(원제: 조선철학사 상上)』에 나타난 불교관을 알아보고, 그 다음 최봉익의 『봉건시기 우리나라에서의 불교철학의 전파와 그 해독성』(사회과학출판사, 1976)에 나타난 불교관, 마지막으로 최봉익의 『조선철학사개요』(사회과학출판사, 1986)에 나타난 불교관에 대해 살펴보고자 한다.

1) 『조선철학사연구』(1960)에 나타난 불교관

우선 『조선철학사연구(원제: 조선철학사 상上)』에서는 불교철학에 대한 언급이 상당히 소략하다. 그래서 이 당시 북한학계에서 불교의 연구가 제대로 진행되지 않은 점을 추정할 수 있다.

『조선철학사연구』에서는 원광圓光에 대해 진보적 불교사상이라고 평가하고 있다. 그 내용은 다음과 같다.

신라시기 불교는 일반적으로 그 주관적 관념론으로서 착취계급에 복무하였다. 그러나 일부 교파는 그 기본으로 되는 주관적 관념론의 견해를 벗어나지 못했으나 그 현실주의적·애국주의적 경향으로서

진보적 역할을 수행하였다. 대표적인 진보적 불교사상은 640년경에
생존한 원광圓光의 불교사상이다.[241]

『조선철학사연구』에서는 화랑의 세속5계世俗五戒에 나타난 현실주
의적 경향을 높이 평가하고 이는 애국사상으로 이어진다고 보고 있다.
그 자세한 내용은 다음과 같다.

원광은 신라 진평왕 시기의 승려로서 그의 불교사상에는 현실주의적
경향이 강하며 허다한 애국주의적 사상이 표현되어 있다. 그가
주장한 세속5계는 불교도가 지켜야 할 5개의 세속적 도덕규범으로
다음과 같다. 첫째, 임금을 섬김에 충성스러울 것, 둘째, 부모를
섬김에 효성스러울 것, 셋째, 친구와 사귐에 신의가 있을 것, 넷째,
전쟁에 임하여 물러서지 않을 것, 다섯째, 생물을 죽임에는 선택함이
있어야 할 것 등이다. 넷째와 다섯째 내용은 일체 살생을 금하는
현실도피적 일반불교와는 전혀 다른 주장이다. 여기서는 정통적
불교와 다른 이단적 성격을 볼 수 있다. 그것은 당시 화랑도花郎道의
애국사상과 결부되어 있다. 이러한 원광의 사상은 신라의 삼국통일
을 위해서 거대한 역할을 하였다.[242]

『조선철학사연구』에서는 원효(元曉, 617~687)가 당시 신라에서 불

---

241 정진석·정성철·김창원 공저(1960), 편집부 엮음, 『조선철학사연구』(광주, 1988),
25쪽.

242 정진석·정성철·김창원 공저, 같은 책, 25~26쪽.

교 관념론을 발전시킨 대표적 인물이라고 하며,[243] 다른 한편으로 원효
의 불교철학에서 일정한 긍정적 측면을 이끌어내고자 한다. 그 내용은
다음과 같다.

불교경전을 주석하고 외국불교와는 관계없이 독특한 종파를 형성하
였으니 그것이 해동종이다. 원효는 신라 문무왕 때의 승려로서
그의 불교사상은 당시 봉건착취계급의 진보적 계층을 대변하였다.
그의 불교사상에는 맹신적 종교적 계율에서 벗어나려는 자유사상의
맹아가 내포되어 있다.[244]

또 『조선철학사연구』에서는 제한적으로나마 의상(義湘, 624~702)
의 철학에서 긍정적인 측면을 이끌어내고자 한다. 그 내용은 다음과
같다.

의상의 사회도덕적 견해에는 주목할 만한 인민적 입장이 나타나고
있다. 그러나 그의 철학은 기본적으로 봉건착취계급에 복무하는
것이었다. 문무왕이 어느 날 경주 도성을 새로 건축하려고 의상에게
의견을 물으니 의상은 '비록 작은 초가에서 생활한다 할지라도 정도
正道를 행한다면 왕업이 장구할 수 있으나 만일 그렇지 못하면 설사
인민을 동원하여 도성을 새로 건축한다 할지라도 아무런 이익이
없다'고 대답하였다.[245]

---

243 정진석·정성철·김창원 공저, 같은 책, 25쪽.
244 정진석·정성철·김창원 공저, 같은 책, 24쪽.

2) 최봉익,『봉건시기 우리나라에서의 불교철학의 전파와 그 해독성』의 불교관

앞에서『조선철학사연구』에서 원광의 불교사상에 대해 긍정적으로 접근한 것에 비해 최봉익의『봉건시기 우리나라에서의 불교철학의 전파와 그 해독성』에서는 원광에 대해 언급이 없다. 이 점이 두 책의 우선적인 차이점이다.[246]

그리고『조선철학사연구』에서 불교철학의 서술을 소략하였다면, 최봉익의『봉건시기 우리나라에서의 불교철학의 전파와 그 해독성』[247] 에서는 구체적으로 서술하고 있다. 최봉익은 원효의 철학(사상)이 출현한 역사적 배경에 대해 다음과 같이 서술한다.

245 정진석·정성철·김창원 공저, 같은 책, 24쪽. 그리고 이 내용은『삼국사기』 7권「문무왕조」에 있는 것이다. 이것과 같은 내용이『삼국유사』2권,「문무왕 법민」(『한국불교전서』6권, 288下)에는 조금 다르게 표현되어 있다. "왕의 정교政 敎가 밝으면 비록 초구(草丘: 풀로 뒤덮인 언덕)를 구획으로 정해서 성城을 삼는다고 해도 백성이 감히 넘으려 하지 않을 것이고, 재앙을 바꾸어서 복으로 나아갈 것이다. 그러나 정교가 밝지 않는다면 비록 장성이 있다고 해도 재앙이 사라지지 않을 것입니다."
246 이남영,「북한의 조선철학사 서술의 특징과 문제점」,『철학연구』23집(철학연구 회, 1988), 8쪽에서는 이러한 차이점은 북한 내에서의 평가의 변화를 생각하게 한다고 한다.
247 이병수,「과도기의 북한철학에 나타난 변화와 이론적 특징」,『통일인문학논총』 50집(2010), 55~57쪽에서는 주체사상이 성립됨에 따라 민족전통과 전통종교에 대해 더욱 비판적 입장을 취하였고, 이 글에서 소개하고 있는 최봉익,『봉건시기 우리나라에서의 불교철학의 전파와 그 해독성』(1976)은 이러한 입장에서 나온 저술이라고 보고 있다.

"통일신라시기에 이르러 불교는 사원경제의 발전과 조선봉건사회의 역사적 조건에 적응하도록 자기의 독자적 이론체계를 세울 것을 필수적 문제로 제기하였다. 다시 말하여 불교는 봉건제도와 통치계급에게 더욱 철저히 복무하기 위하여 자체의 이론발전에서 새로운 개변이 요구되었다. 이러한 역사적 조건과 지배계급의 요구에 순응하여 나온 것이 바로 원효의 해동종 불교사상이었다.[248]

나아가 원효의 불교철학에 대해 다음과 같이 부정적으로 평가를 내린다.

원효의 불교철학은 총체적으로 볼 때 그 체계와 내용에서 관념론적이며 추구하는 목적도 역시 당시 신라봉건통치배들의 계급적 이익을 변호한 반동적인 종교철학이론인 것이다.[249]

그리고 최봉익이 원효의 불교철학(사상) 가운데 가장 부정적으로 평가한 것은 원효의 극락세계설이다. 그는 다음과 같이 지적한다.

원효의 불교사상에서 가장 반동적 측면의 하나는 그의 정국淨國(극락세계)설이다. 원효는 당시 봉건지배계급의 대변자로서 불교의 종교적 환상을 이용하여 인민들을 기만하고 신라봉건국가를 이상화

---

248 최봉익, 『봉건시기 우리나라에서의 불교철학의 전파와 그 해독성』(사회과학출판사, 1976), 48쪽.
249 최봉익, 같은 책, 55쪽.

하였다. 그의 견해에 의하면 정국淨國에 가서 살면 아무런 고통도 없고 사람들은 모두 낙을 즐기고 있을 뿐이다. 이 나라 사람들은 모두 자애심이 깊고 남을 헐뜯지 않으며 다른 사람을 해치려는 마음도 없다. 모두가 불교의 진리를 깨닫고 모두가 아름다운 도덕품성을 가지고 있으며 모든 고통에서 해방되어 수백 살을 살게 된다고 하였다.(『유심안락도』) 그러면서 원효는 이러한 이상적인 나라는 바로 신라국가라고 하였다.[250]

최봉익은 의상의 불교철학(사상)에 대해서도 부정적으로 평가한다.

의상의 불교사상은 결국 통합 이후 신라봉건사회의 계급적 모순을 합리화하고 인민대중의 계급의식을 마비시키며 통치계급에 대한 그들의 반항을 사상적으로 억압하려는 데 그 반동적 목적이 있었다.[251]

나아가 최봉익은 의상의 화엄사상은 하나의 궤변에 지나지 않는다고

---

250 최봉익, 같은 책, 54쪽. 그리고 필자는 『유심안락도』의 다음의 표현을 가지고 최봉익이 원효가 신라를 이상국가라고 주장했다고 생각한다. "불국토는 원융해서 본래 동쪽과 서쪽〔의 구분〕이 없는데 근기를 이끄는 것에는 여러 가지가 있기 때문에 이쪽 땅과 저쪽 땅에 나타나는 것이다." (『유심안락도』, 『한국불교전서』 1권, 567中, "佛土圓融 本無東西 扣機多端 方現此彼.") 여기서 최봉익은 "불국토가 이쪽 땅에 나타난다"는 말을 불국토가 신라에 나타난다는 말로 해석한 것으로 추론된다. 이 표현을 불교의 사상에 입각해서 해석한다면, "이 마음이 청정하면 이 사바세계(이 땅)가 그대로 불국토이다"라고 이해할 수 있다.
251 최봉익, 같은 책, 58쪽.

평가한다.

여기로부터 의상은 결론하기를 전체는 즉 부분이며 동일은 즉 차이이며 긍정은 즉 부정이며 평등은 즉 차별이고 또한 이와 반대이기도 하다는 것이다. 의상의 이 논리수법은 하나의 궤변에 지나지 않는다. 왜냐하면 그는 상대적인 것만 인정하고 절대적인 것을 부인하고 있기 때문이다. 물론 전체와 부분이나 동일과 차이, 평등과 차별은 일정한 조건 하에서는 그것들이 호상互相 전화될 수 있다. 그러나 이 상대적인 것을 절대화할 때는 그것은 하나의 궤변에 지나지 않는 것이다. 예컨대 집을 이루는 데서 그 부분인 기둥이나 서까래와 같은 것은 서로 밀접한 연관성을 가지고 있는 것만은 사실이다. 그러나 그렇다고 하여 집이 곧 기둥이고 기둥이 곧 집이라고 한다면 이것은 그야말로 궤변으로밖에는 되지 않는 것이다.[252]

3) 최봉익, 『조선철학사개요』의 불교관

최봉익은 『조선철학사개요』에서도 원광에 대해 언급하고 있지 않다. 이 점에서 『조선철학사연구』와 다르고, 이는 그의 앞선 저술인 『봉건시기 우리나라에서의 불교철학의 전파와 그 해독성』을 그대로 계승한 것이다. 그렇지만 최봉익은 『조선철학사개요』에서 원효와 의상의 철학에서 변증법적 요소를 이끌어내고 이 점에서 원효와 의상의 철학에서 긍정적인 측면을 제시하고자 한다. 이 점이 『봉건시기 우리나라에서의 불교철학의 전파와 그 해독성』에서 원효와 의상을 서술한 내용과 다른

---

252 최봉익, 같은 책, 57쪽.

대목이다.²⁵³ 그러면 그 내용을 구체적으로 살펴본다.

최봉익은 그의 앞선 저술『봉건시기 우리나라에서의 불교철학의 전파와 그 해독성』에서 원효에 대해 부정적으로 평가하였는데, 이는 그의 뒤의 저술인『조선철학사개요』에서도 그대로 적용된다. 최봉익은 원효의 불교철학에 대해 다음과 같이 부정적으로 평가한다.

> 원효는『유심안락도』,『무량수경종요』,『아미타경소』,『미륵상생경종요』등의 수많은 저작들에서 신라봉건국가를 합리화하였다. 원효의 해동종철학은 7세기 신라봉건지배계급의 이익을 대변한 철학으로서 전적으로 봉건국가를 위하여 복무하였다.²⁵⁴

최봉익의 이러한 주장은『봉건시기 우리나라에서의 불교철학의 전파와 그 해독성』의 주장을 그대로 되풀이하는 것이다.

그렇지만 최봉익은 그의 저술『조선철학사개요』에서 그 이전과 다른 진전된 주장을 제시한다. 그것은 원효의 철학에서 변증법적 사상을 발견할 수 있다는 것이다.²⁵⁵ 그의 주장을 정리하면 다음과 같다.

---

253 이남영,「북한의 조선철학사 서술의 특징과 문제점」,『철학연구』23집, 13쪽에서는 최봉익,『조선철학사개요』(1986)에서는 최봉익의 그 이전의 저술인『조선철학사상연구』(1975)에 없던 내용, 곧 균여均如와 혜심慧諶의 철학사상이 새롭게 첨가되었는데, 이는 해당 기간에 북한학계에서 불교사상에 대해 재인식을 한 것을 반영하는 것이 아닐까 하고 추론하고 있다. 그러나 최봉익,『봉건시기 우리나라에서의 불교철학의 전파와 그 해독성』(1976)에 이미 균여와 혜심의 철학사상이 소개되어 있으므로 이러한 추론은 잘못된 것이다.
254 최봉익(1986),『조선철학사개요』(한마당, 1989), 83쪽.

원효는 유有와 무無의 두 개념이 서로 대립하면서도 서로 의존하고 있다. 나아가 이 유有와 무無는 모순관계에 있기 때문에 부정을 통해서 다시 새로운 개념을 만들어 내고, 거기서 다시 종합된다. 다시 말하자면, 유有가 있으면 그 유有에 대립해서 무無가 세워지고, 이 유有와 무無의 모순관계로 인해서 유有이면서 무無인 '긍정적 종합관계'와 유有도 아니고 무無도 아닌 '부정적 종합관계'가 성립된다.[256] 이는 유有와 무無에만 적용되는 것이 아니고, '동일'과 '차이'에도 적용된다는 것이다.[257]

---

255 이훈, 「북한철학의 흐름」, 『시대와 철학』 5권-2호(한국철학사상연구회, 1994), 33~34쪽에서 주체사상이 성립하고 철학적 원리가 변화함에 따라 한국철학의 연구에도 영향을 끼쳐서 1986년에는 「주체사상에 의한 『조선철학사』의 지양」이라는 부제를 달고 최봉익의 『조선철학사개요』가 출간되었다고 한다. 그렇지만 이 논문의 내용에 근거하는 한, 최봉익의 『조선철학사개요』의 내용에 주체사상이 영향을 미쳤다고 보기 어렵다.

256 이러한 내용은 『금강삼매경론』 상권(『한국불교전서』 1권, 604中)의 내용을 재구성한 것으로 생각된다. "무無(不有)의 존재(法)는 무無에 머물지 않고(不有之法 不卽住無), 유有(不無)의 모습은 유有에 머물지 않는다(不無之相 不卽住有)." "유有와 무無의 존재가 긍정된다(有無之法 無所不作)." "일심一心의 근원은 유有도 벗어나고 무無도 벗어나서 홀로 청정하다(夫一心之源 離有無而獨淨)." 이상의 내용은 『금강삼매경론』에서 서로 연결된 것이 아닌데, 최봉익은 이러한 내용을 재구성해서 서로 연결된 것으로 보고 있다. 그리고 김형효, 『원효의 대승철학』(소나무, 2006), 75~76쪽에서는 이러한 표현에 대해 형식 논리적 사유를 부정하는 것이라고 해석한다. "형식논리의 규칙에서 보면 불유不有의 법은 무無와 같고, 불무不無의 상相은 유有와 같아야 한다. 원효는 이것을 무시한다. 이런 사실은 원효가 단적으로 이 세상의 도리가 아리스토텔레스가 밝힌 형식논리학의 법칙으로 환원되지 않는 것을 천명한 것이다."

257 최봉익, 『조선철학사개요』, 80~82쪽. 또 같은 책, 81쪽에서는 『금강삼매경론』

이런 점에 기초해서 최봉익은 원효의 철학에 나타난 변증법적 요소는 매우 합리적인 것으로서 한국의 중세철학 발전에서 큰 진전이 되는 것이고, 특히 원효의 변증법사상은 조선(한국)의 불교철학의 발전에 적지 않은 역할을 하였다고 평가한다. 동시에 원효의 철학은 관념론적 사상체계를 가지고 있고, 또한 그의 철학은 원효 자신의 사회계급적 제한성을 벗어나지 못하였다고 최봉익은 지적한다.[258]

필자는 이러한 최봉익의 주장에서 불교철학(사상)을 새롭게 읽고 접근한 점에 대해 제한적으로 그 의미를 인정하고자 한다. 서양철학의

중권(『한국불교전서』 1권, 626上)의 인용문을 제시한다. 그 내용은 공통점과 차이점은 관계 속에서 존재하는 것이므로, 고정된 실체로서 공통점과 차이점은 존재하지 않는다는 것이다. 여기서는 이 내용과 관련된 인용문을 소개하고자 하는데, 최봉익의 번역을 참고하면서 필자의 번역을 제시한다. "같을 수 없다는 것은 같음(同)에 나아가 다르다(異)는 것이고, 다를 수 없다는 것은 다름(異)에 나아가서 같다는 것이다. 같다는 것은 차이점 속에서 공통점을 밝힌 것이고, 다르다는 것은 공통점 속에서 차이점을 밝힌 것이다. 따라서 공통점 속에서 차이점을 밝힌 것은 공통점을 해체해서 차이점으로 삼은 것이 아니고, 차이점 속에서 공통점을 밝힌 것은 차이점을 해체해서 공통점으로 삼은 것이 아니다. 그러므로 (앞에서 말한 대로 차이점 속에서) 공통점을 말한 것은 차이점을 없앤 것이 아니므로 (고정된 실체로서) 공통점이 있다고 말할 수 없고(차이점과 공통점의 관계 속에서 공통점이 존재하는 것이고), (앞에서 말한 대로 공통점 속에서) 차이점을 말한 것은 공통점을 없앤 것이 아니므로 (고정된) 차이점이 있다고 할 수 없다(차이점과 공통점의 관계 속에서 차이점이 존재하는 것이다)." (『금강삼매경론』 중권(『한국불교전서』 1권, 626上), "不能同者, 卽同而異也; 不能異者, 卽異而同也. 同者 辨同於異; 異者 明異於同. 明異於同者 非分同爲異 也; 辨同於異者 非銷異爲同也. 良由同非銷異故, 不可說是同; 異非分同故, 不可 說是異."

258 최봉익, 『조선철학사개요』, 82~83쪽.

전유물처럼 여겨졌던 변증법적 요소가 불교철학의 하나인 원효의 철학
에도 있다고 지적한 점은, 변증법적 유물론을 찬성하든 반대하든 상관
없이, 나름대로의 학문적 성취라고 받아들일 수 있다.

　최봉익은 의상의 불교철학을 평가하는 데서는 그의 앞선 저술 『봉건
시기 우리나라에서의 불교철학의 전파와 그 해독성』을 그대로 계승하
고 있다. 그는 다음과 같이 말한다.

　　총總적으로 의상의 화엄종 철학은 세계의 사물현상들의 호상互相의
　　존관계와 무차별성을 설교함으로써 신라봉건사회의 신분적 등급관
　　계를 합리화하고, 나아가서 모든 것은 이理의 체현이라고 설교함으
　　로써 신라봉건왕권의 절대적 권위를 합리화하는 데 복무한 반동적인
　　철학이다.[259]

　최봉익은 그의 앞선 저술 『봉건시기 우리나라에서의 불교철학의
전파와 그 해독성』에서 의상의 화엄종 철학을 궤변이라고 평가하였는
데, 이는 그의 저술 『조선철학사개요』에서도 되풀이된다. 그래서 최봉
익은 이렇게 말한다.

　　의상은 전체와 부분, 동일과 차이, 긍정과 부정의 6개상의 무차별(六
　　相圓融)[260]을 설교함으로써 사실을 왜곡하고 객관적 현실에 대한

259　최봉익, 같은 책, 88쪽.
260　중국 화엄종의 대성자 법장法藏은 육상원융六相圓融의 의미를 비유를 통해서
　　다음과 말한다. 총상總相은 집 전체이고, 별상別相은 집을 이루는 서까래 등의

정확한 인식을 방해하였다.[261]

그렇지만 최봉익은 그의 앞선 저술과 다른 진전된 주장을 『조선철학사개요』에서 제시한다. 그것은 의상의 화엄종철학에서 앞에서 거론한 6개상의 무차별을 말한 대목에서 변증법의 요소를 발견할 수 있다는 것이다. 그는 다음과 같이 지적한다.

의상의 철학사상에는 비록 관념론적 토대 위에서나마 사물현상들을
호상互相연관 속에서 보려는 견해들이 내포되어 있었다. 이것은
이 시기 철학적 사유의 발전에서 긍정적인 의의를 가지고 있었다.[262]

여기서 변증법이라는 용어는 없지만 '사물들을 호상互相연관 속에서
보려는 견해들'이라는 표현은 변증법을 의미하는 것으로 해석된다.

부분이다. 이는 서까래, 지붕 등이 모여서 집을 이룬다는 의미이다. 동상同相은
서까래 등이 각각 다르지만, 집을 이루고 있다는 점에서는 같다는 의미이고,
이상異相은 서까래 등의 집을 이루고 있는 요소가 각각 다르다는 것이다. 성상成相
은 서까래 등의 요소가 모여서 집을 이룬다는 의미이고, 괴상壞相은 서까래
등의 요소가 집을 이루고 있지만 서까래로서 자신의 개성을 잃는 것은 아니라는
의미이다. 그리고 의상은 법장과는 달리 육상원융의 의미를 법계도와 관련해서
설명하고 있다. 그 내용은 『화엄일승법계도』(『한국불교전서』 2권, 1下, 2中)에
나타난다.

261 최봉익, 『조선철학사개요』, 88쪽.
262 최봉익, 같은 책, 88쪽.

344 4부 불교의 통일관

4. 결론: 최봉익 불교관의 특징과 의의

이 글에서는 최봉익의 불교관의 특징을 살펴보기 위해서 2절에서 중국 학계의 불교관에 대해 검토하였고, 3절에서는 북한학계의 불교관의 변천을 세 종류의 저술을 통해 살펴보았다. 이제『조선철학사개요』 (1986)를 중심으로 해서 최봉익의 불교관의 특징에 대해 검토하고자 한다.

최봉익의 불교관의 특징은 변증법적 요소를 한국(조선)불교철학에 서 이끌어내고, 그래서 한국(조선)불교철학은 그 역사적 위치와 사회적 역할에서 비록 비판받을 점이 있지만, 그 속에 깃들어 있는 변증법적 요소는 한국(조선)의 중세철학의 발전에 기여했다고 보는 데에 있다. 이러한 점을 중국학계의 불교관과 비교해 보면, 팡리티엔(方立天)의 주장(『佛敎哲學』, 1986)과 서로 통하는 점이 있다. 왜냐하면, 2절에서 설명했듯이, 팡리티엔도 중국의 화엄철학에서 변증법적 요소를 이끌 어내고 그것이 중국고대철학사의 범주를 풍부하게 했다고 긍정적으로 평가하고 있기 때문이다. 바로 이 점에서 최봉익과 팡리티엔은 일치한 다. 그러므로 이 지점에서 북한학계의 불교 이해가 적어도 1986년까지 는 중국학계의 불교 이해에 뒤처지지 않았음을 확인할 수 있다.

한편 최봉익의 이러한 불교관은 2절에서 소개한 중국학계의 렌지우 (任繼愈) 등의 불교 이해에 비해 앞선 것이라고 필자는 평가한다. 왜냐하 면 렌지우 등의 불교 이해는 중국불교에 대해 비판적으로 접근하고 있지, 그 속에서 장점을 이끌어내려는 데는 인색하기 때문이다. 이 점에서 최봉익의 연구의 가치를 읽을 수 있다.

그러면 최봉익의 불교 이해가 남한의 철학연구에 시사해주는 점은 무엇인가?

최봉익의 주장과 비슷한 내용이 김형효의 『원효의 대승철학』에서도 제시된다. 김형효는 원효의 사상에서 '같음'과 '다름'은 서로 의지하므로 존재할 수 있다고 한다. 이는 같으면서 다르고 다르면서도 같다는 '이중긍정'과 같지도 않고 다르지도 않다는 '이중부정'으로 전개된다고 김형효는 주장한다.[263] 이러한 내용은 최봉익의 『조선철학사개요』에서 주장한 것과 같은 것이다. 이처럼 남한학계에서는 서양철학에 근거를 두고 동양(불교)철학과 비교하려는 흐름이 있는데, 최봉익의 주장은 이러한 남한학계의 흐름과 일치한다. 이 점에서 볼 때, 현재의 관점에서도 최봉익의 불교 이해가 결코 녹록한 것이 아님을 알 수 있다.

끝으로, 개인의 역량이 아무리 뛰어나도 사회구조에 문제가 있으면 그 개인이 자신의 능력을 발휘할 수 없다. 개인의 능력을 억압하는 사회구조가 조금씩 개선되기를 희망한다.

---

263 김형효, 『원효의 대승철학』(소나무, 2006), 155~167쪽.

참고문헌

1장 불교사회사상의 현재적 의미

『증일아함경』(『대정장』 2권)

『유행경遊行經』(『대정장』 1권)

『숫타니파타(숫타니파아타)』, 법정 역, 정음사, 1989 개정판.

『소연경小緣經』(『대정장』 1권)

『한용운전집』 1권, 신구문화사, 1973.

『한용운전집』 2권, 신구문화사, 1973.

『한암일발록』, 한암문도회, 1995/1996 수정증보판.

山崎元一 저, 전재성·허우성 역, 『인도사회와 신불교운동』, 한길사, 1983.

增谷文雄 저, 목정배 역, 『불타시대』, 경서원, 1984.

水野弘元 저, 김현 역, 『원시불교』, 지학사, 1985.

사토 미츠오(佐藤密雄) 저, 김호성 옮김, 『초기불교교단과 계율』, 민족사, 1991.

大野信三(오노 신조) 지음, 박경준·이영근 옮김, 『불교사회경제학』, 불교시대사, 1992.

피야세나 딧사나야케 지음, 정승석 옮김, 『불교의 정치철학』, 대원정사, 1987.

김교환, 『민주·복지·통일로 가는 길』, 강원대 출판부, 2006,

김동훈, 『한국의 학벌, 또 하나의 카스트인가』, 책세상, 2001.

김용정 외, 『불교와 현대사상』, 동화출판공사, 1982/1986.

김재영, 『민족정토론』, 불광출판부, 1990.

박경준, 『불교사회경제사상』, 동국대출판부, 2010.

박병기, 『우리시대의 문화와 사회윤리』, 인간사랑, 2003.

박병기, 『의미의 시대와 불교윤리』, 씨아이알, 2013.

여익구 편, 『불교의 사회사상』, 민족사, 1981.

유승무, 『불교사회학』, 박종철출판사, 2010.

이병욱, 『한국불교사상의 전개』, 집문당, 2010.

이재창 외, 『현대사회와 불교』, 한길사, 1981/1983.

정병삼, 『의상 화엄사상 연구』, 서울대 출판부, 1998/2001.

정천구, 『붓다와 현대정치』, 작가서재, 2008.

조범환, 『신라선종연구』, 일조각, 2001.

한국기독자교수협의회 등 공저, 『현대사회에서 종교권력, 무엇이 문제인가』, 동연, 2008.

김영두, 「제3사상으로서 중도론」, 『한국불교학결집대회논집』 2권, 2004.

블라디미르 티코노브(박노자), 「1920~1930년대 만해 한용운의 불교사회주의」, 『천태학연구』 8집, 천태불교문화연구원, 2008.

이병욱, 「원효의 화쟁사상을 통한 남북한 사상의 조화 모색」, 『국제고려학회 서울지회 논문집』 11호, 국제고려학회 서울지회, 2008.

이병욱, 「한국근대불교사상의 세 가지 유형」, 『신종교연구』 20집, 한국신종교학회, 2009.

이재헌, 「근대 한국 불교학의 성립과 종교인식」, 한국정신문화연구원 한국학대학원 박사학위논문, 1998.

2장 근현대 한국불교의 사회참여사상의 변화

『삼국사기』

『대각국사문집』(『한국불교전서』4권)

『한용운전집』 2권, 신구문화사, 1973.

로버트 H·킹, 이현주 옮김, 『토머스 머튼과 틱낫한』, 두레, 2007.

크리스토퍼 퀸·셀리 킹 편저, 박경준 역, 『평화와 행복을 위한 불교지성들의 위대한 도전』, 초록마을, 2003.

김광식, 『근현대불교의 재조명』, 민족사, 2000.

김영태, 『한국불교사개설』, 경서원, 1986.

도법, 『화엄의 길, 생명의 길』, 선우도량출판부, 1999.

박경준, 『불교사회경제사상』, 동국대출판부, 2010.

법륜, 『마음의 평화, 자비의 사회학』, 정토출판, 2002.

법성 외 공저, 『민중불교의 탐구』, 민족사, 1993.

오경환, 『종교사회학』, 서광사, 1979/1990.

유승무, 『불교사회학』, 박종철출판사, 2010.

이병욱, 『고려시대의 불교사상』, 혜안, 2002.

이병욱, 『한국불교사상의 전개』, 집문당, 2010.

정천구, 『붓다와 현대정치』, 작가서재, 2008.

김동훈, 「인도 수자타 아카데미에서의 2백일」, 『불교평론』 11호·12호, 2002 여름·가을호.

노귀남, 「불교시민운동의 새로운 길, 수행과 운동을 하나로」, 『불교평론』 17호, 2003 겨울호.

정웅기, 「눈뜬 승가를 기다리는 세상 속을 걷다」, 『불교평론』 8호, 2001 가을호.

재마(안신정), 「정토회의 북한 구호활동」, 『한국종교』 37집, 원광대 종교문제연구소, 2014.

3장 불교의 평화관

『구라단두경』(『대정장』 1권)

『전륜성왕수행경』(『대정장』 1권)

『유행경』(『대정장』 1권)

『금강반야바라밀경(금강경)』(『대정장』 8권)

『대살차니건자소설경』(『대정장』 9권)

『범망경노사나불보살심지계품(범망경)』(『대정장』 23권)

『중부中部』, 제22 『사유경蛇喩經』(『남전南傳』)

『불교성전』, 동국역경원, 1972/1983.

이진오·김태완 역주, 『임제 100할』, 장경각, 2004.

이케다 다이사쿠·요한 갈퉁 대담집, 손대준 옮김, 『평화를 위한 선택』, 신영미디어, 1997.

월폴라 라훌라, 『불타의 가르침』, 『현대사회와 불교』, 한길사, 1981/1983.

요한 갈퉁 지음, 강종일 외 옮김, 『평화적 수단에 의한 평화』, 들녘, 2000.

데이빗 채플 엮음, 진월 옮김, 『평화를 이루는 지혜』, 불교시대사, 2003.

K. 스리 담마난다 지음, 김호성 옮김, 『이것이 불교다』, 대원정사, 1987/1988.

務台理作 지음, 풀빛편집부 옮김, 『현대의 휴머니즘』, 풀빛, 1982/1983.

그리스도교 철학연구소 편, 『현대사회와 평화』, 서광사, 1991.

박영신, 『우리사회의 성찰적 인식』, 현상과 인식, 1995.

박경준, 『불교사회경제사상』, 동국대출판부, 2010.

신일철, 『현대철학사상의 새흐름』, 집문당, 1987/1988.

이재창 외, 『현대사회와 불교』, 한길사, 1981/1983.

이진우, 『도덕의 담론』, 문예출판사, 1997.

정병조, 『한국불교철학의 어제와 오늘』, 대원정사, 1995.

정천구, 『붓다와 현대정치』, 작가서재, 2008.

하영선 편, 『21세기 평화학』, 풀빛, 2002.

류제동, 「불교에서 전쟁의 정당화에 대한 소고」, 『불교연구』 31집, 한국불교연구원, 2009.

문을식, 「불살생에 관한 불교의 이상과 현실」, 『불교평론』 18호, 2004년 봄호.

블라디미르 티호노프, 「삼국, 통일신라, 고려의 승병사를 통해본 사명대사 의거의 의의와 인간적·종교적 비극성」, 『불교연구』 17집, 한국불교연구원, 2000.

심재룡, 「불교와 전쟁: 불살생과 대량살생」, 『불교평론』 15호, 2003년 여름호.

유승무·임운택, 「세계화시대의 전쟁을 보는 불교적 시각」, 『불교평론』 15호, 2003년 여름호.

이병욱, 「불교사회사상의 현재적 의미」, 『한국교수불자연합학회지』 15권 제2호, 한국교수불자연합학회, 2009.

이재수, 「평화를 위한 불교적 입장」, 『한국불교학결집대회논집』 제1집 하권, 2002.

이태승, 「일본 근대불교계의 전쟁에 대한 인식연구」, 『불교학연구』 36호, 불교학연구회, 2013.

전재성, 「불교인은 왜 전쟁에 반대해야 하는가」, 『법회와 설법』 95호, 조계종 포교원, 2003년 4월호.

홍정식, 「불교의 정치관」, 『불교학보』 10집, 동국대불교문화연구소, 1973.

4장 불교의 폭력관

『묘법연화경』(『대정장』 9권)

『대살차니건자소설경』(『대정장』 9권)

『대반열반경』(『대정장』 12권)

『보살계본지범요기』(『한국불교전서』 1권)

이기영 역주, 『금강경』, 한국불교연구원, 1978/1983.

야나기다 세이잔, 일지 옮김, 『임제록』, 고려원, 1988/1991.

혜원 역주, 『선가어록』, 운주사, 2000.

석지현 역, 『법구경』, 민족사, 1994/2001.

이진오·김태완 역주, 『임제 100할』, 장경각, 2004.

박건주 역주, 『절관론역주』, 운주사, 2012.

김태완 역주, 『달마어록』, 침묵의 향기, 2012.

무샤고지 사네아츠 지음, 박경훈 옮김, 『붓다』, 현암사, 1963/1999 개정초판.

한나 아렌트, 김정한 옮김, 『폭력의 세기』, 이후, 1999.

요한 갈퉁 지음, 강종일 외 옮김, 『평화적 수단에 의한 평화』, 들녘, 2000.

슬라예보 지젝 지음, 이현우 외 옮김, 『폭력이란 무엇인가』, 난장이, 2011.

피터 싱어 지음, 황경식·김성동 옮김, 『실천윤리학』, 철학과현실사, 1997/2003.

인디고 연구소 기획, 『불가능한 것의 가능성-슬라보예 지젝 인터뷰』, 궁리,

2012/2013.

공진성 지음, 『폭력』, 책세상, 2009.

안성두 편, 『우리의 가장 위대한 유산 대승불교의 보살』, 씨아이알, 2008.

여익구 편, 『불교의 사회사상』, 민족사, 1980.

장욱 외 공저, 『폭력에 대한 철학적 성찰』, 철학과현실사, 2006.

김원철, 「현대인의 소비욕망은 자유의 증대를 가져오는가?: 폭력의 문제를 통해
　　본 신新개인주의 논쟁의 한계」, 『철학연구』 44집, 고려대 철학연구소, 2011.

소병일, 「욕망과 폭력-국가폭력을 정당화시키는 욕망의 담론구조에 관하여」, 『철학
　　연구』 47집, 고려대 철학연구소, 2013.

신진욱, 「근대와 폭력-다원적 복합성과 역사적 불확정성의 사회이론」, 『한국사회학』
　　제38집 4호, 한국사회학회, 2004.

이병욱, 「원효 무애행의 이론적 근거」, 『원효학연구』 6집, 원효학연구원, 2001.

이병욱, 「불교의 평화관의 재구성-요한 갈퉁의 평화개념을 중심으로」, 『대동철학』
　　51집, 대동철학회, 2010.

최신한, 「폭력과 도야-폭력문제 해결의 한 가능성」, 『철학연구』 106집, 대한철학회,
　　2008.

5장 불교의 자연관

『나암잡저懶庵雜著』(『한국불교전서』 7권)

메리이블린터커 존 A. 그림 엮음, 유기쁨 옮김, 『세계관과 생태학』, 민들레책방,
　　2003.

헬레나 노르베리 호지 지음, 양희승 옮김, 『오래된 미래-라다크로부터 배우다』,
　　중앙books, 2007/2009.

하버드대 세계종교연구센터 편, 동국대 불교문화연구원 역, 『불교와 생태학』, 동국대
　　출판부, 2005.

고영섭, 『연기와 자비의 생태학』, 연기사, 2001.

김종욱, 『불교에서 보는 철학, 철학에서 보는 불교』, 불교시대사, 2002.

김종욱, 『불교생태철학』, 동국대출판부, 2004/2006.

동국대 BK21 불교문화사상사교육연구단 편, 『불교사상의 생태학적 이해』, 동국대출판부, 2006.

동국대 BK21 불교문화사상사교육연구단 편, 『학제적 연구로서의 불교생태학』, 동국대출판부, 2007.

박병기, 『의미의 시대와 불교윤리』, 씨아이알, 2013.

서재영, 『선의 생태철학』, 동국대출판부, 2007.

송명규, 『현대생태사상의 이해』, 따님, 2004.

에코포럼 편, 『생태적 상호의존성과 인간의 욕망』, 동국대출판부, 2006.

진교훈, 『환경윤리』, 민음사, 1998.

이병욱, 『한국불교사상의 전개』, 집문당, 2010.

탁광일 외, 『숲이 희망이다』, 책씨, 2005.

한면희, 『환경윤리』, 민음사, 1997.

헬레나 노르베르 호지 외, 『지식기반사회와 불교생태학』, 아카넷, 2006.

김명식, 「근본생태론에 대한 비판적 고찰」, 『철학연구』 19집, 고려대학교 철학연구소, 1996.

남궁선, 「생태철학의 문제점과 불교의 업사상」, 『불교학연구』 10호, 불교학연구회, 2005.

남궁선, 「발우공양법의 수행 및 생태적 고찰」, 『불교학연구』 21호, 불교학연구회, 2008.

류승주, 「불교생태학의 현주소」, 『불교학보』 42집, 불교문화연구원, 2005.

마성, 「불교는 육식을 금하는 종교인가」, 『불교평론』 19호, 2004년 여름호.

박석동, 「생명살림·생태적 삶을 위한 불교의 역할」, 『불교평론』 6호, 2001년 봄호.

박경준, 「불교적 관점에서 본 자연」, 『불교학보』 40집, 불교문화연구원, 2003.

심우경, 「고려시대 조경문화와 청평산 문수원 선원의 특성」, 『한국동양철학회 2004년도 하계 학술대회 자료집』.

윤호진, 「환경문제의 불교적 조명」, 『21세기 문명과 불교』, 동국대학교, 1996.

이도흠, 「의상사상의 현재적 함의」, 『의상만해연구』 1집, 의상만해연구원, 2002.

이도흠, 「육식의 정치학 그리고 사회학」, 『불교평론』 36호, 2008년 가을호.

354

이병인, 「환경친화적 불교생활양식의 환경성평가-발우공양과 전통화장실을 중심으로」, 『한국불교학결집대회논집』 1집 하권, 한국불교학결집대회 조직위, 2002.

이병인, 「사찰환경의 종합적 관리방안」, 『한국불교학결집대회논집』 2집 하권, 한국불교학결집대회 조직위, 2004.

이중표, 「불교에서 보는 인간과 자연」, 『불교학연구』 2호, 불교학연구회, 2001.

이중표, 「자비의 윤리」, 『불교학연구』 12호, 불교학연구회, 2005.

허남결, 「육식의 습관과 동물의 권리」, 『불교평론』 37호, 2008년 겨울호.

현현, 「채식하는 서양인, 육식하는 동양인」, 『불교평론』 36호, 2008년 가을호.

Daniel H. Henning, 반기민 역, 「불교와 심층생태학-아시아에서 천연열대림에서 영적·문화적 가치의 보전」, 『숲과 종교』(숲과 문학총서 7), 수문출판사, 1999.

데이비드 킨슬레이, 「아시아의 종교적 전통에 나타난 불교생태학」, 『불교평론』 15호, 2003년 여름호.

6장 불교의 자본주의 문화 비판

『마조록·백장록』, 장경각, 2001.

三枝充悳, 『講座 佛教思想-제3권 윤리학·교육학』, 東京: 理想社, 1975/1982.

平川彰 외 편, 정순일 역, 『화엄사상』, 경서원, 1996.

리차드 E. 팔머 저, 이한우 역, 『해석학이란 무엇인가』, 문예출판사, 1990.

이병욱, 『천태사상연구』, 경서원, 2000/2002.

김용운, 『카오스와 불교』, 사이언스북스, 2001.

7장 남북한 사상의 조화

『대승기신론소기회본』(『한국불교전서』 1권)

『법화종요』(『한국불교전서』 1권)

경남대학교 북한대학원 엮음, 『북한문화, 둘이면서 하나인 문화』, 한울아카데미,

2006.

고영섭 편저, 『원효』, 예문서원, 2002.

고익진, 『한국의 불교사상』, 동국대출판부, 1987.

한신학술원 편, 『남북교류와 학문』, 한신대 출판부, 2006.

강만길 외 공저, 『21세기 한반도 어디로 갈 것인가』, 동녘, 2002.

박성배, 『한국사상과 불교』, 혜안, 2009.

송두율, 『현대와 사상』, 한길사, 1990.

이기영, 『원효사상연구Ⅱ』, 한국불교연구원, 2001.

이병욱, 『고려시대의 불교사상』, 혜안, 2002.

이병욱, 『한국불교사상의 전개』, 집문당, 2010.

정천구, 『붓다와 현대정치』, 작가서재, 2008.

길희성, 「한국불교특성론과 한국불교연구의 방향」, 『한국종교연구』 3집, 서강대
    종교학연구소, 2001.

심재룡, 「한국불교는 회통불교인가」, 『불교평론』 3호, 2000년 여름호.

이봉춘, 「회통불교론은 허구의 맹종인가」, 『불교평론』 5호, 2000년 겨울호.

이병욱, 「원효와 종밀의 회통사상에 대한 비교연구」, 『한국종교사연구』 7집, 한국종
    교사학회, 1999.

최유진, 「최근의 한국불교연구동향과 통불교논의」, 『종교문화비평』 7호, 한국종교
    문화연구소, 2005.

8장 북한의 불교학 연구에 대한 재검토

E. F. 슈마허 지음, 김정우 옮김, 『불교경제학』, 대원정사, 1987/1988.

E. 콘즈, 한형조 옮김, 『한글세대를 위한 불교』, 세계사, 1990/1992.

김상현, 『신라의 사상과 문화』, 일지사, 1999/2003.

오경환, 『종교사회학』, 서광사, 1979/1990.

이기백, 『신라사상사연구』, 일조각, 1986/1994.

이재창, 『한국불교사원경제연구』, 불교시대사, 1993.

최봉익, 『봉건시기 우리나라에서의 불교철학의 전파와 그 해독성』, 사회과학출판사, 1976.

김교빈, 「북한의 전통철학」, 『강좌 한국철학』, 예문서원, 1995.

김영국, 「반공이데올로기와 어용불교」, 『민족불교』 창간호, 동광출판사, 1989.

류승무, 「북한의 사회주의 사회건설과정과 북한지역불교의 변화」, 『승가』 제13호, 중앙승가대학, 1996.

박경훈, 「일제하의 친일불교」, 『민족불교』 창간호, 동광출판사, 1989.

법타, 「북한불교연구」, 『승가』 13호, 중앙승가대학, 1996.

이지범, 「북한불교의 역사와 현황」, 『불교평론』 60호, 2014년 겨울호.

9장 최봉익 불교관의 특징

候外廬 엮음(1980), 양재혁 옮김, 『중국철학사 (중)』, 일월서각, 1989.

任繼愈 편저(1973), 전택원 옮김, 『중국철학사』, 까치, 1990.

任繼愈 저(1962), 추만호·안영길 역, 『중국중세불교사상비판』, 민족사, 1989.

중국 북경대 철학과 연구실 지음(1980), 유영희 옮김, 『중국철학사2』, 자작아카데미, 1994.

方立天 저(1986), 유영희 옮김, 『불교철학개론』, 민족사, 1989.

方立天 저, 김봉희·이봉순·황성규 공역, 『중국불교철학(인생론)』, 서울불교대학원대학 출판부, 2006.

중국사회과학원 세계종교연구소 불교연구실 편(1989), 남현옥 옮김, 『중국불교와 불교문화』, 우리출판사, 1993.

孫昌武 지음(1990/2000), 우재호 책임번역, 『중국불교문화』, 중문, 2001.

趙樸初 저, 법산 편역, 『불교입문』, 불일출판사, 2000.

賴永海 저(1999), 박영록 옮김, 『중국불교문화론』, 동국대출판부, 2006.

소비에트 과학아카데미 철학연구소 편(1958), 이을호 편역, 『세계철학사 I 』, 중원문화, 1990.

정진석·정성철·김창원 공저(1960), 편집부 엮음, 『조선철학사연구』, 광주, 1988.

최봉익, 『봉건시기 우리나라에서의 불교철학의 전파와 그 해독성』, 사회과학출판사, 1976.

최봉익(1986), 『조선철학사개요』, 한마당, 1989.

김형효, 『원효의 대승철학』, 소나무, 2006.

김교빈, 「북한철학계의 전통철학 연구경향과 앞으로의 변화가능성에 대한 연구」, 『시대와 철학』 5권 2호, 한국철학사상연구회, 1994.

김방룡, 「최봉익의 지눌관 및 혜심관을 통해 본 남북한 불교철학 사이의 소통 가능성 고찰」, 『국제고려학회 서울지회 논문집』 13호, 국제고려학회 서울지회, 2010.

손영식, 「오늘날 한국철학에서 두 가지 쟁점」, 한국철학사상연구회 지음, 『논쟁으로 보는 한국철학』, 예문서원, 1996.

이남영, 「북한의 조선철학사 서술의 특징과 문제점」, 『철학연구』 23집, 철학연구회, 1988.

이병수, 「과도기의 북한철학에 나타난 변화와 이론적 특징」, 『통일인문학논총』 50집, 2010.

이병욱, 「북한의 불교학연구에 대한 재검토」, 『국제고려학회 서울지회 논문집』 13호, 국제고려학회 서울지회, 2010.

이준모, 「조선철학사에 적용된 유물사관」, 『철학연구』 23집, 철학연구회, 1988 / 『조선철학사연구』, 광주, 1988 재수록.

이평래, 「한국불교학의 관념론적 해석에 대한 비판」, 『동서철학연구』 5호, 한국동서철학연구회, 1988.

이훈, 「북한철학의 흐름」, 『시대와 철학』 5권-2호, 한국철학사상연구회, 1994.

논문의 출처

이 책에 실린 논문의 출처는 다음과 같다. 논문의 일부 내용은 수정하고 보완하였다.

1장 : 「불교사회사상의 현재적 의미」, 『한국교수불자연합학회지』 제15권 2호(한국교수불자연합학회, 2009)

2장 : 「근현대 한국불교의 사회참여 사상의 변화」, 『종교와 사회』 창간호(한국종교사회학회, 2010)

3장 : 「불교의 평화관의 재구성 -요한 갈퉁의 평화개념을 중심으로」, 『대동철학』 51집 (대동철학회, 2010)

4장 : 「불교의 폭력관」, 『동서사상』 15집(경북대 동서사상연구소, 2013)

5장 : 「불교의 자연관: 허응당 보우의 사상과 전통사찰의 기능과 구조를 중심으로」, 『쌀·삶·문명 연구』 5호(전북대 인문한국 쌀·삶·문명 연구원, 2010)

6장 : 「자발적 가난과 느림의 삶」, 대한불교조계종 사회복지재단 편, 『불교복지, 행복과 대화하다』(학지사, 2009)

7장 : 「원효의 화쟁사상을 통한 남북한 사상의 조화모색」, 『국제고려학회 서울지회 논문집』 11호(국제고려학회 서울지회, 2008)

8장 : 「북한의 불교학연구에 대한 재검토 -불교연구원칙과 불교비판을 중심으로」, 『국제고려학회 서울지회 논문집』 13호(국제고려학회 서울지회, 2010)

9장 : 「최봉익 불교관의 특징」, 『국제고려학회 서울지회 논문집』 15호(국제고려학회 서울지회, 2014)

찾아보기

이병욱

1961년 서울에서 출생.

고려대학교 대학원 철학과에서 「천태지의 철학사상 논구」로 박사학위를 받았다. 현재 고려대, 중앙승가대, 동국대 평생교육원에서 강의하고 있다.

저서로 『천태사상연구』, 『고려시대의 불교사상』, 『에세이 불교철학』, 『인도철학사』, 『천태사상』, 『한국불교사상의 전개』, 『한 권으로 만나는 인도』 등이 있다.

불교사회사상의 이해

초판 1쇄 인쇄 2016년 4월 26일 | 초판 1쇄 발행 2016년 5월 4일
지은이 이병욱 | 펴낸이 김시열
펴낸곳 도서출판 운주사
　　　(02832) 서울시 성북구 동소문로 67-1 성심빌딩 3층
　　　전화 (02) 926-8361 | 팩스 0505-115-8361
ISBN 978-89-5746-457-1 93220　값 18,000원
http://cafe.daum.net/unjubooks 〈다음카페: 도서출판 운주사〉